▲郑海航在学术研讨会上

▲郑海航、戚聿东、吴冬梅在瑞典考察

▲研讨会气氛热烈

▲学术团队在进行课题讨论

◀会议代表合影①

郑海航和许嘉璐副委员长在一起

课题组团队在瑞典诺贝尔故居考察

国务院国资委委托课题开题报告会

课题组与北京市国资委领导座谈

公司治理高层论坛

郑海航和诺贝尔奖获得者蒙代尔在一起

国有控股公司专著首发式

高静波代表在做精彩发言

冯苏京代表在做精彩发言

朴学东代表接受赠书

会议代表合影②

▶会议代表合影③

▲郑海航六十岁生日

◀国有控股公司研究课题组与深能源集团公司董事长座谈调研

▲博士们在研讨会上

▶研讨会上座无虚席

▲会议代表合影④

Qiye Zuzhi Lilun Yanjiu

郑海航 戚聿东
吴冬梅 徐 炜 主编

企业组织理论研究

经济管理出版社
ECONOMY & MANAGEMENT PUBLISHING HOUSE

图书在版编目（CIP）数据

企业组织理论研究/郑海航等主编．—北京：经济管理出版社，2010．12

ISBN 978－7－5096－1229－3

Ⅰ．①企…　Ⅱ．①郑…　Ⅲ．①企业管理—组织管理学—文集　Ⅳ．①F272．9－53

中国版本图书馆 CIP 数据核字（2010）第 245348 号

出版发行：经济管理出版社

北京市海淀区北蜂窝 8 号中雅大厦 11 层

电话：（010）51915602　邮编：100038

印刷：三河市海波印务有限公司　经销：新华书店

责任编辑：魏晨红

技术编辑：陈　力

责任校对：超　凡

720mm×1000mm/16　24．5 印张　350 千字

2010 年 12 月第 1 版　2010 年 12 月第 1 次印刷

定价：46．00 元

书号：ISBN 978－7－5096－1229－3

目　录

第二篇 企业组织机制与文化

第四篇 国有资产管理体制与国有控股公司

第五篇　企业组织变革与创新

我的企业组织观（代序）

企业组织理论作为企业管理理论的一个重要分支，已经引起管理学界的高度重视。本书发表的就是我的学术团队中，一批青年学者从不同角度系统地研究企业组织理论的学术成果。

我把企业组织理论作为一个分支学科来研究，还是1985年师从蒋一苇导师攻读博士学位开始的。

通常企业组织往往被作为企业管理学的一项职能来研究。企业组织学能否作为一个分支学科，从企业管理学中分离出来，这是当时我攻读博士学位的研究课题，也成为我的博士学位论文《企业组织学导论》的中心内容。

企业组织学要成为一门分支学科，必须有相对独立的研究对象、研究范围和学科体系。要使企业组织学从企业管理学中相对分离（仍是管理学的亚科学）出来，形成自己的理论体系，就必须跳出单纯是企业管理学一项职能的框框，还要克服与企业管理学的混淆与重合，为此，我对企业组织的研究换了一个思路，不是按组织体的静态结构和动态活动划分，而是按组织体的自身和组织体的外部活动来划分。

先说企业组织体的自身。企业组织理论大师法约尔、蒋一苇都曾提出企业组织体“是一个能动的有机体”的论断。既然人是由肌体、意识和机制构成的生命有机体，那么企业组织也就像人那样，也是由“肌体”、“意识”和“机制”构成的有机体：企业的组织结构就是它的“肌体”，企业的组织文化就是它的“意识”，企业组织的自动调节就是它的“机制”。这正是企业组织学的研究范围。

至于企业组织体的外部活动，如对供、产、销等经营全过程进行计划、指挥、协调、激励，则是企业管理学的研究范围。

据此，我尝试构筑了一个组织结构、组织意识（文化）、组织机制三位一体的企业组织学学科体系，并按此思路撰写了我的博士学位论文《企业组织学导论》。

对此，蒋一苇导师不仅给予肯定，并在《光明日报》发表了他的《对企业组织学科学分析的有益探索》的书评文章，将我的这些探索向学术界予以推荐。

后来的二十多年，我和我的研究团队基本上沿着这一方向，结合企业改革的要求，持续进行企业组织新问题的研究：从研究一般组织，到研究企业组织；从研究一般企业组织，到研究国有企业组织；从研究单个国有企业组织，到研究国有企业集团；从研究一般国有企业组织，到研究国有控股公司；从研究国有控股公司，到研究国有资产管理体制。

回想我对组织和企业组织的研究，如果说有什么特点的话，那就是我把组织作为一个系统来研究，坚持的是组织系统论和组织矛盾平衡论。

按照系统论的观点，系统的本质特征主要是环境性、目的性、整体性、集合性和相关性等。系统论就是以系统为研究对象，研究该系统与外部环境的关系，研究系统的目标，研究总系统与子系统以及各要素的相互关系。像我提出的“一长三总师制”的思想 和“圆形联合论”的思想，一直到构建组织结构、组织意识和组织机制三位一体的企业组织学理论体系，都是基于企业组织的系统性，基于企业组织是一个不亚于人体的复杂系统。

按照组织矛盾平衡论思想，我在研究企业组织时，发现了组织内客观存在的制衡性和掣肘性两大类不同性质的矛盾；在研究国有独资公司治理的特殊规律性时，发现国有独资公司内外客观存在着两类主体不同利益倾向性的矛盾，提出了“内外主体平衡论”的思想。

我个人的研究是很有限的，有时代的局限性，也有个人能力的局限性。但正像每个小小水滴，每条涓涓细流，踊跃地汇聚在一起，就能形成大海那样，千万个学者们共同努力就能创造理论的辉煌。

我是这样的水滴。

本书的作者们也是这样一个个闪光的水滴。

郑海航

2010 年 12 月 1 日

第一篇
企业组织原理与理论

第一章　从"企业组织学导论"到"内外主体平衡论"①

一、磨砺、积累与升华

郑海航老师于1963年考入中国人民大学工业经济系，1968年毕业后，几经辗转，被分配到一家"三线"军工厂工作。在基层摸爬滚打了10年，让郑海航真正熟悉了国有工厂，深刻认识到国有企业机制僵化、效率低下所折射出的计划经济体制的弊端，10年实践经验的积累成为他日后科研成果丰硕、事业成功的重要原因。

具有丰富管理实践经验的郑海航，1978年以优异成绩考取了中国社会科学院首届硕士研究生，并先后攻读并获得了经济学硕士、博士学位。攻读期间，师从著名经济学家蒋一苇先生。根据郑海航自身在企业一线的丰富经历，蒋一苇先生建议他将研究方向定在企业组织和企业制度方面，这一研究方向不仅成为郑海航孜孜不倦、上下求索的领域，也成为硕果累累、频频获奖、桃李满天下的领域。

无论是在中国社会科学院攻读硕士、博士学位期间，还是在中国社会科学院做研究员期间，郑海航都以科研成果丰硕、研究奖项多、获奖层次高、学术成绩突出而享誉社科界。

郑海航的硕士论文《论经济联合体的产生与发展》是中国社会科学院

① 评郑海航教授对企业组织理论的系统研究。

研究生院首届硕士研究生毕业典礼上，唯一一篇获得表彰的经济类硕士论文。他的博士论文《企业组织学导论》在当时工业经济研究所是唯一获得中国社会科学院优秀科研成果奖并得以在《中国社会科学》发表的博士论文。他也是当时中国社会科学院工业经济研究所唯一被国家经贸委聘请去主持重大合作项目的研究员。

1981年，他最早提出了“一长三总师”的构想，后来写入中央文件在全国推广。1982年，他的硕士论文《论经济联合体的产生与发展》被评为优秀硕士论文并受表彰。1985年，由中共中央宣传部、国务院研究中心、中国经济体制改革研究会等单位共同发起全国经济体制改革征文，他的论文《试论企业领导体制的改革》获全国优秀论文一等奖。1987年，由《经济日报》、《天津日报》向全国发起深化企业改革理论征文，他的论文《关于理想企业经营机制的建立》获全国优秀论文二等奖。1996年，他的论文《建立企业组织新学科刍议》(《中国社会科学》杂志1993年第1期)获中国社会科学院优秀科研成果奖。1997年，他主笔撰写的研究报告《国有企业亏损研究》获首届“蒋一苇企业改革与发展学术基金奖”。1998年，他的这一研究成果获“孙冶方经济科学基金奖”。1998年，他与国家经贸委、国家计委、国家体改委和中国社会科学院的合作课题《国有资产出资人代表——大型集团公司成为国家授权投资的机构》，在研究中他提出了国有大型企业集团能够成为国家授权投资机构的重要结论，这一成果推动了和正在推动国有资产管理体制的改革。

由于郑海航在中国社会科学院学术研究方面的优异成绩及突出表现，被推荐为中国社会科学院“有突出贡献专家”候选人。在此期间，郑海航先后任中国社会科学院工业经济研究所研究员、博士生导师、《中国工业经济》杂志社社长。1993年起享受国务院政府特殊津贴，后被评为“北京市有突出贡献专家”。

1997年，郑海航放弃担任“中国社会科学出版社”总编辑的机遇，应北京市教工委领导的热情邀请，特别是被首都经济贸易大学校长、书记9个月内三次至诚邀请所打动，来到首都经济贸易大学担任主抓科研与学科建设的副校长。学校上下齐心，大力支持，共同努力，1998 年首都经济贸易大学获得了博士学位授予权，并获批数量经济博士点，实现了零的突破。2000 年获批劳动经济博士点，2002 年获批企业管理博士点，并获批工商管理专业硕士学位（MBA）授予权、应用经济学一级学科博士学位授予权、工商管理硕士一级学科硕士授予权，首都经济贸易大学重视留住和引进人才，重视组织团队研究，坚持不懈地开展“五个一”科研活动，学校的科研水平与学科建设获得了长足发展和质的提升。

与此同时，郑海航以身作则，组织团队，带头科研，在企业组织、企业制度等学术研究领域勤奋研究，笔耕不辍。自 1998 年以来，先后主持了国家社科基金 3 项，以及教育部、北京社科规划项目、北京市教委重点项目、北京市教委项目、国资委重大横向课题等 20 余项。其中研究成果《中国企业理论五十年》荣获北京市第六届哲学社会科学优秀成果二等奖和教育部全国人文社科优秀论文二等奖。2008 年《中国企业家成长问题研究》获得蒋一苇企业改革与发展学术基金著作奖、北京市哲学社会科学优秀成果二等奖和教育部高等学校科学研究优秀成果三等奖。他带领的“国有资产管理体制研究”团队被评为“2005 年度北京市属市管高等学校‘学术创新团队’”。

由于在企业管理理论方面的造诣和影响，郑海航在众多的学术机构被选任领导职务。郑海航兼任中国企业管理研究会副会长、中国工业经济学会副会长、中国职业经理人资格认证指导委员会副主任、中国企业联合会常务理事、首都企业改革与发展研究会会长，并担任中国人民大学、中国政法大学、吉林大学、山东大学等著名院校的兼职教授，国家重点研究基地吉林大学国有经济研究中心学术委员会主任等职。

二、对企业组织理论的系统研究

郑海航教授自师从蒋一苇先生始，30 年来长期坚持在企业组织领域内辛勤耕耘，所带弟子也多在这一领域内刻苦钻研，郑海航教授紧紧围绕企业组织与企业制度研究方向，进行了系统研究：从研究一般组织到研究企业组织；从研究一般企业组织到研究国有企业组织；从研究单个国有企业组织到研究国有企业集团；从研究一般国有企业组织到研究国有控股公司；从研究国有控股公司到研究国有资产管理体制。围绕企业组织层层递进，步步深入，从企业组织学新学科探讨到国有企业组织理论，再到最近提出的国有独资控股公司的“内外主体平衡论”，形成了丰富而系统的研究成果，构建了一个成系统的企业组织理论体系。

（一）从研究一般组织到研究企业组织

郑海航教授对组织和企业组织是作为一个系统来研究的。运用系统论的思想，十分注意组织系统的内在联系、内在矛盾和系统性。按照系统论的观点，系统的本质特征主要是环境性、目的性、整体性、集合性和相关性等。系统论就是以系统为研究对象，研究该系统与外部环境的关系，研究系统的目标，研究总系统与子系统以及各要素的相互关系。

1. 运用系统论的思想，提出了七大组织原理，总结了组织的七大要素

在蒋一苇先生提出的“企业是一个能动的有机体”论断启发下，郑海航教授发现企业是一个不亚于人体的很严密的系统，他较早地运用了系统理论的观点研究了组织与企业组织，在区分组织原理与组织原则的基础上，总结了七大组织原理：幅度层次原理、直达简化原理、唯一核心原理、能级原理、职权责利对等原理、制约平衡原理、系统原理。

郑海航教授归纳总结了组织的七大要素。组织的七大要素：目标、协同、人员、职位、职责、相互关系、信息，简称为“的、同、人、位、责、系、讯”七要素。七要素根据作用和特点分为三类：前提要素、效率要素和结构要素。

前提要素——目标。

效率要素——协同。就是组织成员之间一起协作共同努力的意愿和行动。

结构要素——人员、职位、职责、关系、信息。这五个要素简称为“人、位、责、系、讯”。“人、位、责、系、讯”就是组织这个“大厦”的基本构件。其中人员和职位是构成组织的“硬件”，而各个职位的职责、职位之间的相互关系和信息交流，则构成了组织的“软件”。

郑海航教授运用系统理论提出的七大组织原理、七大组织要素，从根本上抓住了组织建立和运行的客观规律。

2. 归纳了管理组织职能类别、发现了组织制衡性和掣肘性两大类矛盾

按照组织机构的管理职能进行归类，郑海航教授把管理组织分成三大职能类：筹划类、执行类、监控类。

据此分析总结了组织矛盾。他认为企业管理的过程就是不断解决矛盾的过程，这些矛盾划分为两大类：一类是与人的道德水平、工作责任心、人际关系等主观因素无关，纯粹由不同职能之间的内在制衡关系所决定的，即相互制衡的客观性矛盾。另一类则是由道德水平、工作责任心、人际关系等主观因素造成的相互掣肘性的主观性矛盾。管理组织的划分，组织矛盾的分析，为我们认识管理组织的本质、管理组织的运行，特别是解决组织运行中的各种矛盾提供了有效的方法论。

3. 运用系统论的思想，提出“一长三总师制”

郑海航教授最早提出了“一长三总师制”的企业经营管理系统。在对企业经营管理组织做了系统分析之后，按照系统论的思想，对厂长所领导的全面计划管理、全面质量管理、全面经济核算三个分系统进行了科学设计，提出了建立以厂长为首的“一长三总师制”的构想，并得到了蒋一苇先生的赞同。

“一长三总师制”的企业领导系统设计构想20世纪80年代写入中央文件，在全国大中型国有企业中广泛推行。

4. 运用系统论的思想，构建了组织结构、组织意识和组织机制三位一体的企业组织学理论体系

郑海航教授沿着蒋一苇先生提出的“企业是一个能动的有机体”论断，进一步研究，既然人是由肌体、意识和机制构成的生命有机体，那么企业组织也就像人那样，也是由“肌体”、“意识”和“机制”构成的有机体：企业的组织结构就是它的“肌体”，企业的组织文化就是它的“意识”，企业组织的自动调节，就是它的“机制”。组织结构是企业组织的基础，是企业组织的职位、职责、权力关系和协作关系的外在体现；组织意识是企业组织“内在”的精神；组织调节机制则是静态的组织结构所内含的动态性功能。这样，组织结构、组织意识和组织机制分别从物质和精神、外在和内在、静态和动态等不同的方面体现了企业组织的特质，形成三位一体的企业组织学的理论体系。

这一企业组织学理论体系的建立，标志着企业组织学作为一门独立分学科从企业管理学科中分离出来。

5. 运用差别矛盾原理，提出了组织意识层次与组织凝聚层次的对应关系模型

郑海航教授提出，组织意识是分层次的，企业对职工的凝聚，也是分层次的，二者存在对应关系。对组织意识提出了由浅入深、由低到高发展的四个层次。

第一层次：成员归属意识。这是最基础的组织观念和集体意识。

第二层次：利益共济意识。指企业成员不仅在组织上认识到自己同企业的归属关系，而且在利益上，形成与企业同舟共济的利益共同体意识，以致逐步建立“厂损我损，厂荣我荣”的观念。

第三层次：情感一体意识。企业成员经过较长时间的培育，不仅同企业的经济关系上形成损益攸关的意识，而且同企业通过感情交融，形成情感联合体和情感一体意识，出现“爱厂如家”，甚至以厂为家、舍家为厂的感人事迹和思想境界。这是企业组织意识向高级阶段的升华。优秀企业的中坚层大都具有这种意识。

第四层次：忘我献身意识。这是组织意识的最高层次：怀着对企业无比忠诚的心情，以整个身心投入本企业的事业，为实现企业的总目标不遗余力地拼搏，把个人的成就欲和自我实现的小目标同企业的总目标融为一体，迸发出无穷无尽的智慧和力量。在个人利益同企业利益发生冲突时，能毫不犹豫地忘我和献身。

组织意识分层次的同时，企业对职工的凝聚，也是分层次的，组织凝聚力正是按照成员所具有的组织意识层次，分为不同的凝聚层次。两者形成了一种对应关系模型，与组织意识从低到高的四个层次相对应，形成了组织凝聚从外到内的四个层次，即外围层、基本层、中坚层和核心层。组织凝聚同组织意识的相关模型，就如同一个多层的同心圆柱体，如图 1－1 所示。

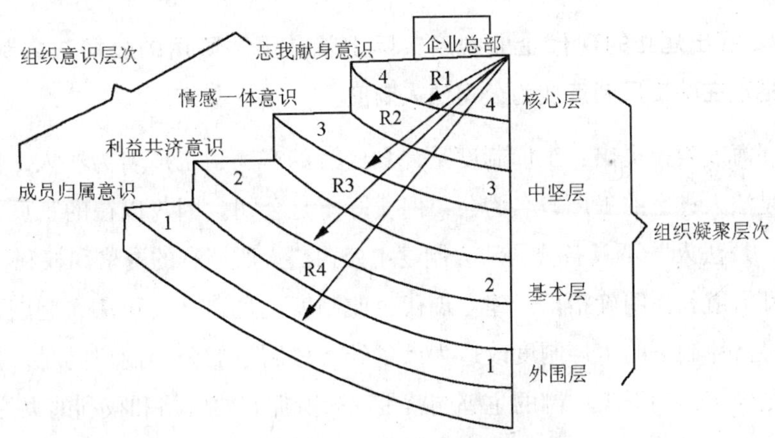

图 1－1　组织凝聚同组织意识模型

具有第一层组织意识——成员归属意识的职工，成为企业凝聚的外围层，即基础层；随之层次逐步升高，第二层具有利益共济意识的职工构成基本层，即企业的基本队伍；第三层是情感一体意识，相对应的是企业中坚层；第四层是忘我献身意识，相对应的是企业核心层。企业组织就是依据组织意识的不同层次，形成了组织凝聚的四个层次。随着组织意识的培养和升级，会有更多的职工由外围层逐次进入组织凝聚的更高层次，于是企业的凝聚力也越来越强。

这一模型在企业界广泛应用，也被企业界人士戏称为“海航模型”。

（二）从研究一般企业组织到研究国有企业组织

1. 提出了企业改革的实质是转换经营机制的观点，并最早提出企业经营机制是由动力与自我约束力两种作用力构成的新见解

郑海航教授最先把社会主义企业经营机制的形态按照传统期、过渡期、改革完成期划分为有约束、无动力，有动力无约束，有动力、有自我约束三种类型。并指出后者才是“理想”的经营机制，才是企业改革的方向和目标。为当时研究企业经营机制、界定企业经营机制提供了范式。

2. 提出建立的现代企业制度实际上就是国际通用的公司法人制度，就是把现在的工厂制度变为公司法人制度

郑海航教授提出：工厂制度是计划经济的产物，工厂名为法人，但实际不是法人；有的工厂，名为公司但实际不是公司。因为以往的工厂制度中“工厂法人”不具备公司法人制度中公司法人所拥有的资格和权利。

郑海航教授明确指出了建立现代企业制度就是建立公司法人制度，把计划经济体制下的工厂制度改造为市场经济体制下的公司制。同时，指出了计划经济体制下工厂制的主弊端就是法人所拥有的资格和权利的失位。

3. 系统研究了企业家成长和企业家价值

郑海航教授较早研究了传统厂长向现代企业家转变的“企业家价值”、“企业家度”和“成长曲线”问题，研究了企业家特质、企业家成长环境和民营企业家的成长，探讨了我国企业家队伍建设中的理论前沿问题。这些研究的贡献推动了我国企业家研究和对民营企业家的研究。

（三）从研究单个国有企业组织到研究国有企业集团

1. 较早地系统研究了企业联合体

郑海航教授在他的硕士论文《论经济联合体的产生和发展》中系统研究了企业联合体的产生及客观规律，揭示了企业联合体产生与发展的规律性。

根据我国生产力、生产关系的特点，郑海航教授在文中提出：在建立企业联合体时，要从我们的具体国情出发，根据“多层次和不平衡”的特点，要注意因地制宜，不拘一格。根据“总水平比较低”的特点，刚开始，企业联合体一般应以初级形式为主，随着生产力的发展和生产关系的逐步完善，经济联合体就可以由低到高地逐步发展和提高。

我们可以从郑海航教授的研究成果中发现，他所提出的企业联合体的发展规律正好预见了我国企业之间从早期的经济联合到后来企业兼并、重组由浅入深的发展变革。

2. 提出新型企业联合理论“圆形联合论”

郑海航教授在1984年对“二汽集团”等各类企业联合体做了大量调研之后，发现理论界对企业联合形式仅概括为纵向、横向、混合三种企业联合形式是不够全面的，对机械组装类企业的联合规律没有概括在内，于是他撰写了《圆形联合论》对机械组装类行业的企业联合进行了新的理论概括：概括为以组装厂为圆心，以零部件厂和工艺协作厂为圆周，以相互联合的紧密度为半径的“圆形联合”，这种联合形式在理论上不同于以往的企业联合形式，在理论上既不同于“横向联合”，也不同于“纵向联合”，而是一种有独特规律、有生命力的联合形式。

郑海航教授的“圆形联合理论”从实践中总结而来，又指导了企业联合方面的实践工作，从体系上、内容上完善了企业联合理论。

3. 从兼并主体的错位和归位，对我国企业兼并概括为企业“恋爱三部曲”

郑海航教授对中国企业的兼并概括为企业“恋爱三部曲”：

第一阶段，政府是主体，企业是听命，一切由政府包办，政府搞“拉郎配”。

第二阶段，由于政府包办受到批判，有的政府就撒手不管，听任企业“自由恋爱”，但优势企业想离开政府支持，自找兼并对象，往往是“单相思”，旷日持久，也难成功。

第三阶段，既克服政府包办，又发挥政府作用，把政府的“拉郎配”变成企业的“郎拉配”。即优势企业这个“郎 ”主动“拉”上政府撮合，促成同劣势企业的“婚配”，以提高兼并效率。企业和政府正确定位，也就是“企业归位，政府到位”。

郑海航教授的“恋爱三部曲”形象艺术地刻画了我国企业兼并，提出正确的做法是把政府的“拉郎配”变为企业的“郎拉配”，由企业这个兼并主体主动求得政府的支持和协调。这为企业兼并提供了战略上指导。

（四）从研究一般国有企业组织到研究国有控股公司

1. 提出了国有大型企业集团能够成为国家授权投资机构的重要研究结论

由国家经贸委倡导和邀请，由郑海航教授和企业改革司司长邵宁同志共同负责，由国家经贸委、国家计委、国家体改委、国有资产管理局和中国社会科学院研究企业集团和企业改革的部分学者和学者型官员组成了联合课题组，一起对构成大型国有企业的国有资产出资人代表进行了深入的、系统的研究和制度设计，提出了让特大型企业集团（母公司）成为国家授权投资的机构，即出资人代表的构想，并在个别特大企业集团公司进行了实践。

这一研究结论成为当时国有资产管理体制改革中最重要的改革措施，

一系列像中石化、中信集团、中国化工集团等国有特大型企业集团成为国家授权的投资机构，对国有资产的保值增值具有重大的意义。

2．系统、深入地研究了国有企业亏损问题，并得出一些规律性的研究结论

郑海航教授在对国有企业亏损进行大量调查研究的基础上，提出了一套独创而又符合实际的理论见解：

（1）亏损不是判定企业管理成败的唯一指标。

（2）应把亏损因素划分为消极性致亏因素和积极性致亏因素。

（3）应划分体制性致亏因素和非体制性致亏因素。

（4）致亏的两大规律性原因：一是产业剧烈变动带来的衰退行业企业的行业性亏损；二是成熟产业的技术成熟和市场成熟带来的亏损率上升的趋势。

面对20世纪90年代来势凶猛的国有企业亏损大潮和“国企越改革越亏损”的疑惑，这些观点对当时经济界、企业界及政府厘清认识并采取客观、全面、准确的国有企业亏损对策有着重要意义。

（五）从研究国有控股公司到研究国有资产管理体制

1．提出“所有者具体化、直面化理论”

“所有者具体化理论”是指把所有者和所有者代表区别开来，使抽象的所有者具体化。党的“十六大”决议把所有者代表和所有者分离开来，“国有资产由国家统一所有，中央政府和地方政府分别代表国家，行使所有者职责，享有所有者权益……”。这就是说，国有资产的最终所有权是“国家”（统一所有），“中央政府和地方政府”则分别“代表国家”，即充当所有者代表。为落实所有者代表的职能，于是中央政府和地方政府又分别特设“国资委”来行使国家的“所有者代表”职权。

郑海航教授认为正是因为这种划分，把所有者和所有者代表分开，就使抽象化的所有者具体化了，有利于促使所有者到位。

在“所有者具体化理论”下，政府就做政府的事情，国资委排他性地成为具体化了的所有者代表，从理论上推动所有者到位。

“所有者直面化理论”是指把所有者和出资人区别开来，使遥远的所有者转变为直面的层层出资人。

通常人们把出资人的概念和所有者的概念混淆起来，未加区别。确实，在生产社会化程度不是很高的商品经济初期，金融投资链和企业产权链都很单一，往往出资人就是最终所有者，这时的出资人和最终所有者应当是合一的，但随着生产社会化的高度发展，投资者投资再投资的延伸投资链形成，母、子、孙公司的企业系列，即企业产权链和控股公司链的形成和延长，使出资人和最终所有者开始出现分离。例如，对孙公司的产权而言，尽管很可能子公司对孙公司投资用的是母公司的资金，母公司是孙公司的最终所有者，但因为在法律上是子公司给孙公司投资，所以孙公司的出资人只能是子公司，而不是母公司，于是出资人和所有者便出现了第一次分离。

由于非国有公司产权清晰，制度完善，不影响出资人到位。但对国有公司来说，所有者和出资人不加区分，就导致所有者离企业太远而缺位。尤其是当大型国有集团公司成为国有资产管理体制中间层，并形成了多层次的母子孙公司体制时，为使所有者到位，就必须在理论上把出资人和所有者区分开来。也就是说，“所有者”是唯一的，是遥远的，那就是“国家”。但出资人不是唯一的，而是多层的、直面的，出资经过几层就有几层出资人。如图1-2所示。

图1-2表明，在最高层级国家所有者的下面，国资委是母公司的出资人，母公司是子公司的出资人，子公司是孙公司的出资人。这个层层出资人理论，不仅理论上是说得通，站得住脚的，而且在实践中，层层出资人理论就使唯一且遥不可及的所有者，转化为多个直接面对的出资人。

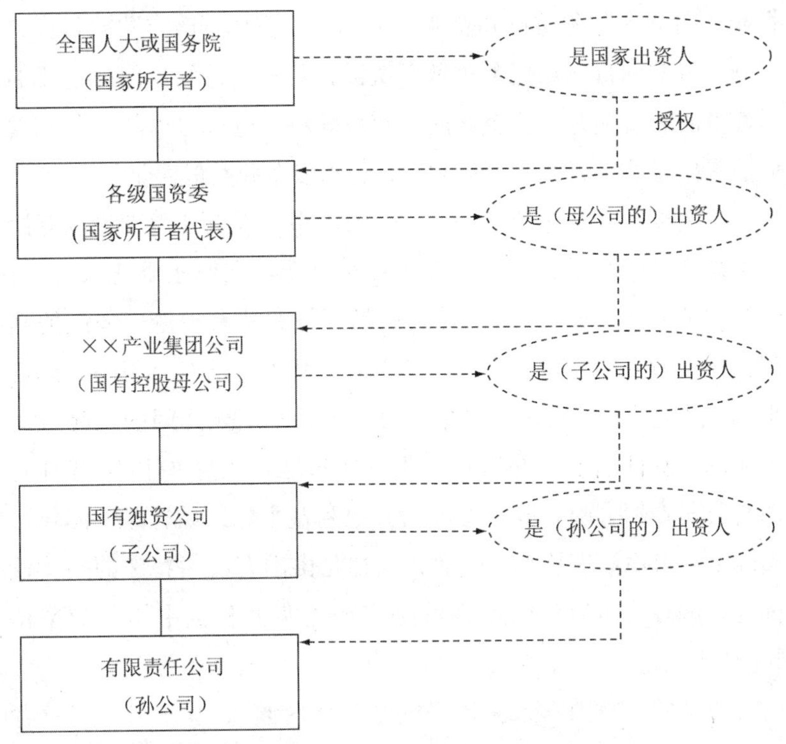

图1－2　层层出资人到位图

2. 从国有公司存在内外两类主体矛盾出发，提出“内外主体平衡论”

国有独资公司的治理具有特殊的规律性（现有公司治理理论没有对其很好地阐明），在国有独资公司治理中客观存在着企业内外两大类利益主体群：第一类是由企业内的决策者、管理者、劳动者组成的利益主体群，即企业“内部人”主体群；在“内部人”主体群中，各主体之间可能有这样那样的矛盾，但他们作为“理性经济人”无一例外地追求往内部利益倾斜。第二类是由处于企业外部的国家股东、政府、国资委、外派监事会组成的利益主体群，即企业“外部人”主体群。在“外部人”主体群中，各主体之间可能有这样那样的矛盾，但他们作为“理性经济人”则无一例外地追求往外部利益倾斜。

企业“内部人”主体群和企业“外部人”主体群既有共同目标，又有不同偏好。其共同目标是把企业做大做强；其不同偏好，即最主要的区别就是，前者的利益偏好是往企业内部利益倾斜，追求“内部人”利益最大化。而后者则是往国家股东利益倾斜，追求股东利益最大化。

对于这两类利益主体既统一又对立的关系，现有公司理论没有给予解释：一类理论是因为委托—代理理论往往过于站在股东委托人的立场上，坚持的是“股东至上论”；另一类理论是利益相关者理论，强调的是有众多的利益相关者主体之间在公司治理中的平衡。而国有公司的治理则既不是“股东至上论”，也不是不加综合的众多利益主体之间的平衡，而是从国有公司的特殊性出发，处理好企业内外部两大利益主体群之间的关系。至于国有公司外部，国有股东之外的其他利益主体，如社区、团体、居民等，实际上都可由国有股东来代表，这也是由国有公司特殊的规律性决定的。因此，国有公司治理的要害就是实现这两大利益主体群的平衡，即“内外主体平衡论”。

需要强调的是，内部人主体群的“利益内倾”，其本身与经营者的个人品质无关，而是机制使然。因而，转轨时期的内部人控制也好，不同利益主体的不同倾向也好，也不是或主要不是人的品质问题，而是机制使然。应该说近几年选拔出的国企领导人大都是德才兼备的优秀经营人才，他们的“利益内倾”在机制上是因为立场所在。现实中，一旦内外两大主体群的干部对调，利益倾向也马上转向就是明证。因此，国有公司要实现有效治理，就必须找到一种防止“内部人控制”和“利益内倾”的机制，以实现内外两类主体的平衡。

郑海航教授提出的“所有者具体化、直面化理论”和“内外两类主体平衡论”丰富了现有的公司治理理论，对国有资产管理体制的建设及国有控股公司治理改革具有直接的指导意义。

三、启示

（一）深入实践，实践出真知

郑老师无论是早期跟随蒋一苇先生到首钢进行改革试点推行利润包干制度、到二汽蹲点提出以骨干企业为龙头按照自愿互利原则组建企业集团的建议及提出“圆形联合理论”，还是后来对国有企业亏损的研究、对国有大型企业集团能够成为国家授权投资机构的研究，还是最新提出的“所有者具体化理论”、“所有者直面化理论”、“内外两类主体平衡论”，一以贯之的就是深入实践，一切从实际出发。郑老师的各项研究都是通过现场调研，获取第一手资料，基于深厚的理论功底及长期积蓄的管理实践经验，一次次提出具有真知灼见、深远影响、能够指导改革实践的企业组织理论及影响政府决策的政策建议。

（二）确定研究方向后，就坚持下去，才能成器

一个人的精力有限，什么都想做，就什么也做不成。今天兴趣在此，明天兴趣在彼，可能无果而终。郑老师在确定研究方向后，不会左顾右盼，会坚持不懈地研究下去，这是他成功的重要原因。

为了事业，郑老师守得住清贫，耐得住寂寞。20 世纪 80 年代，生活水平低，居住条件差，三代住一居，但是郑老师仍潜心研究、心无旁骛，不断地取得研究成果和一次次获得国家级的大奖。谁能想到这些有分量的科研成果不是出自郑老师的“书房”而是出自郑老师一家的“厨房”呢。

（三）重视团队合作和团队成员的培养

郑老师曾经说过："我读研、读博、做研究员，这一路的成长和所取得的成绩与中国社会科学院的团队培养是密不可分的，很多学术成果不是某一个人的智慧，而是整个团队智慧的结晶。""我把团队看得很重。我和江小涓同志率领的团队也好，和邵宁同志率领的团队也好，都是紧密合作、同舟共济。过去常说，团结力量大，我更想说，'团结智慧多'。我们既出了成果，也结下了深厚的友谊。"1996 年郑老师作为课题负责人和江小涓、张承耀等一批学者所做的《国有企业亏损研究》，1997 年郑海航与国家经贸委企业司司长邵宁所做的《国有大型集团公司成为国家授权投资机构实施研究》，和戚聿东、吴冬梅、宋克勤、赵慧军诸位教授合作完成的《中国企业理论五十年》、《中国企业家成长问题研究》、《国有资产管理体制与国有控股公司研究》都是体现郑老师重视团队合作的例证。

在重视团队合作的同时，郑老师也特别重视对团队成员的培养。"尽管我是现在的学科带头人，但是人的精力是有限的，工作年限是有限的，而科研工作是无限的，学科的发展是无限的"。如何解决这一矛盾，就要求一个领导者不仅要有高度的责任感，又要有高瞻远瞩的战略眼光。"只有培养好梯队，学科才能形成拳头，长盛不衰。即使老一辈退休了，梯队的中青年学者还能后浪推前浪地向前发展，保持常青，而不会出现学科断层，这就要求我们这些人有人梯精神，要为后来的学者当好铺路石"。正是在他的培养之下，很多团队成员已经成为首都经济贸易大学的拔尖和优秀人才，代表性人才包括博士生导师戚聿东教授、吴冬梅教授等。

（四）培养了高层次的组织意识并实现了组织意识与组织凝聚力的有效对接

郑老师提出了员工的组织意识，由低到高分四个层次：一是成员归属意识；二是利益共济意识；三是情感一体意识；四是忘我献身意识。

郑老师身体力行，形成了对组织的忘我献身的意识，即怀着对首都经贸大学无比忠诚的心情，以全部身心投入学校的各项事业，为实现学校的总目标不遗余力地拼搏，将个人的成就和发展目标与学校发展的总目标融为一体，并迸发出旺盛的智慧和力量。

郑老师提出组织对成员的凝聚，也是分层次的，组织的凝聚层次与组织意识层次在客观上形成了一种对应关系模型，与组织意识从低到高的四个层次相对应，形成了组织凝聚从外到内的四个层次，即外围层、基本层、中坚层和核心层。第四层是忘我献身意识，相对应的是企业核心层。随着组织意识的培养和升级，会有更多的职工由外围层逐次进入组织凝聚的更高层次，于是企业的凝聚力也越来越强。郑老师将组织意识与组织凝聚力的有效对接，表现出了他的理论的科学性和生命力。

（五）无论是在团队还是在学界，具有很好的亲和力和凝聚力

郑老师在团队中极具亲和力和凝聚力。既是一位令人尊敬的具有深厚理论修养和创新思维的学者，也是一位朴实诚恳、其乐融融的长者。

无论是全国性的学术会议还是北京市及各地方的学术会议，郑老师每次都在主席台前排就座；无论是在全国性还是地方性学术机构中都身居要职，这些都是与郑老师在管理学界的学术地位和影响力分不开的，同时也是与个人具有的亲和力和凝聚力分不开的。只要你跟随郑老师参加过学术会议、参加过调查研究你就能体会到他在这些方面的个人魅力。

参考文献

［1］郑海航：《企业组织学导论》，中国劳动出版社，1990 年版。

［2］郑海航：《建立企业组织新学科刍议》，《中国社会科学》，1993 年第 1 期。

［3］郑海航：《企业组织论》，经济管理出版社，2004 年版。

（本章作者：戚聿东，首都经济贸易大学，教授、博士生导师。
吴冬梅，首都经济贸易大学，教授，博士生导师。
徐炜，首都经济贸易大学，副教授）

第二章　互补合作型团队内的知识共享研究

——以F食品公司销售推广管理团队为例

21世纪以来，随着知识经济的进一步发展，知识的价值日益凸显。经合组织主要成员国国内生产总值的50%以上是以知识为基础的，企业的发展也更多依赖于知识要素而非传统的生产要素。如何促进知识共享和知识创新，成为企业培育难以模仿的核心竞争力、构建学习型组织的重要内容。

而团队工作模式自20世纪80年代以来，就受到众多企业推崇，有关团队的讨论也层出不穷。在美国企业中，70%以上的组织拥有一个以上的团队，IBM、GE、AT&T等大公司所拥有的团队均达上百个之多，在企业之间也出现了一些跨组织的团体。理查德·达夫特（Richard L. Daft, 1999）曾说："团队工作的概念代表了组织工作方式最基本的变化。……团队工作和雇员的授权是在公司转向所谓学习型组织过程中的关键因素，一个每个人都参与识别与解决问题的组织，能使该组织不断提高和增强能力。"

基于此，在众多有关知识共享的研究中，本文旨在从团队角度关注企业内成员间的知识共享问题，对什么样的团队形式更有利于知识共享、如何推动团队成员合作和相互之间的知识共享等进行了探讨。

一、基于个体能力适当互补的合作型团队的发展趋势

所谓团队就是指为了某个目标而一起协同工作的一群个体组合而成的正式群体。在许多讨论中，人们都容易把团队想当然地认为是一种更好的方式。事实上，团队也存在不同的应用模式。在不同团队类型中，成员间知识共享的程度和方式有所不同，对企业未来发展的适应性也有所不同。

（一）团队的类型及其知识共享特征

管理学大师彼得·德鲁克（Peter F. Drucker，1995）曾指出：福特公司曾想通过团队建设来设计其新模型，但结果是仍未能缩短其与日本竞争对手之间的开发时间差距；宝洁公司曾大张旗鼓地掀起过团队建设活动，但最后却不得不回归新产品开发和营销的个人负责制。这些团队建设失败的一个主要原因在于，经理人员心中普遍认为只有一种团队模式，但实际上，团队存在不同模式，其内在结构、对成员行为的要求、优势、劣势、局限性各不相同。德鲁克分析了三种不同模式：棒球团队、足球团队和网球双打团队。在此我们将分别分析这几种团队内的知识共享的不同模式。

在棒球团队中，团队成员是仅仅以团队方式来行动（on the team），而不是作为一个整体团队（as a team）来行动。每个成员都有着绝不可离开的固定位置。二垒手绝不可跑去帮助投手，就像麻醉医生绝不可去帮助外科护士。做心脏手术的外科团队和亨利·福特的装配线都是棒球团队。在传统的底特律设计团队中，营销人员几乎看不到设计人员，从未接受过他们的咨询。设计人员做好他们的工作，然后把它送到开发工程师那里，接着开发工程师完成他们的工作并送到制造人员那里，接着制造人员做好工作再传给营销人员。很多人常常忽略了这也是一种团队模式。其运作和知

识共享的机制是：人人坚守岗位，信息和知识的互动交流不多，主要交流存在于不同职能岗位之间的交界面上，下一流程直接获得了上一流程的知识成果。

在足球团队中，成员像棒球成员一样，有着固定的位置，但足球队员是作为一个整体团队一样行动。日本的汽车制造商的设计团队就是如此。不同于传统的底特律汽车设计团队的“序列”工作方式，在日本汽车设计团队中，设计者、工程师、制造人员和营销人员都是“平行”工作的。其运作和知识共享的机制是：每个人既坚守自己的专业岗位，但同时把自己的知识成果随时与其他人员互动共享，通过一定程度的合作交流更快完成最终目标。

在网球双打团队中，成员有一个基本的而不是固定的位置。他们有能力“顶替”队友，根据其队友的优势和劣势进行调整，并能根据比赛的需要及时进行调整。小型爵士乐团、大公司中构成“总裁办公室”的高级经理团队，以及许多真正创新的团队都是如此。在这种团队中，其运作和知识共享的机制是：团队成员有着密切的配合，双方彼此经常随时交流，知识共享在整个过程中持续开展，各方的知识和能力既有一定程度的重合，方便随时顶替，也有一定的差异，形成优劣互补。

（二）互补合作型团队更利于实现个体创造性和团队整合绩效的双重效益

人们常常忽略了棒球团队其实也是一种团队，所有这三种类型都是真正的团队，只是特征存在较大差异，它们所需要的行为不同，它们最擅长的方面不同，而且它们也根本无法成为一个混合体。一种团队只能以一种方式运作。要从一种团队变为另一种也是非常困难的。

棒球团队明确了成员个体的目标和责任，每个人都有明确的知识成果输出，更容易突出个人明星和个人成功，但团队最终的知识成果则有赖于从上一流程到下一流程的顺序流畅，知识交流的过程很有秩序但却较为缓慢，不够灵活及时。足球团队相比而言，则增加了灵活性，但成员的个人特性要服从整个团队的规则和要求。网球团队则更为灵活，但团队规模不宜过大，单个成员的积极性很重要，但最终的知识成果体现为整个团队的成果。2004 年雅典奥运会上女子网球双打冠军中国队的李婷和孙甜甜的成功配合可以说是这类团队的典范。她们以双打冠军而非个人单打冠军为目标进行了长期的配合训练，既有共同的技能基础，又各有所长、技能互补，每个人的能动性和创造性都很重要，比赛场上的灵活应变和配合也很重要。

以上三种类型的团队无所谓好坏，只存在是否适应环境和企业要求的问题。从当前的趋势来看，一个普遍倾向是为了适应日益变化的市场环境和灵活快速的工作要求，能够充分发挥个人创造性并具有快速实现团队整合能力的团队是更为理想的模式，也就是从棒球团队向足球团队甚至向网球双打团队的转变是一种更为合理的趋向，但也是更难以实现的模式。

野中郁次郎（Nonaka，1995）曾指出，大多数高效的团队都是由有着不同职能部门背景的 10 ~ 30 人组成，这些职能部门可能包括：战略、研究开发、生产制造、质量控制、市场营销、客户服务等。正是由于来自不同部门、技能互补的成员把他们的知识贡献给了整个团队，才实现了团队的整合绩效。由此可见，互补合作型团队因其能够在发挥个体创造性的基础上实现团队成员间的紧密合作而更有利于团队发挥整体绩效；在这类团队中，成员之间的知识共享既吸收了个体成员的创造性知识又吸收了团队成员交流之中形成的团队整合知识。

二、团队内知识共享模式及实例：F 食品公司销售推广管理团队内的知识共享

现如今的团队中，既存在成员为相同专业背景的团队，也有许多是由技能互补的成员所组成的团队，小型团队人数在 10 人左右，每个成员分别

完成不同的职能任务或专业分工任务；大型团队人数在20人以上，团队成员可以按照不同职能任务分成若干小组，每个小组分别承担不同职能。大型团队中的小组类似于小型团队中的个人。在小型团队中，更多存在的是团队个体成员之间的知识交流和共享；而在大型团队中，既存在不同职能分工的团队成员个体之间的知识共享，也存在相同职能背景的团队成员个体之间的知识共享。

下面我们将以F食品公司的产品销售推广管理团队为例（资料来源于对F食品公司的调研和相关人员访谈），来分析团队内个体间知识共享的模式。

（一）产品销售推广管理团队是一个多知识背景成员的组合

F食品公司在产品销售推广管理团队内主要设置了重点客户部和品牌推广部，前者负责与重点客户的谈判、面向重点客户的品牌推广活动的管理及相关的联系沟通工作，后者负责企业各种品牌的推广活动策划和小客户管理。团队规模大约为12人，重点客户部有3人负责，品牌推广部又分为3个小组，每个小组约3人，其中某个全国性品牌的几个产品种类分别由2个小组负责，分为中低端产品组和中高端产品组，另一小组负责其他地方性品牌。重点客户部人员按照客户种类进行分工，每个品牌推广小组内部的分工则按照区域进行分工，每人负责相应品牌产品的推广策划方案及相应区域的小客户销售管理工作。整个大团队主要是销售管理工作，具体销售操作则由下属的各级经销商负责，团队的总体目标就是通过一系列的工作达成一定的销售目标。

（二）团队内成员个体之间的知识共享交流关系

F食品公司销售推广管理团队成员个体间知识共享系列图。如图2-1、图2-2和图2-3所示，图中显示了团队内成员个体之间的知识交流和共享关系。

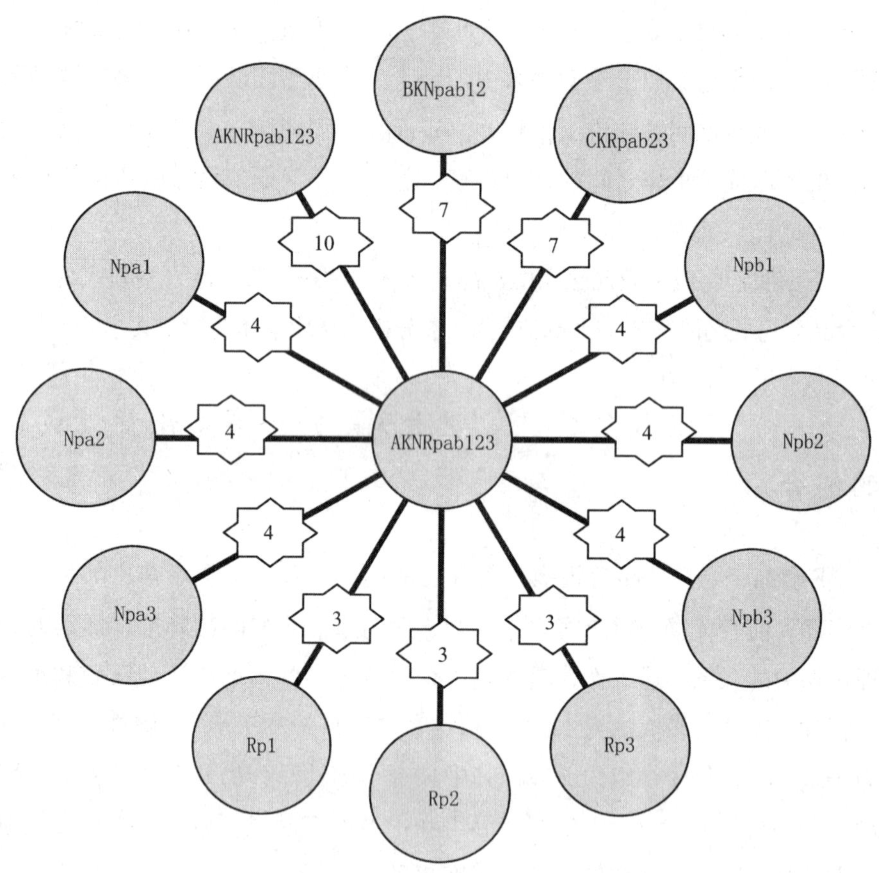

图2-1　团队中某重点客户部成员与其他成员间的知识共享

在图2-1中，我们以不同的符号来代表各个成员及其所负责的工作。具体表示为：K代表重点客户，A、B、C分别代表不同重点客户；p代表品牌；N代表全国；R代表地方；a、b分别代表中低端和中高端；1、2、3分别代表不同区域。据此，我们把12位成员的编号设定为：重点客户部的三个成员代号分别为AKNRpab123、BKNpab12、CKRpab23；全国品牌推广中低端组的成员代号分别为Npa1、Npa2、Npa3；全国品牌推广中高端组的成员代号分别为Npb1、Npb2、Npb3；地方品牌推广组成员的代号分别为 Rp1、Rp2、Rp3。

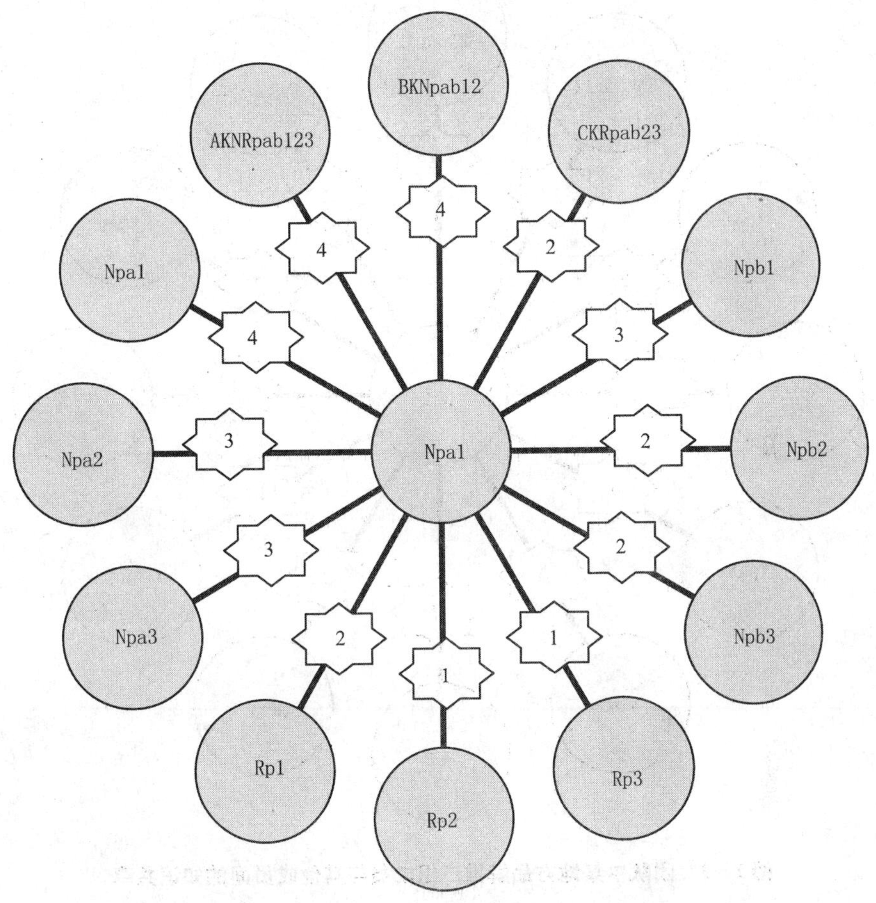

图 2－2　团队中某全国性品牌推广组成员与其他成员间的知识共享

以 AKNRpab123 成员为例，其含义是：负责与 A 重点客户沟通的成员，该客户在 1、2、3 个区域中都有业务，并且销售该公司的全国品牌、地方品牌各类档次的产品。类似的，BKNpab12 则表示：负责与 B 重点客户沟通的成员，该客户仅在 1、2 区域中有业务，并且仅销售该公司的全国性品牌的高中低各类档次的产品。同样，Rp3 表示：负责地方性品牌在区域 3 的品牌推广工作的成员。

为明晰起见，我们在图 2－3 中仅选择了 AKNRpab123、Npa1（表示负

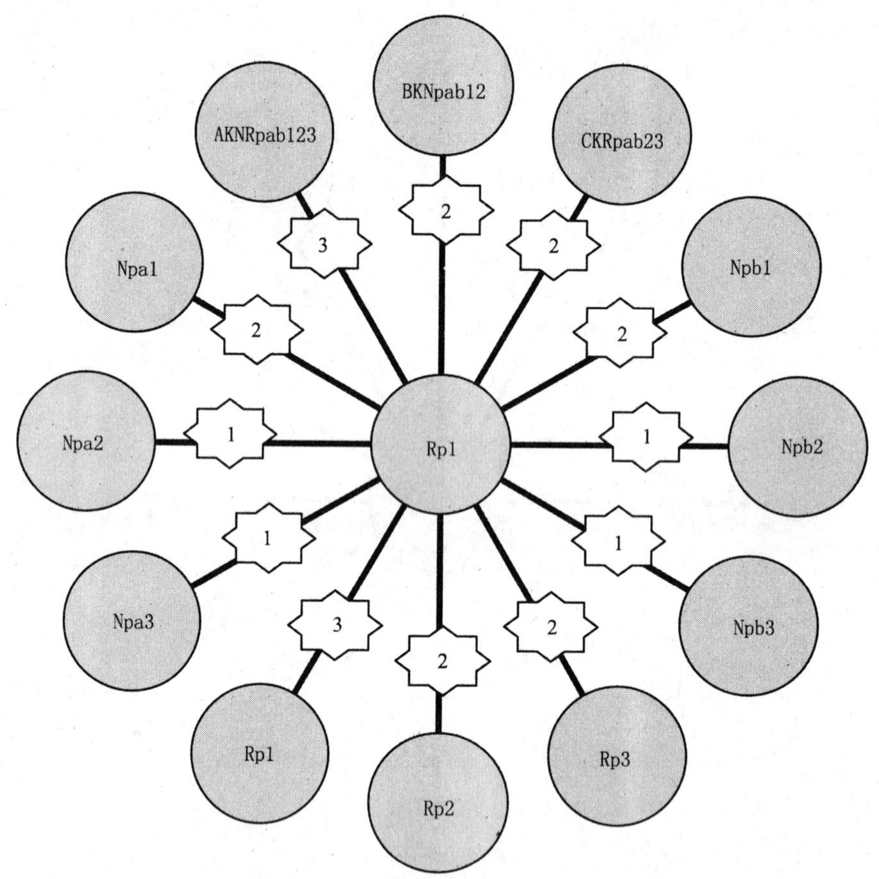

图 2-3 团队中某地方品牌推广组成员与其他成员间的知识共享

责面向中低端市场的全国性品牌在区域 1 的推广工作的成员）和 Rp1（表示负责地方品牌在区域 1 的品牌推广工作的成员）三位成员进行分析，来看看该成员个体与其他成员个体之间的联系及其可能共享交流的知识。

图中每个圆圈代表每个成员，成员间的交流联系用连接的直线表示，直线上的数字表示线两端的成员间可能共享的知识的多少。如图 2-1 中 AKNRpab123 和 Npa2 之间的数字为 4，表示两个成员之间在品牌推广策划、全国性品牌、中低端市场以及区域 2 四个方面具有共同分享经验知识的可能。数字越大，表示可以共享的知识越多；反之亦然。当然，数字大小还与此处所涉及的知识种类有关，比如 AKNRpab123 成员的知识，我们分为有关 A 客户的、重点客户的、品牌的、全国性品牌的、地方性品牌的、中低端市场的、中高端市场的、区域 1、区域 2、区域 310 方面的知识。而图 2 中所分析的 Npa1 成员则只涉及品牌的、全国性品牌的、中低端市场的、区域 14 方面的知识。图 3 中所分析的 Rp1 成员则只涉及品牌的、地方性品牌的、区域 13 方面的知识。因此，对于 Npa1 成员来说，数字 3 就可以表示两个成员间的共享之处较多，因为在 4 方面知识中彼此间可以分享 3 方面知识；而对于 AKNRpab123 来说，数字 4 也不能表示两个成员间有较多可共享知识，因为它只表示成员间在 10 方面知识中只分享了 4 方面的知识，只能说有一部分知识可以共享；而对 Rp1 而言，数字 3 就是最大限度地知识共享了。

（三）团队内成员之间的知识共享内容既存在共通性又存在互补性

从知识共享的具体内容来说，一方面，知识共享存在于工作重点相类似的成员之间，比如，重点客户部的成员之间共同分享与重点客户沟通和谈判中的经验、问题及解决方案；品牌推广部的成员之间共同分享有关品牌推广的经验、推广中的问题和解决方案。另一方面，知识共享还存在于工作重点不同但知识存在交叉互补性的成员之间，比如，重点客户部和品牌推广部成员之间看似工作重点不同，但因重点客户部人员也会接触到有关全国性品牌或地方性品牌的相关知识，则与品牌推广部成员有共同交流的基础，但彼此之间因侧重点不同其交流的内容又会存在不同的视角，从而带来与其在同相类似成员交流时不同的视角和观点。

三、如何建设互补合作型团队以促进团队内的知识共享

从前面的分析中我们看到，构建互补合作型团队，有利于团队成员间在一定共通性知识基础上分享不同的观点，既提供了开展知识共享的基本前提，又保证了知识共享对各方的提升效果。但在实际中，企业要想通过互补合作型团队来促进个体层次的知识共享，还需要注意以下方面：

（一）创造密切合作的文化氛围必不可少

团队形式存在本身就是组织赋予成员个体的一种相互交流的形式。它打破了职能界限，使不同技能的人员能够围绕一个共同的目标在共同的工作环境下彼此交流。但能否真正实现充分交流，则需要彼此之间的目标一致并愿意合作和贡献。

王连娟曾在阐述密切性的概念中分析了密切性的几个方面：空间接近性、心理接近性、需要的共同点和联系密切性。这四个方面决定了团队成员沟通交流的密切性，从而将影响知识共享的程度。一般来说，团队成员之间的密切性越强，知识共享的程度越高。因此，创造有利于知识共享的密切合作的文化氛围也可以从这几个方面入手。

空间上的接近性主要是要尽量缩短成员之间的地理距离，典型的表现形式是成员在同一个办公室办公，但这对于那些工作时间比较随意或不用总在办公室的人来说就不容易办到，因此，更需要依靠联系的密切性，创造一些大家能经常接触的途径，提供更多的沟通交流机会和更适当的沟通交流工具。

心理接近性往往与成员的个人特性有比较大的关系，但如何选择团队成员组合，使之能够相互配合和相互信任则是可以由组织有意识加以选

择的。

需要的共同点则表现在利益、兴趣、话题或共事的需要等多方面。前面的 F 食品公司的成员知识共享图中更多体现的就是成员在共事过程中拥有了更多可以相互交流的话题和共同的知识背景，也表现在双方可以从知识共享中获得彼此的经验知识，从而使双方都可以获得提升工作绩效的利益。

（二）采用不同形式交流不同知识

团队中成员间共享的知识存在显性和隐性两种类型。通过文件、电子邮件、知识库等方式来交流显性知识较为容易。更困难的在于隐性知识的交流，面对面的交流或电话沟通则是必不可少的形式。达文波特（Davenport，1994）曾指出，经理们 2/3 的信息和知识来自面对面的会议和交谈，只有 1/3 来自文件。因此，如前面所述，创造机会、保持成员间的密切联系是必不可少的。

（三）团队成员的知识能力结构最好有某些共通性，同时还能互补

成员知识结构完全重叠，不利于分享更多的有创意的外来知识；成员知识结构完全不相关，则无法实现共鸣和交流，彼此难以理解对方传递的信息。因此，成员间需要有一定的知识相通互补之处，也即不完全相同，但可以交叉学习、融会贯通。

比如前面所分析的食品公司案例，从专业背景上来看，团队成员的工作有一定相似性但又不完全类似，大团队内按照不同的专业职能进行了划分，重点客户部和品牌推广部的工作职能是有所区别的，成员的能力各有所长，互为补充。而在品牌推广部内的各个小组成员则具有比较类似的专业背景，但他们分别负责不同的部分，对各个区域以及地方性或全国性品

牌的了解程度深浅不一，有利于彼此的沟通和互补。

（四）一致的团队目标有利于成员间的交流共享

对于团队工作来说，合作应该是非常重要的，而合作的前提是必须有一个统一的目标，而不是个体的目标。如果团队对成员的考核主要依据成员个体的工作业绩，那么，团队合作是不可能出现的，只有在团队实现统一目标的前提下再来考核个人的工作业绩，才能让团队成员具备合作的动力。在上述销售管理团队中，团队的每个人都需要致力于整体销售目标的实现。尽管每个人都有自己的分目标，但仅仅致力于个体分目标的实现，却没有帮助完成整体目标，即使个体超额实现分目标，个体的业绩也是不合格的，因为团队整体就没有达标。这就像足球比赛一样，球队失败了，个人表现再突出也是失败的，没有人会因为个人表现突出而沾沾自喜。正因为如此，在F食品公司统一的销售目标指导下，在一种合作氛围推动下，该销售管理团队成员间的彼此交流是比较频繁的，成员也乐于把自己所辖区域和相关品牌推广活动的情况及有关经验告诉其他成员，当然，其中有一部分是公司通过自动办公系统要求填报的活动情况通报，这种方式交流的是显性知识，但更多的是具体操作中的经验之谈，这类隐性知识则需要成员间更深入的交谈才能获得。

综合来看，当一个组织内的团队有着共同的目标，在一个合作的氛围下，具备共通知识基础的不同人员从各自不同角度采用适当的方式来交流知识，我们终将看到一个有利于个人发展和团队整体绩效的双赢局面的出现。

参考文献

[1] Shieh – Chieh Fang; Fu – Sheng Tsai; Kuo – Chien Chang, Knowledge Sharing Routines, Task Efficiency, and Team Service Quality in Instant Service Given Settings [J]. Journal of American Academy of Business, Cambridge, 2005, 6 (1).

[2] Chih – Chien Wang, The Influence of Ethical and Self – Interest Concerns on Knowledge Sharing Intentions Among Managers: An Empirical Study [J]. International Journal of Management, 2004, 21 (3).

[3] Debra M Amidon, Knowledge Zones Fueling Innovation Worldwide [J]. Research Technology Management, 2005, 48 (1).

[4] Peter F. Drucker, Managing in a Time of Great Change, Dutton Signet, a division of Penguin Books USA, Inc, 1995.

[5] 陈赟、贺玲、欧阳雄赞:《项目团队知识共享水平的多层次模糊评价与应用》,《系统工程》,2009 年第 4 期。

[6] 王连娟:《密切性与项目团队隐性知识管理》,《科学学与科学技术管理》,2006 年第 2 期。

[7] 邝宁华、胡奇英和杜荣:《强联系与企业内跨部门知识共享研究》,《科学学与科学技术管理》,2003 年第 11 期。

[8] 理查德·L. 达夫特:《组织理论与设计精要》,机械工业出版社,1999 年版。

[9] 奥托·卡尔特霍夫、野中郁次郎、佩德罗·雷诺:《光与影——企业创新》,上海交通大学出版社,1999 年版。

(本章作者:付彦,四川重庆人,中国人民大学商学院讲师,管理学博士)

第三章　基于适应性的组织管理有效性的研究

一、组织管理不同于组织的管理

在这里，我们想从管理学的学科体系的角度来探讨这一问题。管理学研究倾向于以“企业”作为管理工作的对象，所以普遍将企业的经营过程及其管理作为研究的重点，这门学科也常被称为“企业管理学”；虽然美国也有“组织管理理论”，但是美国学者研究的“组织管理理论”中的“组织”常常只是对其所提出的管理理论之适用场合和范围的限定语，而在很长一段时间内都未能成为管理研究的专门对象。所以，我们可以评价说，美国目前所流行的所谓“组织管理理论”，其实仍是管理客体性质并不明晰的、只不过该理论所揭示的原理对各类组织可能具有普适性的“组织管理理论”。因此，当前惯常的做法是将之称为“一般管理理论”或者“行政管理理论”。这一事实说明组织管理研究的滞后状况，迫切需要建立一个组织管理自己的研究体系。

郑海航教授早在1993年就提出要建立企业组织学。郑海航认为从历史原点来看，组织与管理同时出现，甚至在逻辑关系上组织还先于管理。但长期以来，在管理学家们看来，企业组织不过是管理的一项职能而已，不是一门学科。后来，随着人们在社会经济活动中对组织重要性认识的提高，企业组织学才成为企业管理学的分支而独立成为一门学科。在我国，企业组织学基本上还没有成为一门独立学科，而仍作为企业管理学的一个内容。“企业组织学”要成为一门独立的学科，必须有独立的研究对象、明确的研究范围和完整的学科体系。要把企业组织学同企业管理学中独立出来，形成自己的一套理论体系，既要跳出单纯将企业组织作为企业管理的一项职能来研究的圈子，又要克服企业组织与企业管理的混淆和重合。郑海航提出，组织体自身才是企业组织学的研究对象。企业组织学应当主要研究企业组织的结构、意识和机制。

王凤彬、陈莉平（2002）认为将企业管理学拓展为组织管理学，可以在横向上拓宽管理研究的范围，即从“企业”这一类特殊组织拓展到包括其他各种机构在内的“组织”，而且纵向上还能从“单体组织”的视角提升到“企业间组织”这更高的研究层面上。简言之，明确地将“组织”确立为管理研究的对象，一方面可以使管理研究者和实施者对管理客体的考虑超越以往的企事业单位的边界范围，另一方面，针对管理客体和管理主体的变更，在管理手段和管理方式的探讨上形成重大的突破，建立起单体企业管理学的新的组织管理学学科体系。当“组织”不仅指企业组织，也应指企业间组织的经营运作活动以及管理决策活动越来越趋向以超越个体的方式来进行的时候，组织理论的研究就变成一个前沿性的重点研究领域。因此，不仅仅单个企业组织成为组织管理的研究对象，而且企业与企业间的组织也成为组织管理的研究对象。

综合以上的观点，我们认为组织管理不同组织的管理，同一般管理和企业管理有着不同的研究对象，是一门独立的学科，现在仍然在发展之中。从单体组织来看，一般管理关注的问题是“管理者如何有效地管理一个组织”，而组织管理关注的是“管理者如何有效地组织一个组织”。从组织与组织之间来看，对于企业集团、战略联盟、虚拟企业和企业集群这些中间层组织，组织管理关注的是如何从结构、机制和文化上提高合作绩效，这也正是组织管理的新的关注点。

二、一个组织管理的新框架

在组织管理理论的发展进程中，经历了一个从封闭的组织到被动适应环境的开放组织再到组织与环境全面互动的观念更新的历程。现在的组织理论倾向于把组织视为一个有机体，既然是有机体，也就是如何在复杂多变的环境下存活下来是组织管理的第一目标，这说明适应性将是第一目标，也说明了环境对于组织管理的重要性。

著名的组织管理学家达夫特对于组织环境的定义是：存在组织边界之外的，可能对组织的总体或者局部产生影响的所有因素。环境可以分为任务环境和一般环境。任务环境包括：行业方面、原材料方面、市场方面、人力资源方面；一般环境包括：政府、社会文化、经济形势、技术以及金融资源等。这个定义认为组织环境就是指组织外部的环境。那么组织究竟通过什么来影响组织呢？

我们认为，环境影响组织有两个基本的方式：①影响组织所需要的信息。在管理组织理论的研究视野中，信息是为了做出各种战略决策的所必需的条件；而在经济组织理论的研究视野中，信息决定了资源配置的交易成本的大小。②影响组织所需要的资源。环境不仅提供信息，更为重要的是环境还提供资源。组织不能完全控制所需要的资源，这才是环境不确定性的真正来源。如果将环境视为一个资源的来源地，那么组织就应当积极地面对环境，而不是被动地适应环境了。组织可以成为适应环境、选择环境甚至塑造环境的积极参与者。同时，由于环境中各种资源的源泉就是其他组织，从其他组织获取资源的事实意味着组织和组织之间的管理也将成为组织应对环境的一个重要方面。

那么下一个问题就是环境对于组织产生影响的传导机制是什么？我们认为，组织对环境的选择和塑造是通过战略来体现的。基于此，本章提出了一个组织管理的系统框架，见图3-1。简单而言，就是环境作用于组织战略，组织战略又将环境的压力传递给结构、文化和机制。

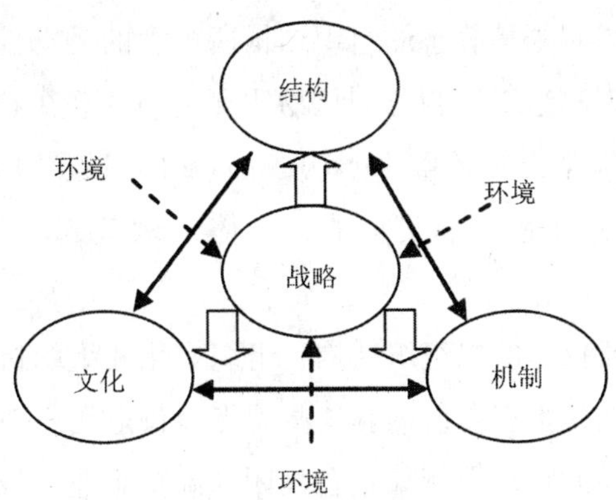

图3-1　基于适应性的组织管理模型

在这个模型中，需要重点说明以下几点：

（1）战略是组织管理的一个中介。为什么将战略视为组织管理的一个中介呢？我们认为，战略从本质上讲就是组织对环境的一种理解，组织通过战略解读环境。无独有偶，明茨伯格也将战略视为“组织与环境之间的协调力量”（明茨伯格，2007）。在面对环境的复杂性、不确定性上，组织的战略变化就使得组织像一个变色龙，根据环境调整“颜色”。而作为组织的结构、文化和运行机制一般是不会轻易发生根本性变化的，即使有调整，那也是对于战略的一种跟随。钱德勒的“结构跟随战略”的著名论断已经证明了这一点。

（2）组织结构、组织文化、组织运行机制构成组织管理的主要内容。在这一点上，本章借鉴了郑海航（1993）的观点，认为组织管理主要研究组织结构、组织意识和组织机制。企业组织体也是一个像人体一样能吐纳、能生长的有机体，因而可以把企业组织体人格化，借鉴人体的体系来研究和探索企业组织体的内涵。企业组织体也是包括“肌体”、“意识”、“机制”三个方面的有机体：企业的组织结构就是它的“肌体”，企业的组织文化就是它的“意识”，企业组织的自动调节就是它的“机制”。组织结构是企业组织的基础，是企业组织的职位、职责、权利关系和协作关系的外在体现；组织意识同组织结构的外在性相反，它是企业组织“内在”的精神；组织调节机制则是静态的组织结构所内含的动态性功能。这样，组织结构、组织意识和组织机制分别从物质和精神、外在和内在、静态和动态等不同的方面体现了企业组织的特质，企业的组织结构、组织意识、组织机制作为三个分体系，鼎足而立，立体地构筑起企业组织学的理论体系。

郑海航教授所提出的以组织结构、组织文化和组织机制为组织管理的研究对象至今仍然是很有价值的。这些观点不仅适用于单体组织，也适用于组织与组织之间的管理。例如企业集团、虚拟企业、战略联盟、企业集群这些新型网络组织形式，分析其以什么样的形式或者纽带构成合作伙伴关系非常重要，更为重要的是如何把这种不是很稳定的虚拟化的组织间合作很好地完成，实现多赢的局面，还要靠对于网络组织运行机制的设计；在合作过程中，也是一个网络组织成员文化的相互影响的过程，最终还会建立一个网络组织合作的特殊文化。因此，我们将组织管理的研究对象锁定在结构、文化、机制。

（3）组织结构是组织管理的中心。我们认为，组织管理应当有其特定的研究对象，如上所述，结构、文化、机制是组织管理的研究对象，但是从组织管理的角度来看，组织结构应当成为组织管理的中心。

1）组织结构通过影响战略的实施和执行而影响组织最终的绩效。组织管理学之所以能成为一门独立的学科，关键在于“组织”职能的独立，而组织职能的核心任务就是确立一个分工和协调的体系，分工协调体系的固化就是组织结构。“事实上，组织结构很少是系统的、有条不紊的设计成果，相反，组织结构往往是长年累月演化而成的——它是一波又一波公司政治斗争的偶然产物。这种偶然性是高级管理人员不能有效行使管理职能的常见原因之一。由于职责不清，或者条块分割、各自为政，高层的战略意图无法贯彻下去，或者在执行过程中面目全非”（迈克尔·古尔德，安德鲁·坎贝尔，2003）。因此，现在我们再看组织结构的作用时，不再单单地把组织结构视为一个分工协调体系，而是将之视为战略的执行力系统。从某种程度来看，结构决定了权利和责任、集权和分权、激励和约束等组织中的具体的运行，从而影响组织战略的实施。因此，组织结构是组织战略的执行力系统。

2）组织具有一定的刚性。1984 年，Hannan & Freeman 在《美国社会学评论》上正式提出了企业组织结构刚性（organizational inertia）的概念。该概念一经提出后，几乎成为研究组织生态学、研究企业组织调整的必引用的名词。在组织的刚性形成后，组织的最后成果往往与组织最初的期望值不一致，这种不一致的根源在于组织结构的刚性。但按照他们的观点，组织的刚性并不一定是坏事，经过企业组织外部环境优胜劣汰的自然选择过程，只有具备一定组织结构刚性的组织才有可能生存下来。因为频繁进行调整的公司往往绩效非常差，而刚性可以抑制组织的调整。而且组织的某些部分调整的速度更快，而某些部分调整速度非常慢。这表明，组织结构的刚性是有层次的。在面临外部环境的威胁的时候，企业组织结构总是会表现出一定的刚性，这种刚性导致企业的反应性不能适应环境的变化。正因为如此，组织管理才应当将组织结构从"刚性"变为"弹性"作为一个研究重点。

3）组织结构的调整会影响到组织文化和组织运行机制。很明显的例证就是科层制和跨职能团队会形成不同的文化，前者需要职责分明的等级制文化，而后者需要融合型的文化。当一个组织从直线职能制转变为矩阵制的时候，组织文化也会跟着改变。而且，组织结构的调整必然会影响到组织的运行机制。例如直线职能制、矩阵制、跨职能团队这些组织结构中的激励约束机制、协调沟通机制会完全不同。所以，在某种程度上说，组织结构决定了组织文化和组织运行机制的大致内容。

三、组织管理有效性的评价

基于以上的组织管理的框架及其逻辑——环境影响战略，战略决定结构，结构决定文化和机制，本文基于几个经典的模型，进一步分析组织管理有效性评价和诊断的三个维度。

（一）组织结构与战略的适应性分析

在组织管理的视角中，究竟是“战略决定结构”，还是“结构决定战略”似乎并不重要，重要的是要实现战略和结构的匹配，也即……战略→结构→战略→结构……战略与结构之间应该是一种权变的观点，战略与结构之间存在着双向的影响。

企业战略需要通过组织设计来实现，组织设计服务于企业战略。企业应根据其战略进行组织设计，战略的变化要求组织设计随之做出相应的调整。当然，组织设计在受到组织战略控制的同时，也在对组织战略施加影响。这种影响不仅在战略的实施方面得以体现，还会波及组织战略的形成。组织设计在某种程度上代表了组织行为的模式和思维的惯性，它会潜移默化地影响战略决策；组织设计的形式影响着组织信息的采集和流通，而信息正是战略制定的原材料；组织设计的形式影响着组织的学习能力，而学习能力提供了战略形成的原动力。在战略和结构的匹配的研究上当数迈尔斯和斯诺的组织适应性模型，具体见表 3－1（雷蒙德·E. 迈尔斯，查尔斯·C. 斯诺，2006）。本章也借鉴他们的观点帮助设计组织管理有效性在战略和组织结构相匹配方面的指标。

表 3-1　战略与结构的匹配

组织类型	面临环境	战略（产品和市场定位）	管理重点	组织结构设计重点
防御型组织	稳定	有限的产品和市场定位，积极保护这已定位不被竞争者抢占，忽视定位之外的新生事物、产品开发和市场渗透	质量和库存控制，生产计划和销售方法，更新现有技术以保持生产效率和销售效率	依靠职能结构和专业化，集中控制组织运行；以规章制度的形式将职位要求和作业程序固定下来；通过严格控制保证组织效率
分析型组织	变化	一边寻找和开拓新产品和市场机遇，一边保持公司的传统核心产品和客户	快速跟进生产那些在一定程度上已被接受的新产品，并进入此相关市场；通过广泛的市场监督机制来保持对新产品和新市场的判断	采用不同的控制技术：职能部门的控制是集中化的，而在产品和项目小组中，控制系统是分散的、一结果为导向的
开创型组织	动荡	发现和开拓新产品和新市场	潜在机遇的发现和环境的监督；根据新产品和新市场选择新技术；不同的产品使用不同的核心技术	确保组织做正确的事，提高组织对环境的应对能力；临时性的项目工作小组，分散的决策和控制机制，少量的标准化作业程序

事实上，迈尔斯和斯诺的组织适应性模型提出了组织结构和战略的相互适应的关系，并基于此，提出了一个组织战略和组织结构相匹配的诊断表。见图 3-2。

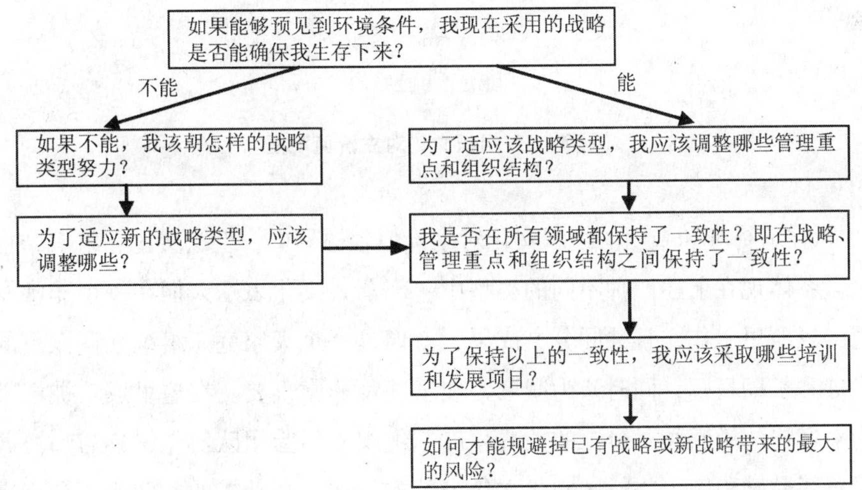

图 3-2　组织战略和组织结构相匹配的诊断表

（二）组织文化和组织结构的匹配

在组织文化的研究中，卡梅隆和奎因（Cameron & Quinn）提出了一个组织文化对立价值观框架（competing values framework）。这一框架包括两个价值观连续体。在每一个连续体的两端，是两个对立的核心价值观，即灵活性与稳定性、关注内部与关注外部。两个维度所区分的四个象限，分别代表着四种不同的组织文化类型，它们是层级型（hierarchy）、宗族型（clan）、活力型（adhocracy）和市场型（market）。见图3－3。卡梅隆和奎因认为，每一个组织都有其主导性的文化类型，特定类型的主导文化可以使组织变得更加稳定，更具一致性，或者是更加灵活，更具适应性。

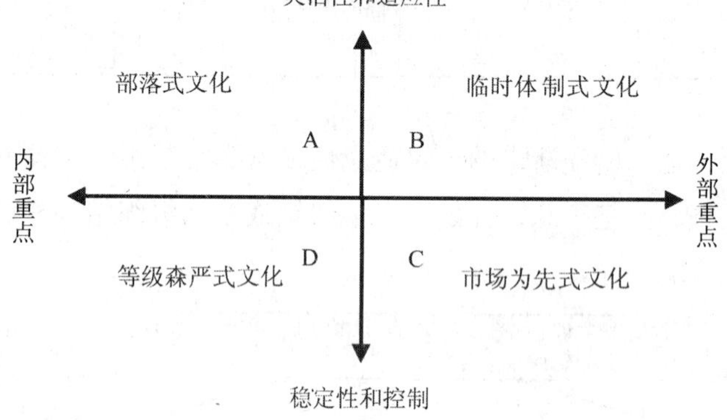

图3－3　组织文化对立价值观框

在卡梅隆和奎因的组织文化对立价值观框架中，组织文化和组织结构的联系体现在上述四种不同的类型中。部落式文化表示人们在一个非常友善的场所里工作，且共同分享成果，就像是一个大家庭。组织强调人员的发展和长期目标，同时认为凝聚力和士气都非常重要。在这里成功被定义为对客户的敏感和对员工的关心程度。组织专门为团队协作、参与和协调设置了奖励机制。临时体制式文化表示人们在一个动态的、创业的和充满冒险的工作场所努力寻找着他们的需要同时承担风险。对实验和革新的义务感使得整个组织结合在一起。在这里，成功的定义是创造出新的产品和服务。组织期望成为产品和服务领袖，同时组织鼓励员工的个人创造能力和自由。等级森严式文化表示人们在非常正规和构架森严的工作场所里按照程序工作。好的协调者和高效的专家被看作是好的领导。维持组织的顺畅运作是至关重要的。组织靠严格的制度和政策结合在一起。组织的长远目标是稳定和高效的生产运作。管理员工的重点是确保雇佣关系的稳定性和可预见性。市场为先式文化表示一个以结果为导向的组织，他的重点就是能够完成任务。员工十分具有竞争力且以目标为导向。在这里，成功的定义就是市场占有率和渗透率。具有竞争力的价格和市场领导地位是组织考虑的重点。组织的风格也是强势的竞争者的风格。

在提出了以上四种组织文化类型后，那么如何进行实际的分析和判断呢？卡梅隆和奎因也提出了一套诊断的问题（卡梅隆和奎因，2006），见表3-2。

表3-2　组织诊断表

1. 组织的主要特征
A. 组织是一个人性化的地方，就像是家庭的延伸，人们不分彼此
B. 组织具有很高的活性和创业精神，人们用于冒险和承担责任
C. 组织的功利性很强，人们的主要想法就是完成工作，员工的能力很高并且期望成功
D. 组织被严格的控制且组织严明。人们按照条例办事
2. 组织的领导能力
A. 组织的领导通常被视为导师、推动着或者培育者的作用
B. 组织的领导风格主要是创业、创新和尝试冒险
C. 组织的领导风格主要是“没有废话”，具有进取性和高功利性
D. 组织的领导风格主要是有条理、有组织性、运作顺畅且充满效率
3. 员工管理
A. 管理风格是团队合作，少数服从多数以及参与性强
B. 个人英雄主义、喜欢冒险、勇于创新、崇尚自由和展示自我
C. 具有很强的竞争性，要求和标准都非常严格
D. 确保雇佣关系，人们的关系是可以预见的、稳定的和一致的

续表

4. 组织的黏合力 A. 靠忠诚、互信黏合在一起，人们都具有承担义务的责任感 B. 靠创新和发展结合在一起，走在时代的前端是重点 C. 成功和完成目标把人们联系在一起，进取和取得胜利是共同的目标 D. 靠正规的制度和政策在一起工作，维持一个顺畅运作的组织是非常重要的
5. 组织的战略重点 A. 重视人力资源发展、互信、开诚布公和员工持续地参与 B. 寻求新的资源和迎接新的挑战，尝试新的食物和寻求机遇使员工价值的体现 C. 追求竞争和成功，打击对手和在市场中取得胜利是组织的主要战略 D. 组织希望看到持久的稳定，效率和控制、顺畅的运行是工作重点
6. 组织成功的标准 A. 人力资源、团队合作、员工的贡献和对员工的关怀 B. 组织是否具有最特别和最新的产品，组织是否是产品领导者和创新者 C. 赢得市场份额并打败对手，成为市场的领导者 D. 是效率为成功的基础，相互传递、平稳的工作安排和低成本是非常重要的

说明：每道题的 ABCD 的总和为 100 分。分别打分。然后计算 A 的总分，B 的总分，C 的总分，D 的总分。最后将 ABCD 各自的得分除以 6，得出 ABCD 最后的得分。对应图 3－2，以每个象限的对角线作为标尺，每个组织评价之后可以看看自己哪个象限最为突出。

评价了组织文化之后，就要察看一下企业自身的战略、结构、文化是否存在一致性。如果不是一致的，那么就要考虑从哪一方面入手进行组织变革。

（三）组织协调机制与组织结构的匹配

对于组织管理中的协调机制问题，有两个经典的理论是不可以绕过的：一个是明茨伯格，另一个是组织经济学。因为现在看来，协调机制不仅对于组织内部很有意义，而且对于组织和组织间的关系处理也具有重要的意义。

明茨伯格认为组织内部有五种协调机制，不同的协调机制会对组织结构有不同的影响。见表3－3。

表3－3　组织结构与协调机制的对应关系

组织的结构	主要协调方式	组织的关键组成部分	分权的类型
简单结构	直接监督	战略高层	纵向和横向的集权
机械式官僚结构	工作流程标准化	技术结构	有限横向分权
专业式官僚结构	员工技能标准化	运营核心	纵向和横向的集权
事业部制结构	工作输出标准化	中间线	有限纵向分权
变形虫结构	相互调节	支持部门	选择性分权

组织经济学尝试着将管理组织理论和经济组织理论结合起来。在赛特斯·杜玛、海因·斯赖德所著的《组织经济学》中构建了一个分析组织问题的基本概念框架（杜玛和斯赖德，2006），如图3－4所示。

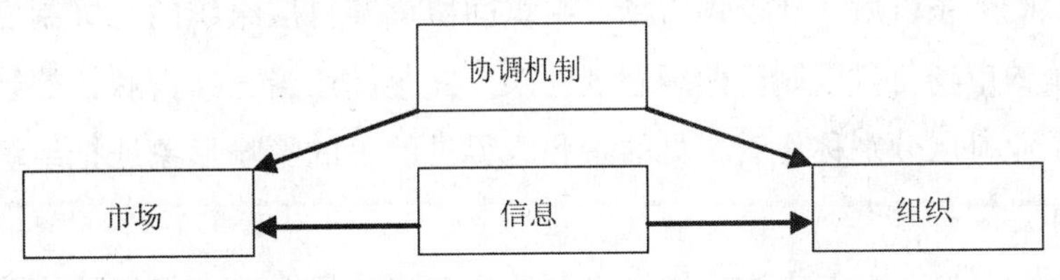

图3－4　组织经济学的基本概念框架

市场可以通过“看不见的手”——价格机制实现协调。但正如科斯所提出的疑问：既然能够通过市场来协调，那为什么组织还会存在呢？科斯认为，市场和组织是一种相互替代的关系。在市场上，价格机制是协调的工具，而在组织内部，权威命令替代了价格成为主要的协调机制。而市场和组织之间的替代的关键就在于“交易成本”了。

而在组织经济学的观点来看，最后连接着两种理想的协调类型——市场和组织的，就是信息。组织就是为了解决信息问题而产生的，组织比市场更适合解决某些信息问题。信息成本和沟通成本在很大程度上取决于市场和组织这两种主要的协调机制的效率。但是只有一种情况下价格机制才能成为足够的协调机制。也就是说，只有当价格可以吸收、包含和反映所有必要的信息时，我们才能把价格作为唯一的协调机制。在商品不是同质的、信息分布不均匀的情况下，价格并不能成为一种完全的协调机制。为什么是信息而不是别的成为联结市场和组织的基本概念呢？因为信息自身就是一种分布不均衡的稀缺资源，据此有了交易成本。

交易成本经济学试图揭示哪种交易将会通过市场进行，哪种交易将会在组织内进行。市场和组织间的选择取决于交易的三个纬度：资产专用性、不确定性/复杂性以及交易频率。当交易需要由那些用于特定交易的资产来支持时，这种交易就可以称为资产专用性程度很高的交易。资产专用性、不确定性/复杂性以及交易频率越高，通过市场交易的成本就越高，因此倾向于在组织内部而不是市场进行交易。

从组织和组织之间来看，现代网络通信技术把“看得见的手（企业组织）”和“看不见的手（市场）”在一个组织中并用。Larsson 通过深入研究组织间关系以后，建议用市场、组织间协调和科层组织的三级制度来替代传统的市场与科层制度两级制度框架，并遵循亚当·斯密和钱德勒把市场和企业科层分别称作看不见的手和看得见的手的隐喻形象地把组织间协调称作是“握手”。

因此，对于企业来讲，协调机制的变化将使得企业的组织结构从一种形式走向另外一种形式。而协调机制的变化，取决于组织机体对于环境的适应性。

四、总结

组织管理应当有自己的研究对象和评价组织管理有效性的标准，组织管理应当以组织结构为中心，研究组织结构同组织战略、组织文化、组织协调机制的相互适应性，并以此作为评价组织管理有效性的依据。本章在这里也只是初步搭出一个框架，具体的相互适应性的内容另撰文阐述。

参考文献

[1] 郑海航:《建立企业组织新学科刍议》,《中国社会科学》，1993 年第 1 期。

[2] 郑海航:《企业组织论》，经济管理出版社，2004 年版。

[3] 王凤彬、陈莉平:《学科研究与企业管理科学的发展——组织理论角度的探讨》,《管理世界》，2002 年第 7 期。

[4] 理查德·L. 达夫特:《组织理论与设计》，清华大学出版社，2003 年版。

[5] [加] 亨利·明茨伯格：《卓有成效的组织》，中国人民大学出版社，2007 年版。

[6] 迈克尔·古尔德、安德鲁·坎贝尔:《你的组织设计得好吗?》,《哈佛商业评论》，2003 年第 7 期。

[7] 雷蒙德·E. 迈尔斯、查尔斯·C. 斯诺：《组织的战略、结构和过程》，东方出版社，2006 年版。

[8] 金·S. 卡梅隆、罗伯特·E. 奎因：《组织文化诊断和变革》，中国人民大学出版社，2006 年版。

[9] [荷兰] 赛特斯·杜玛、海因·斯赖德:《组织经济学——经济学分析方法在组织管理上的应用》，原磊、王磊译，华夏出版社，2000 年版。

（本章作者：魏秀丽，北方工业大学副教授，经济学博士）

第四章　企业组织结构理论研究回顾

企业组织结构理论一直是企业组织理论研究的中心问题。Kimberly（1976）认为结构主义视角是组织研究的中心。受 Weber（1946）的极大影响，结构主义者通常问三个独立的但又相关的问题：组织的结构特征之间的关系是什么？什么因素决定了组织结构特征的变化？组织结构变化会导致组织产出如何变化？

具体到研究工作中，组织结构理论研究者的工作主要呈现出三个大的方向：

（1）直接针对企业组织结构本身展开的研究。

（2）以企业组织结构作为因变量的研究。

（3）以企业组织结构作为自变量的研究。

其中，直接针对企业结构本身展开的研究是后面两个研究方向的基础，后面两个研究方向是在前者基础上的不同拓展。见图 4－1。

一、直接针对企业组织结构本身展开的研究

相对于整个经济体而言，企业属于微观的经济单位。虽然如此，在企业内部针对企业组织结构本身的研究依然可以划分为三个层面：宏观层面、中观层面和微观层面。宏观层面研究的对象是企业结构整体的发展态

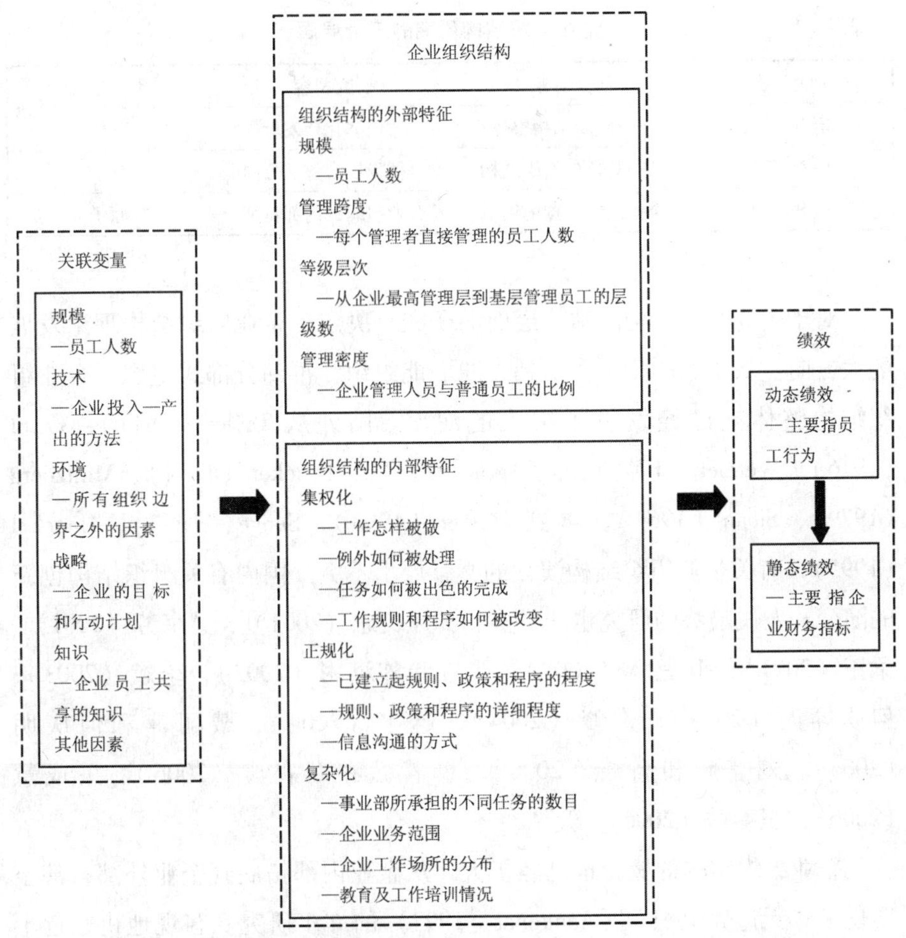

图4-1 企业组织结构的前因后果变量

势，是将企业组织结构作为一件整体进行的研究，研究的内容是企业组织结构的整体演化。中观层面研究的对象是某一类型的企业组织结构，是对企业组织结构的分子层面的研究，研究的内容是某一类企业组织结构的发展变迁。微观层面研究的对象是企业组织结构的各个组成部分，是对企业组织结构的原子层面的研究，研究的内容是企业组织结构的具体特征。见表4-1。

表 4－1 企业组织结构研究的三个层面

研究层次	研究对象	研究内容	类比层面
宏观层面	企业组织结构整体	整体演化、发展	整体
中观层面	某一具体的组织结构	具体发展态势、方向	分子
微观层面	企业组织结构的组成	企业组织的内部特征	原子

对于企业组织结构的整体层面的研究，决定了企业组织结构理论发展的大方向。从原始的手工作坊到直线职能组织，再到分部式组织，企业组织结构整体上已经发生了很大的演变。国外从 Taylor（1911）、Fayol（1916）、Webber（1947），到 Agris（1957）、Drucker（1954）、Mintzberg（1979）、Sloan（1964），再到 Hamer（1993）、Senge（1990）、Haeckel（1995），有关企业组织结构演化的文献层出不穷。国内有关组织结构创新的演变和发展趋势的研究也非常多，如凤良志（2001）、吴京芳（2001）、梁正（2001）、卫虎林（2002）、张凌和陈洪彬（2002）、李斌（2003）、何波等人（2004）、许峰（2004）、赵宇（2004）、戴丽萍和何庆明（2004）、刘登辉和高核（2006）、彭若弘和高有典（2006）、王成慧（2006）、王春秀（2006）等。

企业组织结构的概念也已经扩大，从企业内部拓展到企业外部，甚至出现了“无边界组织”（Ashkenas，1997）的许多研究。客观地讲，近十年来，企业内部组织结构创新发展的速度要远远落后于企业间组织的发展速度。徐炜（2003）将企业组织结构定义为企业各构成要素所确立的关系与企业之间所确立的关系的总和。这是对目前企业组织结构的概念的一个比较全面的刻画。可以预见，企业组织结构，尤其是企业间组织结构将会以更加快速的变动来迎合企业和社会发展的需要。

中观层面的研究具体到某一类型的企业组织结构，例如职能式结构（U 形）、事业部结构（M 形）、矩阵结构、网络结构、团队结构等，研究这一类型的企业组织结构的兴衰和演变，优势和劣势，以及提出一些改进的措施。在中观层面的研究中，有关韦伯的官僚行政组织结构的研究和争议非常多（Bennis，1966；Jacques，1990；Peters，1987，1992，2003；Romme，1996；霍彬，2004；贾瑞萍，2005）。韦伯所提出的官僚行政组织结构是现如今被应用得最为广泛的企业组织结构，是人类历史上最为优秀的组织制度。但是这一制度随着社会实践的发展，也暴露出了越来越多的问题，从20世纪提出肇始，就伴随着很多批评的声音，到了21世纪，许多学者更有除之而大快的理念和提法。围绕着官僚行政组织理论所展开的一系列研究、争议和辩论，就属于第二个层面的内容。

微观层面的研究深入到企业组织结构的内部，试图打开企业组织结构的黑匣子，发掘企业组织结构的具体特征，以及各个特征之间的相互关系。企业组织结构的具体特征是通过企业组织结构的不同组成部分来刻画的。企业组织结构的各个组成部分是了解一个企业组织结构情况的基本保证，是对企业组织结构进行比较和评价的基础，是进行组织设计的基础。现有的有关企业组织结构各个组成部分的研究，在理论上都被打上很强的韦伯主义（Weberian）烙印。Pugh、Hicison、Hinings、Turner（1968）建议组织结构有四个组成部分：活动的结构化、权力的集中化、工作流程的直线控制、支持性部门的规模。Reimann（1973）分离出了组织结构的四个组成部分：专业化、正规化、集权化和管理密度。Ford and Slocum（1977）认为结构的主要要素是复杂化、正规化、集权化和管理密度。Blackburn（1982）认为组织结构主要包括：等级层次（hierarchical level）、管理跨度、复杂化、正规化、集权化。Galbraith（2002）认为组织结构的要素分为四类，即专业化、控制幅度、权力的分配（包括集权和分权）、部门化。James and Jones（1976）建议7个组成部分，而Champion（1975）则建议有8个组成部分，Montanari（1978）更是认为有16个组成部分。

Campbell、Bownas、Peterson and Dunnette（1974）将组织结构分为两类：结构（structural）维度和结构化（structuring）维度。结构维度包括组织规模、管理跨度、扁平/高耸等级制、管理密度。结构化维度包括专业化、正规化、集权化。这是一个比较有影响的分类方法。

二、将企业组织结构作为因变量的研究

组织理论家 Scott（1975）认为组织社会学家的工作从 1950 年到现在呈现出三个主要的趋势：第一，组织结构从自变量变为因变量，也就是说研究者从将组织结构看作是一个被给定的因素，发展到探寻决定组织结构的成因。第二，从封闭的系统模型到开放的系统模型。第三，从案例研究到比较研究。可见，从把组织结构作为自变量的研究，到把组织结构作为因变量的研究这个转变在 30 年前就已经开始，今天这个主题依然是企业组织结构理论研究的主要方向之一。

将组织结构作为因变量的研究，是对决定企业组织结构的因素所进行的研究，也就是对企业组织结构形成原因的探寻。学者们从规模、技术、战略、环境、知识中的一个或几个的因素入手，探寻企业组织结构形成的原因。代表性的研究有：

（一）规模决定结构

规模是企业组织结构的最突出的外部特征，也是决定企业组织结构内部特征的重要变量。不同的研究者对此有不同的研究，见表 4－2：

表 4－2　规模对企业组织结构的影响

赞同者	时间	管理跨度	管理层级	管理密度	集权化	正规化	复杂化
Webber	1947				+	+	+
Caplow	1957					+	+
Parkinson	1957			+			
Grusky	1961					+	+

续表

赞同者	时间	管理跨度	管理层级	管理密度	集权化	正规化	复杂化
Indik	1964			−			
Hage	1965				+	+	
Rush	1966			−			
Pugh et al.	1969		+		−	+	+
Blau	1970				−	+	+
Blau	1971						+
Blau et al.	1971						+
Blau	1973						+
Child	1973				−		+
Child	1976		+		−	+	+
Moch	1976				−		+
Presthus	1985				−	+	+
反对者							
Zelditch et al.	1961	规模在决定组织结构的时候或许是一个相当无关的因素，因此规模不应该成为组织结构的一个决定因素					
Blau	1962						
Hall	1963						
Hall et al.	1967						

（二）技术决定结构

不同的技术需要不同的组织结构与其相适应，新的技术往往能够催生新的企业组织结构。例如，IT 企业的组织结构肯定与传统钢铁企业的组织结构不同，并更多地引入了项目小组的组织结构形式。技术与组织结构之间的关系历来备受组织学者的重视。

在技术——结构的早期研究中，Woodward（1958，1965）发现，在 82 家英国制造组织中，技术特征塑造了组织结构特征。Perrow（1967）从技术多样性和可分析性两个方面研究了部门技术对部门活动及结构的决定作用。Blauner（1964）、Zwerman（1970）和 Shepard（1971）认为，当一个组织的技术程度变得复杂的时候，其管理人员的管理幅度扩大，管理密度增加，组织的等级层次增多。Scott（1975）则检验了技术对于被选结构变量的影响。Dubin（1985）等认为生产或者服务的技术是决定组织结构和机能的最重要的因素。Chandler（1978）描述了技术上的创新催生了科层制组织结构。国内学者方卫国、胡庆华（2004）和刘和东（2003）研究了技术进步与企业组织结构的关系。朱颖俊、陈荣秋（2000）研究了基于Internet 技术的企业组织结构创新。

（三）战略决定结构

组织结构是帮助管理者实现其目标的手段，而目标又源于组织战略。因此，组织结构应随组织战略的变化而进行修改或重新设计，以适应和支持组织战略的调整。

Chandler（1962）认为，公司战略的变化先行于并且导致了组织结构的变化。Galbraith（1977）认为，组织结构影响组织战略，而生产或市场战略的变化常常导致组织结构的相应调整。Miller（1986）则在战略和结构之间提出一个更加综合的分析框架。国内学者张锦利（2005）对战略选择和组织结构之间的关系进行了分析。

（四）环境决定结构

组织设计的重要任务之一，就是要使组织结构适应外部环境。外部环境的稳定程度的不同，常常要求组织结构表现出与之相适应的灵活性。

Burns and Stalker（1961）发现外部环境与内部结构相联系，并且把组织划分为机械性和有机性两种结构。随着环境不确定性的增加，组织趋于有机性，即意味着向较低的层次分散权利和责任。Lawrence and Lorsch（1967）发现企业所面临的外部环境越复杂、动荡，企业内部的组织结构（如事业部）的分化就越大，就越需要灵活的整合机制。20 世纪 70 年代中期以来，出现了三个新的以社会学为基础的组织结构理论，即 Hannan and Freeman（1977）的种群生态理论，Meyer and Rowan（1977）以及 Zucker（1983）的制度理论，Pfeffer and Salancik（1978）的资源依赖理论。这三个理论范式的一个共同观点认为，组织环境是组织结构的主要决定力量。国内学者方卫国，王学民，周泓（2005）研究了企业组织结构与环境不确定性程度的关系。

（五）知识决定结构

知识重要性的不断彰显和知识管理理论的蓬勃发展，使学者对于知识对组织结构的影响有了更深的认识。工业时代的企业，知识高度集中在企业的上层，因此在企业组织结构上表现为高度集权的等级制组织结构。随着后工业时代的来临，知识的复杂性日益提高，知识的分布也越来越分散，企业的组织结构不可避免地由集权化程度较高的等级制向分权程度相对较高的扁平化组织结构进化。Hayek（1945）、Jensen and Meckling（1992）、Nonaka and Konno（1998、1998）、余光胜（2000）、江文年（2003）、薛澜、刘冰、陶海青（2005）、胡平杰（2005）等学者研究了知识的特性对企业组织结构的影响。与之相关的研究是，王跃生，王蕴（2005）研究了人力资本对于企业组织结构的影响。

（六）其他因素

除了上述五种因素外，影响企业组织结构的因素还有很多。Selznick（1949）和 Parsons（1956）曾经试图详细说明组织的结构和机能是由它的社会功能、目标和“规章”决定的。Eisenstadt（1959）强调组织和周围的社会机构的相互依存关系在影响组织结构特征和活动方面的重要性，特别是组织对于外部资源和力量的相互依存关系。王盼盼（2006），韩永进，李晔（2006）研究了信息技术对于企业组织结构化的影响。

组织结构决定理论在经历了不同视角的反复淬炼后，最终走向了权变主义的研究视角。Pugh、Hickson、Hinings and Turner（1969）非常好地总结了组织的环境变量，提出了8个主要的组织结构决定因素：①起源和历史。②所有权和控制。③规模。④章程。⑤技术。⑥地理位置。⑦资源。⑧对外依赖。Child（1977）基于文献回顾，得出了以下结论：存在多个权变因素影响一个组织结构的设计。这意味着一个组织结构在不同时点、不同的情境下可能并不总是最优的。Huber、Ullman and Leifer（1979）认为最优的组织结构是很难实现的，因为：①组织的环境，成员和目标是不断变化的。②组织设计者的认知限制。③操作和测度相关变量的问题。④理论上能够将一个复杂的多变量绩效测度与影响组织绩效的结构和技术变量联系起来的数学表达的难以驾驭。可见，企业组织结构的形成是由多方面因素共同决定的，权变主义的视角或许能更好地对其进行解释。

三、将企业组织结构作为自变量的研究

将组织结构作为自变量的研究就是将企业组织结构作为解释变量，研究企业组织结构对于企业的员工行为、产出、绩效等的影响的研究。将组织结构作为自变量的研究一直是企业组织理论的重点之一。

通过上面的分析可以知道，企业组织结构有很多影响因素，因此就有可能形成很多种不同风格的企业组织结构。但是，某一企业的组织结构一旦形成，就会具有高度的惯性，会在相当长的时间内保持其基本面貌。组织结构会对员工行为，乃至企业的方方面面的活动构成巨大的影响。

（一）组织结构对员工行为的影响

企业组织结构对员工行为的影响是显而易见的。不同的企业组织结构

会形成不同的企业内部氛围，这种氛围又会直接影响到员工的情绪和态度，进而激发不同的员工行为。James & Jones（1976）回顾了组织结构与个体态度和行为之间的概念性关系。Ingham（1970）、Reimann（1975）等研究了组织规模和缺勤、人员更替之间的关系。Worthy（1950）、Woodward（1958，1965）研究了管理幅度与员工行为、组织成功之间的关系。Pierce and Dunham（1978）研究了集权化与员工行为之间的关系。Hickson（1966）、Kahn et al.（1964）、Hackman and Lawler（1971）探讨了正规化对员工行为的影响。Trist and Bamforth（1951）、Beck and Betz（1975）讨论了复杂化对员工行为的影响。

（二）组织结构对技术创新的影响

企业组织结构限定了企业员工的行为方式、决策权分布和信息沟通的方式，进而对企业的技术创新活动产生重大影响。Cummings（1965）and Thompson（1965）回顾了官僚组织的特征，认为官僚组织妨碍了创新活动的发展和表现。Aiken and Hage（1971）、Corwin（1972）认为企业规模越大，其资产实力、技术实力越雄厚，因此越有实力从事研究开发，进行创新。King（1983）认为分权将决策权下放到较低的管理层次，有可能会改善绩效，鼓励创新。Koprowski（1972）认为"对于一个为书面规章、制度、政策和控制所束缚的组织而言，希望它能提供更多的创新成果是不可能的。"Damanpour and Gopalakrishnan（1998）认为组织复杂性更有利于根本性创新。国内学者王铁山（2004）、曹洲涛和段淳林（2004）、高玉荣和尹柳营（2004）、柯昌英和汪晓明（2004）等研究了组织结构对企业技术创新及扩散的影响。

（三）组织结构对绩效的影响

西方学者对于企业组织结构与绩效之间的研究比较多。Lenz（1981）

认为：一般来讲，有足够的证据表明结构影响绩效。这部分是由于结构安排的管理效率，以及组织结构对于人类行为和社会交互作用的影响。有关研究，可见 Dalton et al.（1980）关于企业组织结构对于绩效影响的研究的回顾。

（四）与其他因素一起对于组织绩效的影响

正如影响企业组织结构的因素有很多一样，影响企业绩效的因素也有很多，企业组织结构只是其中之一。一些研究认为情景（Situation）变量和结构变量结合起来研究它们与绩效之间的关系要比单独研究结构与绩效之间的关系效果要好。Keats and Hitt（1988）研究了环境、战略、规模、结构对企业绩效的影响；Zwerman（1970）、Mohu（1971）对于技术、结构和组织绩效之间关系进行了研究；Rumelt（1974）、Franko（1974）、Pennings（1976）研究了环境、结构和绩效之间的关系。应该说，研究企业组织结构对于企业绩效影响的权变方法是目前比较流行的，也是未来研究的趋势。

参考文献

[1] Ashkenas, R., Ulrich, D., Jick, T., and Kerr, S. The Boundaryless Organization: Breaking the Chains of Organization Structure San Francisco [M]. Joss – Bass, 1995.

[2] Beck, E. M., and Betz, M. A Comparative Analysis of Organizational Conflict in Schools [J]. Sociology of Education, 1975, 48: 59 – 74.

[3] Bennis, W. G. Changing Organizations [M]. New York: McGraw – Hill. 1966.

[4] Blackburn, R. S. Dimensions of Structure: A Review and Reappraisal [J]. The Academy of Management Review, 1982, 7 (1): 59 – 66.

[5] Blau, P. M. A Formal Theory of Differentiation in Organizations [J]. American Sociological Review, 1970, 35: 210 – 218.

[6] Blau, P. M., and Schoenherr, R. A. The Structure of Organizations [J]. New York: Basic Books, 1971.

[7] Burns, T. R., and Stalker, G. M. The Management of Innovation [M]. London: Tavistock, 1961.

[8] Champion, D. J. The Sociology of Organizations [M]. New York: McGraw - Hill, 1975.

[9] Chandler, A. D. Jr. Strategy and Structure [M]. Cambridge: M. I. T. Press, 1962.

[10] Chandler, A. D. Jr. The Visible Hand: The Managerial Revolution in American Business [M]. Harvard University Press, 1978.

[11] Child, J. Strategies of Control and Organizational Behavior [J]. Administrative Science Quarterly, 1973, 18 (1).

[12] Child, J. Predicting and Understanding Organization Structure [J]. Administrative Science Quarterly, 1973, 18 (2).

[13] Corwin, R. Strategies for Organizational Innovation: An Empirical Comparison [J]. American Sociological Review, 1972, 37.

[14] Cummings, L. L. Organizational Climates for Creativity [J]. Academy of Management Journal, 1965, 8 (3).

[15] Damanpour, F., and Gopalakrishnan, S. Theories of Organizational Structure and Innovation Adoption: The Role of Environmental Change [J]. Journal of Engineering and Technology Management, 1998, 15 (1).

[16] Dalton, D. R., Todor, W. D., Spendolini, M. J., Fielding, G. J., Porter, L. W. Organization Structure and Performance: A Critical Review [J]. The Academy of Management Review, 1980, 5 (1).

[17] Drucker, P. F. The Practice of Management [M]. New York: Harper and Row, 1954.

[18] Fayol, H. General Industrial Management (translated by Constance Storrs) [M]. Pittman and Sons, London. 1949.

[19] Ford, J. D., and Slocum, Jr., J. W., Size, Technology, Environment and the Structure of Organizations [J]. Academy of Management Review, 1977, 2.

[20] Galbraith, J. R. Organization Design [M]. Addison Wesley, Reading, Mass, 1977.

[21] Galbraith, J. R. Designing Organizations: An Executive Guide to Strategy, Struc-

ture, and Process [M]. Jossey - Bass, 2002, 10.

[22] Grusky, O. Corporate Size, Bureaucratization, and Managerial Succession [J]. American Journal of Sociology, 1961 (67).

[23] Haeckel, S. H. Adaptive Enterprise Design: The Sense - and - respond Model [J]. Planning Renew, 1995 (3).

[24] Hage, J. An Axiomatic Theory of Organizations [J]. Administrative Science Quarterly, 1965 (10).

[25] Hall. R. H. The Concept of Bureaucracy: An Empirical Assessment [J]. The American Journal of Sociology, 1963, 69 (1).

[26] Hall. R. H., Johnson, N. J., and Haas, J. E. Organizational Size, Complexity, and Formalization [J]. American Sociological Review, 1967, 32 (6).

[27] Hannan, M. T. and Freeman, J. The Population Ecology of Organizations [J]. American Journal of Sociology, 1977 (82).

[28] Hickson, D. J. A Convergence in Organization Theory [J]. Administrative Science Quarterly, 1966 (11).

[29] Huber, G. P., Ullman, J., and Leifer, R. Optimum Organization Design: An Analytic - Adoptive Approach [J]. The Academy of Management Review, 1979, 4 (4).

[30] Indik, B. P. The Relationship Between Organization Size and Supervision Ratio [J]. Administrative Science Quarterly, 1964, 9 (3).

[31] Jacques, E. In Praise of Hierarchy [J]. Harvard Business Review, 1990 (68).

[32] James, L. R., and Jones, A. P. Organizational Structure: A Review of Structural Dimensions and Their Conceptual Relationships with Individual Attitudes and Behavior. Organizational Behavior and Human Performance, 1976 (16).

[33] Jensen, M., and Meckling, W. Knowledgge, Control and Orgnaizational Structure: Part I and Ⅱ [J]. Contract Economics, L. Werin and H. Hijkander (eds.), Basil Blackwell, Cambridge, MA, 1992.

[34] Kahn, R., Donald, M. W., Robert, P. Q., Snoek, J. D., and Robert, A. R. Organizitional Stress: Studies in Role Conflict and Ambiguity [M]. New York: John Wiley. 1964.

[35] Kimberly, J. R. Organizational Size and the Structuralist Perspective: A Review, Critique, and Proposal [J]. Administrative Science Quarterly, 1976, 21 (4).

[36] King, J. L. Centralized and Decentralized Computing: Organizational Considerations and Management Options [J]. Computing Surveys, 1983, 15 (4).

[37] Koprowski, E. J. Creativity, Man and Organizations [J]. Journal of Creative Behavior, 1972 (1).

[38] Meyer, J. W. and Rowan, B. Institutionalized Organizations: Formal Structure as Myth and Ceremony [J]. The American Journal of Sociology, 1977, 83 (2).

[39] Miller, D. Configurations of Strategy and Structure: Towards a Synthesis [J]. Strategic Management Journal, 1986, 7 (3).

[40] Mintzberg, H. The Strcrcturing of Organisation. Englewood Cliffs, N. J.: Prentice - Hall, INC. 1979.

[41] Moch, M. K. Structure and Organizational Resource Allocation [J]. Administrative Science Quarterly, 1976, 21 (4).

[42] Montanari, J. R. Operationalizing Strategic Choice. In J. H. Jackson & C. P. Morgan, Organization Theory: A Macroperspective for Management. Englewood Cliffs, N. J.: Prentice - Hall, Inc., 1978.

[43] Peters, T. J. Thriving on Chaos [M]. Pan Book, London. 1987.

[44] Peters, T. J. Liberation Management: Necessary Disorganization for the Nanosecond Nineties [M]. New York: Alfred P. Knopf, 1992.

[45] Peters, T. J. Re - imagine: Business Excellence in a Disruptive Age [M]. Lodon: Dorling Kindersley, 2003.

[46] Pierce, J. L., and Dunham, R. B. An Empirical Demonstration of the Convergence of Common Macro - and Micro - organization Measures [J]. Academy of Management Journal, 1978 (21).

[47] Pugh, D. S., Hickson, D. J., Hinings, C. R., and Turner, C. Dimension of Organization Structure [J]. Administrative Science Quarterly, 1968, 13 (1).

[48] Reimann, B. C. On the Dimensions of Bureaucratic Structure: An Empirical Reappraisal [J]. Administrative Science Quarterly, 1973 (18).

[49] Reimann, B. C. Dimension of Structure in Effective Organizations: Some Empirical Evidence [J]. The Academy of Management Journal, 1974, 17 (4).

[50] Romme, A. G. L. A Note on the Hierarcy - Team Debate [J]. Strategic Management Journal, 1996, 17 (5): 411 - 417.

［51］Taylor, F. W. The Principles of Scientific Management［M］. Harper & Row, New York. 1911.

［52］Thompson, V. A. Bureaucracy and Innovation［J］. Administrative Science Quarterly, 1965 (1).

［53］Trist, E. A., and Bamforth, K. W. Some Social and Psychological Consequences of the Long Wall Method of Coal Getting［J］. Human Relations, 1951, 4 (1).

［54］Webber, M. The Theory of Social and Economic Organization (translated by Henderson, A. M., and Parsons, T.)［M］. Free Press, New York. 1947.

［55］Woodward, J. Management and Technology［M］. London: H. M. S. O. 1958.

［56］Woodward, J. Industrial Organization: Theory and Practice［M］. London: Oxford Press. 1965.

［57］Worthy, J. C. Organizational Structure and Employee Morale［J］. American Sociological Review, 1950, 15 (2).

［58］曹洲涛、段淳林:《企业组织结构与技术创新战略》,《经济问题》, 2004 年第 1 期。

［59］戴丽萍、何庆明:《企业组织结构演变研究》,《经济问题探索》, 2004 年第 9 期。

［60］方卫国、王学民、周泓:《企业组织结构与环境不确定性程度的关系》,《系统工程理论方法应用》, 2005 年第 10 期。

［61］方卫国、胡庆华:《信息时代组织的演变及信息技术策略》,《北京航空航天大学学报》(社会科学版), 2004 年第 3 期。

［62］高玉荣、尹柳营:《组织结构对企业技术创新的影响》,《科学研究》, 2004 年第 12 期。

［63］何波、何跃、陈瑜:《企业组织结构创新的现状及发展趋势研究》,《西南民族大学学报》(人文社科版), 2004 年第 11 期。

［64］韩永进、李晔:《信息技术与新型企业组织结构发展趋势和模式建构》,《中共天津市委党校学报》, 2006 年第 2 期。

［65］胡平杰:《知识型企业组织结构理论研究的现实性探讨》,《求索》, 2005 年第 8 期。

［66］霍彬:《传统的企业组织结构的弊端与扁平化组织的构建》,《市场周刊 · 财经论坛》, 2004 年第 5 期。

[67] 江文年:《从知识的进化看企业组织结构的演变》,《广东通信技术》,2003年第11期。

[68] 贾瑞萍:《传统企业组织结构形式面临的挑战》,《科技情报开发与经济》,2005年第6期。

[69] 柯昌英、汪晓明:《组织结构对中小企业技术创新及扩散的影响》,《企业改革与发展》,2004年第1期。

[70] 刘登辉、高核:《企业组织结构创新模式思考》,《兰州交通大学学报》(社会科学版),2006年第4期。

[71] 刘和东:《技术进步对企业组织结构的影响》,《现代管理科学》,2003年第3期。

[72] 李斌:《现代企业组织结构变革——扁平化模式的兴起》,《现代经济探讨》,2003年第9期。

[73] 彭若弘、高有典:《网络经济下企业组织结构的变革趋势》,《郑州大学学报》(哲学社会科学版),2006年第7期。

[74] 王春秀:《知识经济时代下的企业组织结构》,《云南民族大学学报》(哲学社会科学版),2006年第7期。

[75] 王跃生、王蕴:《人力资本与企业组织结构:一个初步模型》,《经济理论与经济管理》,2005年第3期。

[76] 王成慧:《现代企业组织结构变迁的五大趋势》,《渤海大学学报》(哲学社会科学版),2006年第5期。

[77] 王盼盼:《信息技术对企业组织结构优化的影响》,《商场现代化》,2006年第4期。

[78] 卫虎林:《现代企业组织结构的发展趋势》,《山西财经大学学报》,2002年第4期。

[79] 徐炜:《21世纪新环境下企业组织结构研究》,《中国社会科学院研究生院博士论文》,2003年版。

[80] 许峰:《企业组织结构的变革趋势》,《企业改革与管理》,2004年第7期。

[81] 余光胜:《企业发展的知识分析》,上海财经大学出版社,2000年版。

[82] 赵宇:《现代工业企业组织结构的演变》,《河北经贸大学学报》,2004年第1期。

[83] 张锦利:《浅议企业管理中的战略与组织结》,《青海社会科学》,2005年第2

期。

[84] 张凌、陈洪彬：《新经济与企业组织结构的变革》，《北方经贸》，2002 年第 1 期。

[85] 郑海航：《企业组织学导论》，中国劳动出版社，1990 年版。

[86] 朱颖俊、陈荣秋：《论拓扑网络型企业组织——基于 Internet 的企业组织变革研究》，《研究与发展管理》，2000 年第 2 期。

（本章作者：王磊，北京市投资促进局）

第二篇
企业组织机制与文化

第五章　企业薪酬激励机制设计

科学有效的激励机制能够激发员工的潜能，为企业创造更大的价值。激励总体上可以分为两类：一类是外在性激励，如薪酬、保险、福利、职务消费等企业内部统一的给付项目。这类激励一般有明确的对象和标准，支付在个人名下。另一类是内在性激励，如工作环境、员工职业发展、岗位轮换、培训等。

在众多的激励方式中，薪酬应该说是最重要、最直接的一种方法。作为人才吸引、保留与激励的重要手段，薪酬是人力资源价值的货币表现。它一方面是个人的劳动所得，在一定程度上反映了员工的自身价值；另一方面也代表了企业对员工价值的评价和认同。因而，企业的薪酬激励制度就成为管理中的重中之重。

美国经济学家杰克·弗朗西斯（Jack C. Francis）曾经说过："你可以买到一个人的时间，你可以雇一个人到固定的工作岗位，你可以买到按时或按日计算的技术操作，但你买不到热情，你买不到创造性，你买不到全身心的投入，你不得不设法争取这些。"所以，作为决策者，绝不能将薪酬管理视为一个简单的劳务购买和成本控制问题，而应该研究如何使人工支出发挥最大的激励效用。

效率来自于差异，薪酬激励的核心就是在回报上体现劳动投入上的差异，重点解决不同个体之间要素投入和回报的关系。本文重点探讨薪酬设计的关键要素、基本原则和有关流程、方法。

一、薪酬设计的关键要素

为了更好地发挥薪酬的激励作用，薪酬设计必须思考按什么付酬？结构如何安排？如何与业绩挂钩等几个关键问题。这些问题上的不同方案不仅影响对员工的导向，而且决定激励力度的大小。

（一）付酬对象

付酬对象指付酬的最根本依据，即以什么确定薪酬。付酬对象是薪酬设计中最基本也是最重要的内容之一，是薪酬激励发挥作用的基础。最常见的付酬对象包括岗位、能力和业绩。

1. 按岗位付酬

按岗位付酬可以简单理解为按事付酬，即按需要做的事付酬，按岗位付酬形成岗位薪酬制度或薪酬结构中的岗位薪酬部分。岗位是企业结构的基础，按岗位付酬的前提是对岗位进行科学设置和评估，充分体现不同岗位在工作任务、职责权限、繁简难易程度和任职资格上的差异。

实践中，一般将岗位在横向上分为经营管理、专业技术和辅助三个序列，在纵向上分成若干等级，不同的序列、不同的等级对应相应的薪酬标准。这种薪酬模式在美国式的人力资源管理中最为常见，在我国国有企业劳动用工和收入分配改革中也曾得到大力推广，并被形象地称为“一岗一薪，岗变薪变”。

按岗位付酬强调效率导向，最大特点是“对岗不对人”，完全根据岗位本身的价值来确定员工的薪酬待遇，充分体现岗位职责和工作负荷的差异，比较适用于部门与岗位责、权、利明确的企业。缺点主要有：一是不能反映员工在同一岗位上能力的积累以及同类岗位上不同员工之间的能力差异；二是不能体现员工在绩效上的差异，姑息了“东郭先生”的存在；三是使岗位晋升成了员工提高薪酬的先决条件，员工需要不遗余力地“往上爬”，直至晋升到自己不能胜任的位置。为了解决这些问题，岗位薪酬制度的扩展形式——宽带薪酬得以出现，在同一岗位内部细分不同的薪级，以体现能力积累、容纳能力差异。

2. 按能力付酬

按能力付酬可以简单地理解为按人付酬，按做事的人付酬，按能力付酬形成技能薪酬制度。即从劳动质量而不是劳动消耗来反映劳动差别，根据技能或知识确定薪酬。按能力付酬的假设是：有能力一定能带来绩效。理论上，按能力付酬的前提是建立与技能薪酬制度配套的技能评估体系，对员工进行能力测评，区分能力上的差异。实践中，能力区分经常简化为学历、职称、资格证书或资历上的差异。按能力付酬的薪酬模式以英国文官制度、日本的年功序列工资以及我国曾经实行的八级工资制最为典型。

按能力付酬强调能力导向，鼓励员工自我提高，可以增加企业人事安排的灵活性，支持扁平化的组织结构，比较适合个人能力起主导作用的机构，如大专院校、科研院所、研发部门、医疗机构、咨询机构、各种专业事务所；这种薪酬模式的缺点有两个：一是忽视绩效；二是如果没有科学的能力评价体系相配套就容易沦为论资排辈。

透过管理发展的历史，或者企业创业的历史，我们发现，最先出现的是技能薪酬制度，然后才发展到岗位薪酬制度。但随着企业发展演变，组织结构的扁平化，今天对核心人才实行技能薪酬制又成为趋势，正好形成一个辩证的轮回。

3. 按绩效付酬

按绩效付酬可以简单理解为按工作成果付酬，按绩效付酬形成员工的绩效薪酬。按绩效付酬的前提假设是绩效与劳动投入呈正相关，反映了个人在能力和工作态度上的差异。绩效薪酬一般与业绩考核结果或直接的业务指标挂钩（如销售提成）。如绩效成果来自于紧密的团队合作时，绩效薪酬则变为团队整体的奖金包，然后再在团队内二次分配。绩效薪酬制度根据绩效差异调节员工收入，影响员工的心理和行为，是发挥薪酬激励作用的关键。

按绩效付酬强调业绩导向，以成败论英雄，鼓励员工提高绩效；缺点是当业绩与劳动投入相关性较差时，“业绩升、薪酬升”就有失公平，激励作用也会受到影响。

实际上，没有完美无缺的薪酬模式，一个好的薪酬设计往往是对以上三个付酬因素的结合。

（二）薪酬结构

薪酬结构包括两个维度：一是纵向结构，表现为差异化，即以付酬因素为依据的薪酬差异程度；二是横向结构，指薪酬由哪几部分构成。薪酬结构中固定与浮动部分的比例决定了薪酬结构的弹性。

1. 纵向结构

纵向结构反映了薪酬不同等级之间的相互关系。激励来自于差异，通常薪酬管理都要对薪酬进行分级分等，以反映付酬因素纵向上的差异。纵向结构包括两方面内容：一是纵向的薪级有多少。通常薪酬等级多，则晋升空间大，但也会压低较低级别的薪酬。多分布的薪酬等级，如果没有科学的岗位评价或能力测评作为支撑，容易滋长论资排辈。二是同一薪酬等级起点标准和终点标准的分布情况，通常称为薪酬等级线，可以反映相邻等级薪酬标准之间交叉情况（薪酬等级线如图5-1所示）。

交叉多的薪酬结构可以容纳更多的员工差异，同时在级别没有变化的情况下为员工提供激励，但交叉过多会降低员工晋级带来的满足感。当前，减少薪酬等级，实行宽带薪酬，是薪酬管理的一种流行趋势。

所谓宽带薪酬，是对单一付酬对象的拓展，综合考虑了岗位和能力两

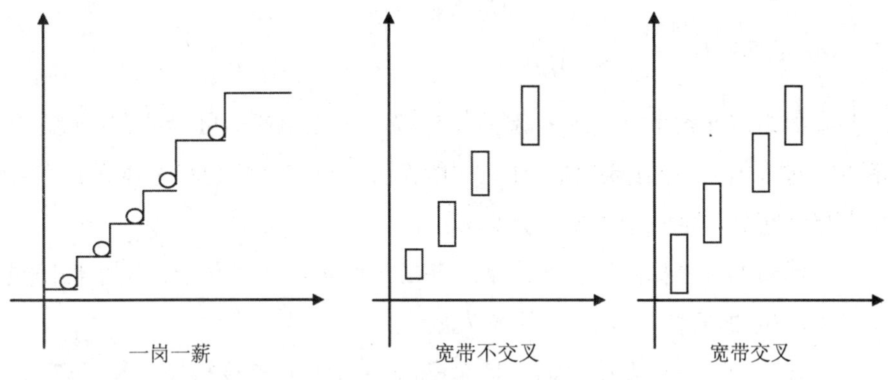

图5-1　薪酬等级线

个要素。具体做法是在同一岗位级别内部，细分不同的薪酬等级，并且在相邻职位的薪酬之间适当交叉。受聘同一级别岗位的员工既可以因个人能力、资历、业绩的不同而享受不同的薪级，也可因资历的积累或能力的提高，在岗位不变的情况下晋升薪级。当然，每个岗位薪酬等级的最高值与最低值之间的区间变动比率，企业可以结合实际自己掌握。一般晋升机会较少的岗位带宽可以适当拉大，晋升机会较多的岗位带宽可以适当减少。但总体上同一岗位不同薪级的差异程度不能逾越不同岗位上的差异，否则会喧宾夺主，冲淡岗位评价的作用。

宽带薪酬之所以日渐流行，是与人力资本价值提高、企业竞争加剧和组织结构演变密切相关的。一是随着技术进步和社会发展以及以人为本理念的普及，人的地位和作用日益提高，在薪酬激励中只考虑工作和岗位的单极做法逐渐被扬弃，企业日益重视人的价值和潜力。二是市场竞争使许多岗位的职责和工作内容日趋复杂、弹性化，很难明确界定，使传统的、单纯以岗位职责定薪的制度不能够完全反映员工所承担的责任。宽带薪酬制度则通过在同一级别内拉大员工之间的差异，弥补岗位描述和评估相对固定的缺陷，更好地适应变化和复杂的竞争环境。三是随着企业规模的扩大和现代信息技术的应用，企业“金字塔”形的组织结构逐步让位于扁平化的组织结构，岗位纵向分级减少，减少了员工晋升的机会。运用宽带薪酬则有效解决了扁平化结构中员工的激励问题。

2. 横向结构

薪酬组成元素不宜过于复杂，由3~7个元素组成即可，过少则缺乏灵活性，过多则会使操作成本上升。一般而言，员工薪酬包括基本薪酬、绩效薪酬和超额奖励三个主要部分。

基本薪酬，也称固定薪酬，是总薪酬中固定不变的部分，用于保障员工基本的生活条件，一般按月平均发放。

绩效薪酬，也称浮动薪酬，是总薪酬中与业绩考核结果挂钩的部分，集中体现员工在工作中的要素投入，可按月、季度、年发放。绩效薪酬与个人的绩效、所在团队的绩效以及整个企业的绩效挂钩。业绩指标一般为劳动生产率、市场份额增长、客户满意度、质量、经济增加值、净资产收益率、成本费用率、新产品开发等各种定量和定性指标。

绩效薪酬有多种确定方法。但核心只有两种：一是先与团队绩效挂钩确定浮动薪酬包（大到基金公司实行的浮动薪酬与税前利润挂钩的机制，小到项目小组的奖金包确定机制），然后再论功行赏分配给个人。重视薪酬与团队的关系是当前和未来薪酬管理的趋势之一。二是先明确个人绩效薪酬标准，然后再与团队绩效、个人绩效考核结果挂钩。如某高科技公司的绩效薪酬计算办法（见表5-1）。

表5-1　某高科技公司的绩效薪酬计算办法

开发人员：
绩效薪酬 = A×60% + A×40%×个人基本薪酬/开发团队员工基本薪酬总和 + B
A = 单个项目利润×提取比例/团队人数
B = 公司整体利润×提取比例/除高管以外的员工总数
销售人员：
绩效薪酬 = C×60% + C×40%×个人月销售额/全体月销售额 + B
C = 全体月销售额×提取比例/全体销售人员总数
点评：
因为该企业的开发和销售都以团队形式进行，所以，绩效薪酬首先与团队业绩挂钩，团队奖金的60%在成员间平均分配；但也考虑了个人贡献上的差异，团队奖金的40%体现个人差异；同时体现了对公司整体业绩的分享。

超额奖励，指业绩超出一定的基准目标时，企业在正常绩效薪酬之外

另行发放的奖金。一般以业绩超目标部分为基数，按一定比例提取。设置超额奖励的目的旨在鼓励为企业创造超额价值。

一般来说，固定薪酬与浮动薪酬的比例会与岗位性质和岗位所处的内部层级相关。业绩越便于衡量、与个人努力相关性越强，浮动薪酬占比越高。如，销售人员的浮动薪酬占比就会高一些。相反，总部职能部门的管理人员浮动薪酬占比就会低于企业高管和市场销售人员。

如果以薪酬的弹性（浮动薪酬占总薪酬的比例）为横坐标，以薪酬的差异性（薪酬标准在不同员工之间的差异程度）为纵坐标，可以将薪酬的构成分为四类（四个象限），如图5－2所示。

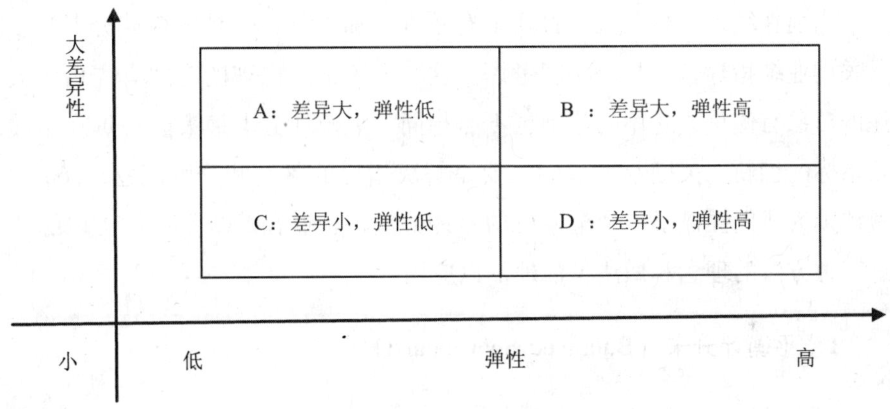

图5－2　薪酬的弹性与薪酬差异性的关系

从激励的角度来看，A和C比较稳定，员工安全感较强，但激励作用较弱；B和D则相反，激励作用较强，员工安全感较低。B象限的激励作用最强，C象限的激励作用最弱甚至为零（最僵硬）。如果企业员工缺乏工作热情，采用B象限的薪酬模式可以加大激励力度。

（三）浮动机制

浮动机制即薪酬与绩效挂钩的机制。绩效考核主要有两个目的：一是评价和分配，二是改进和提高。薪酬体系的优劣很大程度上体现在薪酬与绩效的挂钩上。单纯的薪酬高或低很难发挥积极的激励作用，只有与绩效紧密结合才能充分调动员工的积极性。设计薪酬与绩效挂钩机制主要必须明确：

（1）考核对象（是公司、业务部门、地区、工作团队还是个人）。

（2）绩效指标及权重。

（3）绩效目标。

（4）评价方法。

（5）挂钩办法。

其中，设计科学合理的绩效评价指标体系最为关键。

当前在绩效考核上流行着几个有效方法和工具，一是平衡计分卡，二是关键业绩指标，三是360度考评。这些方法工具出现的时间有先后，关注的对象有侧重，适用的范围也不尽相同。平衡计分卡最大的特点在于绩效指标的创新，关键业绩指标主要是解决指标的落地和分解问题，360度考评则为我们提供了一个全方位的考评方法，企业在薪酬设计中可以综合这三种方法的理念和做法灵活地加以应用。

1. 平衡计分卡（Balanced Scoreboard）

平衡计分卡开阔了设计绩效考核指标的思路。强调财务会计指标只能衡量过去经营活动的结果，无法评估企业的未来，开创了超越传统以财务会计量度为主的绩效评价模式。将传统的单一指标扩展为四项：财务（Financial）、顾客（Customer）、企业内部流程（Internal Business Processes）、学习与成长（Learning and Growth）。实现了财务与非财务、短期与长期、过去和未来、内外部绩效指标之间的平衡。在激励上，倡导运用物质激励的同时，也关注和提升无形激励的作用。

2. 关键业绩指标（Key Performance Indicators）

关键业绩指标KPI指衡量企业战略实施效果的关键指标，着重解决指标的落地和分解问题。强调寻找最直接最有效影响企业价值创造的关键驱动因素，依据关键业绩指标建立考核体系。具体做法是通过对企业战略目标的层层分解，将企业战略目标转化为企业的内部过程和活动，确定每个部门每个岗位的关键业绩指标。

KPI 方法可以非常有效地与平衡计分卡相衔接，为平衡计分卡四方面的绩效目标建立具有支撑意义的具体业绩指标体系，推动企业的“目标”变为“行动”。在设计 KPI 指标时必须注意几个重点：一是业绩指标不要设置太多，否则导向作用不突出；二是业绩指标权重，应对工作重点有所侧重；三是必须详细说明评分办法及规则。

3．360 度考评

360 度考评确切地说是一种考评方法，最早由英特尔公司提出并运用。

考核是一个世界性难题，主观和客观往往很难统一，加之不同考核主体主观偏好和评分尺度的差异，考核结果很容易出现偏差。为了减少考核中人为因素的影响，尽可能接近真相，360 度考评法强调全方位对考核对象进行考核。由员工的上级、同级、下级、客户等多个主体，分别按不同的权重参与考核评价过程。调查显示，360 度考评实施效果较好，并在许多知名企业得到推广，尤其在强调团队合作的企业运用效果更好。360 度考评的运用上要注意把握两个方面：

（1）确定适用范围。360 度考评比较适合管理岗位和骨干员工的考核。由于工作量较大，考核成本较高，360 度考核不适合全员使用。对于业绩容易量化或与其他岗位工作交叉较少的员工应尽量采用更为简洁的方法。但这不影响 360 度理念的运用，不同的企业和被考核者，到底采用 90 度、180 度、270 度，还是 360 度考核，要结合自身情况确定。

（2）评分方法的创新。纯粹的量表打分法主观性强，在打分尺度上会因人而异。量表打分和关键事件法的结合有助于矫正这一缺陷。通过关键事件法的运用，要求对于每个等级的打分列出相应数量的关键事例作为佐证，可以减少不同考核主体的主观差异，同时也使得考评人在平时就关注、记录考核对象的工作绩效。

二、薪酬设计的原则

在薪酬设计中，不同的企业会有不同的原则，有的强调公平、平等，缩小薪酬差距，有的则强调加大激励力度，充分体现劳动投入的差距；有的企业为了吸引人才强调市场领先原则，有的企业则是铁打的营盘流水的兵，强调人工成本控制。但有些基本原则和理念是共同的，必须在薪酬设计中加以把握。

（一）战略导向原则

战略导向原则强调企业进行薪酬设计时必须体现发展战略的要求。战略导向原则可以从两个方面来理解：

1. 企业总体战略决定了薪酬战略的选择

企业战略决定了人力资源战略，而人力资源战略又决定了企业的薪酬战略。不同的战略选择决定了薪酬设计时薪酬类型的选择。企业战略一般分为成本领先和差异化两种类型，并分别配套不同的薪酬战略。

成本领先战略旨在通过成本控制，降低产品或服务的价格，从而获得竞争优势。与此相适应，为了降低单位产品的生产成本，在薪酬战略上必须尽可能降低人工成本，同时激励高效率的产出行为；差异化战略谋求通过开发与竞争对手不同的独特产品或服务而赢得客户，形成竞争优势。因而需要依靠员工的创造性、勇于创新和承担风险的精神，与此相适应，在薪酬战略上就必须尽可能吸引和保留创新型人才，同时激励创新行为。

2. 企业薪酬战略必须服务企业总体战略

企业的薪酬不仅仅是一种劳动报酬的支付，更是一种机制和操控平台。通过实施一定的薪酬制度，企业需要驱动和鼓励那些有利于企业发展战略的因素的成长和提高，遏制那些不利于企业发展战略的因素的出现和蔓延。因此，有效的薪酬战略，必须能够将企业的价值观、使命、战略、规划以及未来前景传递给员工，明确什么是企业需要和倡导的行为和结果，促进企业和员工之间的价值观共享和目标认同。

（二）公平原则

公平，是长期以来人类追求的正义和理想之一。公平在历史上一直有多种理解，多劳多得、平均分配、论资排辈都曾被理解为公平，即使在今天，上述理解在薪酬制度中也或多或少都有体现。

公平感很重要。公平感下降，员工工作的积极性和主动性就会大打折扣。公平感来自于比较：一是收入与付出比，即本人对“投入”与“回报”的评估，在这一点上，主观与客观往往不一致。人们习惯认为付出多而回报少，只有当本人相信付出和回报相适应时，才会获得公平感。二是将自己的劳动回报率与他人相比。这里的他人指企业内部或企业外部工作岗位相似或资历、背景相当的人，这样的比较分别对应内部公平性和外部公平性。

内部公平性原则是斯密公平理论在薪酬设计中的具体运用，它强调企业在设计薪酬时要“一碗水端平”。内部公平性原则包含几个方面：一是横向公平，即企业所有员工之间的薪酬标准确定办法、尺度应该是一致的；二是纵向公平，即企业设计薪酬时必须考虑到历史的延续性，一个员工过去、现在乃至将来的劳动回报率都应该基本一致，而且还应有所增长。

外部公平性原则与市场竞争性原则有些交叉，但强调的重点不同。外部公平性强调企业的薪酬水平与同行业的同类人才相比具有一致性，与市场平均水平不能有太大差距；而市场竞争性则是更为积极的要求，强调企业薪酬制度在人才市场上要有竞争力，要高于市场一般水平。

市场经济下我们提倡，公平的理念要从追求结果公平向追求机会公平转变。当然不同企业有不同的文化，在公平与效率如何结合的问题上、在内外部公平的把握上有不同的取舍。

（三）激励原则

企业是生产要素的联合投入，人力资源管理的核心是开发和激励劳动要素的投入，所以发挥薪酬的激励作用是薪酬设计最本源、最核心的使命。本文认为薪酬设计的激励原则至少要体现以下三个方面：

（1）在企业发展中体现员工的价值，让员工分享企业改革和发展的成果，在总体上保持员工创造与员工待遇（价值创造与价值分配）之间短期和长期的平衡，如果回报过于偏向资本则会影响员工积极性。

（2）要体现劳动投入的差异。这种差异通常有两方面：其一是劳动投入量的差异，表现为能力、担负责任的差异；其二是劳动投入效果的差异，表现为实际业绩的差异。

（3）做到相对公平。公平本身也是一种激励，企业应做到内部一视同仁，外部大体相当。

（四）分类管理原则

不同员工在企业所从事的工作、担负的责任、创造的价值都是不同的，分类管理原则强调对员工实行差异化管理。分类管理的前提是对员工队伍进行科学划分，并以此为依据，对不同类别人员实行不同的薪酬分配办法①。

---

① 例如高科技企业将员工划分为管理、开发、销售、行政（除前三类以外的所有后勤、行政、人事、财务人员）四类；私募股权投资基金管理公司则将员工分为投资管理和职能辅助两类。

对核心人才应充分考虑薪酬的市场竞争力。要与同行业市场薪酬水平持平或者超越同行业水平。有的企业坚持实行领先原则，薪酬水平不低于同行业前几名。较高的薪酬必然带来较高的满意度和忠诚度，员工会更珍惜自己的工作机会。薪酬缺乏市场竞争力，企业核心员工则可能流失，形成一边招聘、一边流失的恶性循环，造成企业资源的浪费。

（五）因企制宜原则

企业薪酬制度是企业人力资源管理的一个子系统，是企业战略、管理和发展的微循环，必须适应企业自身的特点。这里阐述三层含义：一是要适应企业的文化；二是要适应企业的发展阶段；三是要量力而行。

做薪酬设计的企业大都是存续企业，有自己的创业历史和长期的文化积淀，形成了具有鲜明个性的价值观和企业文化。薪酬设计必须认真研究企业文化的特点，是强调团队合作，还是强调个人英雄；是鼓励创新，还是强调成本控制；是倡导拉开差距，还是推崇相互扶助、平均分配；是习惯按能力排序，还是按资历排序。这些文化特质决定了薪酬的差异性、可变性，以及与业绩挂钩的方式。

在企业的不同发展阶段，企业薪酬政策也会发生很大变化。在初创时期，企业的生命线是开拓市场，内部管理比较粗放，员工的工作内容缺乏明确的界定。因而薪酬制度应强调操作简便、注重激励，体现对企业核心业务和关键业绩的导向。薪酬结构和标准应该比较灵活，不能拘泥于学历、资历等的限制，这个时期强调人工成本控制则有点不合时宜。而当企业发展到比较成熟的阶段时，企业各方面的管理制度已经形成，员工的数量也比较多了。这时应该系统地建立组织结构，科学设置岗位体系，并建立以岗位薪酬为基础、与业绩考核相挂钩的薪酬激励制度，并及时引入人工成本分析与管理。

薪酬设计还应和企业自身实力相适应。关于薪酬的判断，激励对象的主观和客观从来都是不平衡的。员工总觉得付出很多，而收获甚少；或者说，与其他人相比贡献回报率偏低。从吸引、保留与激励人才的角度看，薪酬当然是越高越好。但对单个企业而言，薪酬增长有其内在的自我约束机制：一是高额薪酬增加了企业人力成本，最终会转移到商品价格中，导致企业竞争力下降；二是高额薪酬缺少增长的余地，未来薪酬的增幅将非常有限，员工会因预期下降而影响其积极性。所以，企业要量力而行，在薪酬设计时必须充分考虑自身的支付能力。它包括两个方面的含义，从短期来看，企业的现金流要能够负担企业全体员工的薪酬；从长期来看，企业增加值（利润、税收、人工成本和折旧）在扣除人工成本和折旧后，要有盈余，这样才能支撑企业的可持续发展。

三、薪酬设计的过程

薪酬设计是一个薪酬管理理论、模型方法与具体企业实际相结合的过程，主要包括策略制定、岗位评价、薪酬调查、赋值和构成设计等环节。

（一）策略制定

薪酬策略是企业薪酬战略的具体细分，是关于薪酬激励的理念、具体目标和实现手段的选择，也是企业价值观的具体体现，对整个薪酬体系设计起着重要的指导作用。如果是一个既存企业，在做薪酬设计前，还需要对现状进行诊断，查找目前面临的突出问题，在分析问题的基础上提出解决思路。这些调整多数也会涉及薪酬策略的变化。

1. 付酬因素

付酬因素既是企业给予薪酬的依据，也是企业的价值导向。具体表现为企业按什么因素确定薪酬和等级，浮动薪酬与什么因素挂钩。通过付酬因素，企业可以向员工明确传递奖励什么、鼓励什么，惩罚什么、反对什么的信号。

2．对薪酬体系在企业管理中的定位

涉及对薪酬体系在企业管理中的作用与意义的判断。这些判断主要影响企业选择采用简单化还是复杂化的薪酬激励模式，是把薪酬简单当作工作的回报，还是把薪酬当作激发员工绩效、充分挖掘员工创造力的有力工具。这些判断直接影响后续工作的复杂程度、薪酬结构设计、薪酬管理办法的制定。

3．薪酬结构

薪酬结构涉及员工与员工的关系。关于薪酬结构的策略，一方面要明确纵向等级差异多大，是均衡一点还是拉开差距。设计纵向差异时要充分考虑本企业员工对差异的接受程度。另一方面要明确薪酬各种元素之间的组合，充分体现岗位、能力和业绩价值，使薪酬保持足够的弹性和激励能力。

当固定薪酬比例较高时，员工安全感和稳定性比较高，但对员工的激励性较差，而且员工薪酬和企业绩效、员工绩效的关联度较低，不利于控制人工成本；浮动薪酬比例较高时，对员工的激励性较强，而且员工薪酬和企业绩效、员工绩效的关联度较高，有利于控制人工成本。但员工安全感较差，不利于吸引新员工的加入。一般来讲，销售、生产等业务类职位由于绩效很容易量化考核，浮动薪酬比例会相对较高，而研发、人力资源、财务等非业务部门由于绩效指标难以量化，对企业绩效的影响比较间接，固定薪酬比例较高。

4．薪酬水平

薪酬水平涉及企业与员工的关系。关于薪酬水平的策略，一是要明确企业薪酬的市场定位，一般以岗位的薪酬市场分位值来体现；二是要明确企业对员工的价值定位，需要企业在股东回报和员工报酬之间进行取舍和平衡。把薪酬作为人工成本还是作为人力投资看待，事关薪酬总量的确定。一般以劳动分配率（人工支出/企业增加值）、人事费用率（人工支出/营业收入）等来体现。

5. 激励重点

薪酬管理必须重点关注20%的激励对象，这些对象我们称为企业的核心员工。薪酬设计应该明确企业的核心竞争力靠哪些岗位支撑，对于这些关键岗位的员工，企业在激励上如何重点向他们倾斜。关于激励重点的问题可分解为两个方面：一是如何确定激励重点。一般从岗位责任、业绩贡献、个人的任职资格（专业、学历、年龄、工作经验）等方面综合确定。二是如何实施倾斜政策。常见的手段包括较快的晋升年限、宽带薪酬、较高的浮动薪酬比例、提成、延期支付、股权激励等。

（二）岗位评价

岗位评价又称岗位评估或者工作评价，是根据岗位职责与任职要求，运用一定的评价方法，确定企业内部各个岗位相对价值的活动。薪酬设计必须以岗位评价结果为基础。如果企业岗位设置缺少科学、客观的评价标准，职责界定不清，岗位说明流于形式，就会导致责权利的不对等，从而使薪酬失去内部公平性。

岗位价值评价的方法和工具很多，总体上分为量化的和非量化的两类。实践中便于操作的一种岗位评价方法是因素评分法，即组织企业内外部专家对每个岗位所要求的知识、技能以及职责等因素进行评价打分，然后根据评分结果将所有岗位归入不同的价值等级。因素评分法的优点是结果量化直观，便于不同岗位间的价值比较。

岗位评价的结果一般以企业内部岗位价值分布线体现，通过岗位价值分布线可以直观地看到各个岗位在企业内部相对价值的大小。当然，不同的企业对岗位价值评价会存在一定的个性差异：比如有些企业财务人员处于内部价值高位，而有些企业则是销售人员地位最高。表 5－2 是因素评价法的简单示意。

表 5－2　因素评价法举例

	劳动条件 20%	责任风险 20%	劳动强度 30%	任职条件 30%	合　计
司机	10	10	20	0	8
办公室主任	0	30	40	30	27
出纳	0	20	10	10	10
会计	0	30	20	20	18

（三）薪酬调查

薪酬调查是获取企业外部薪酬水平及相关信息的活动。调查的内容主要有两类：一类是水平，另一类是薪酬模式（结构、考核等）。薪酬水平调查一般针对一定区域同行业，尤其是主要竞争对手的、相似岗位的薪酬状况进行。

企业根据外部同行的水平和结构，调整本企业对应岗位的薪酬，可以有效保证企业薪酬体系的外部公平性，因而成为企业薪酬管理决策的有效依据。薪酬调查的途径和方法一般有：对彼此熟悉的企业之间的走访，购买薪酬调查专业机构的数据，国家统计局以及其他专业网站的公开信息，市场招聘广告中企业提供的薪金待遇等。面试应聘人员也可以提供一个了解外部薪酬的机会。由于可靠性的差异，实践中一般以前两种方法为主，后面几种方法为辅。

（四）赋值和构成设计

岗位评价明确了企业各个岗位的序列和相对价值排序，外部薪酬调查则提供了同行的薪酬构成和水平。有了这两部分重要信息，薪酬设计的最后一步就是根据企业薪酬战略和外部市场信息，具体确定本企业各岗位的薪酬结构和标准。

1. 薪酬水平的设计

岗位评价给出的是岗位的相对价值，赋值工作需要将岗位价值排序换算为一定货币表现的数量标准。大体有两种方式：一是直接给每个岗位确定薪酬标准（如表5-3所示）；二是给每个岗位确定薪点值。薪点表示的货币金额，每年根据效益情况确定。

表5-3　某高科技公司基础薪酬表

级别	基础薪酬标准		
	开发人员	行政人员	销售人员
1	2500	/	2500
2	3000	/	3000
3	3500	3500	3500
4	4000	4000	4000
5	4500	4500	/
6	5000	5000	/
7	5500	5500	/
8	6000	6000	/
9	6500	6500	/
10	7000	7000	/
11	/	7500	/
12	/	8000	/

说明：

（1）基础薪酬中相应级别薪酬标准参照市场薪酬水平、竞争对手、物价水平、国家政策等情况制订，并定期进行调整，以保证有效性。

（2）开发人员基础薪酬级别有1～10级。

（3）行政人员基础薪酬级别有3～12级。

（4）销售人员基础薪酬级别有1～4级。

在薪酬水平的设计上要重点把握：

一是相同职系不同职等岗位之间的关系。如差异多大？是等值差异还是等比差异？对核心岗位如何倾斜等。各岗位的相对价值与对应的薪酬标准的关系，通常以薪酬结构线表示。根据薪酬结构线的斜率，我们可以绘出多种薪酬结构曲线，分别代表不同的差异结构（如图5－3所示）。

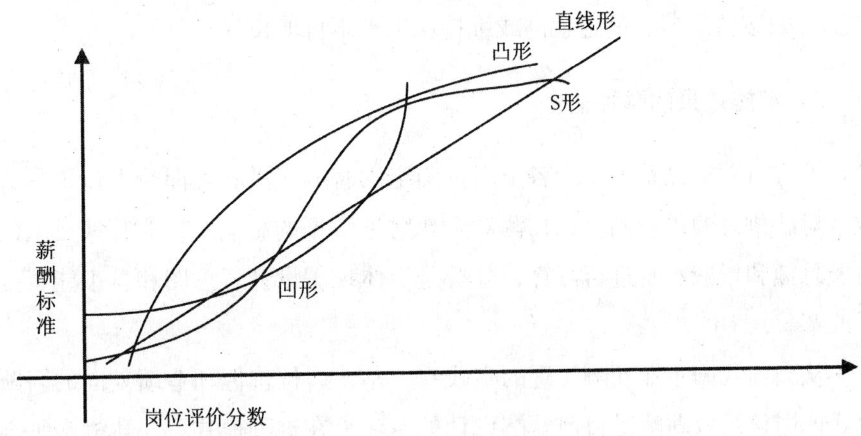

图5－3　薪酬结构曲线

二是不同职系相同职等岗位之间的关系。是否允许存在差异？差异多大？实践中一般以系数表示。

2. 薪酬构成设计

确定薪酬构成元素和结构。核心是确定固定部分与浮动部分的比例，以及浮动薪酬与业绩的挂钩办法。一般来讲，级别越高的岗位浮动部分比例越大，岗位对工作结果影响越大的岗位浮动比例越大。

（五）操作设计

就理论教科书而言，在完成了结构设计和赋值后，整个薪酬设计就结束了。而实践中还必须进行操作设计，明确薪酬制度实际运用的相关内容。

1. 薪酬管理规则

明确新员工薪酬入级和以后的调整规则，以及薪酬支付时间、形式、保险基数、加班工资计算基数等；原薪酬体系中的员工薪酬如何套入新的体系（如按岗定薪、就近就高或维持原水平不再增长等）。

2. 实施效果的预评估

即进行薪酬测算。基于各个岗位确定的薪酬水平和各岗位上员工的人数，对薪酬总额进行测算，预测对企业财务数据的影响；针对某些员工的薪酬总额和增减水平进行测算，分析是否体现了设计者意图和员工能否接受改革。

从当前我国企业薪酬管理的实践看，基于岗位价值和业绩导向的薪酬模式即岗位绩效薪酬是目前薪酬设计的主流。在这种模式下，薪酬水平与岗位设置挂钩，按岗位职责确定薪酬等级体系。为简化起见，许多单位将岗位薪酬的一定比例（如60%）与业绩挂钩。这样，岗位薪酬就成为总薪酬，其中，40%为固定薪酬，60%为浮动薪酬。也有将岗位薪酬作为固定薪酬，在岗位薪酬之外再设立浮动薪酬，与业绩挂钩。这种情况下，总薪酬=岗位薪酬+绩效薪酬。也有将总薪酬分为三个部分的，浮动的力度会更大，即在基本的固定+绩效薪酬之外，增设第三部分特别奖金（如年终奖、超额业绩奖、业务提成等），标准不固定，与客观的业务量指标直接挂钩。

四、当前薪酬管理的最新趋势

薪酬管理主要包括三个层面的工作：第一是策略层面，即确定企业薪酬设计的基本理念和原则、付酬因素、激励重点等；第二是技术层面，即运用技术和工具设计薪酬的结构、等级、标准、支付方式、考核指标等；第三是操作层面，即薪酬制度的实施操作和运用，包括人员定档、考核、发放、统计等。一个好的管理者应能够超越现实、领先实践、准确预见未来。今天，薪酬管理正发生着一些新的变化，预示着未来的趋势，这些趋势需要我们准确把握。

（一）薪酬理念上从人工成本转向人力投资

从20世纪舒尔茨提出人力资本理论以来，人力资本投资在理念上已得到普及，但在实践中一直没有寻找到比较适合的实现方式。

将人工支出视为成本，管理目标必然追求成本最小化。单纯控制成本在短期内可以做到，而长期是难见其功的。人才的去留都存在机会成本，过于控制人工支出会导致人才流失，最终影响企业绩效。

将人工支出视为投入，管理目标自然转向对投资回报的追求，投资会向回报率高的方向聚集。人力投资的理念要求加大薪酬激励的弹性，即加大薪酬随业绩浮动部分的比重，从而使员工与企业建立一种收益共享、风险共担的新机制。

我们看到，企业薪酬的弹性日益增强，绩效薪酬的比重越来越高，设计也越来越科学，此外，还诞生了股票增值权、股票期权、限制性股票、分红权等股权激励模式。

（二）薪酬水平上从外部公平为主，转向外部公平和自身需要并重

过去的薪酬设计比较强调与外部对标，以提高企业在人才市场中的竞争力。造成的一个局面就是争相提高薪酬水平，形成了节节攀升的增长循环。盲目跟风追涨的结果是加重了企业的负担，而激励效果却未能如愿。

经历了金融危机的洗礼，今天的企业在薪酬激励上变得更加理性。不再盲目跟风，而是在参考市场水平的同时，更多关注薪酬的回报率、薪酬对发展战略与业务模式的支撑，更加着眼自身实力量力而行。正如陶氏化学所认为，需要“均衡地考虑内外部因素，不会因为外部市场上别人在做什么，就会简单地跟随……我们要努力从长期的角度保持内部的一致性，而不是一味追求潮流。”[①] HayGroup 2009 年的一份调查也显示，赞成强调外部公平的企业比例有所下降。

（三）薪酬的范畴由工资薪金转向包含福利在内的大薪酬

企业在薪酬激励上不再只考虑工资薪金一项，而是将养老、医疗、住房等福利项目，交通、通讯、业务招待等职务消费项目，甚至股权激励等，均纳入薪酬管理的范畴一并设计。劳动要素投入产出的统计、分析更为完整系统，短期激励和中长期激励更为均衡，不同功能的激励手段可以灵活运用。

2009 年 11 月，财政部颁布了《关于企业加强职工福利费财务管理的通知》，这一规章必将进一步强化大薪酬的概念。《通知》要求，货币化改革后，企业为职工提供的按月、按标准发放或支付的住房补贴、交通补贴或者车改补贴、通讯补贴，节日补助、未统一供餐而按月发放的午餐费补贴，应当纳入职工工资总额；对实行年薪制等薪酬制度改革的企业负责人，应当将符合国家规定的各项福利性货币补贴纳入薪酬体系统筹管理。同时，《通知》还明确了福利费的列支范围，要求企业加强对福利费的管理，参照历史一般水平合理控制职工福利费在职工总收入中的比重。

---

① 转引自 HayGroup 大中华区副总裁梁星晖北京演讲：《当前世界著名企业如何“维薪”——减法中如何做加法》，2009 年 10 月。

（四）在薪酬制度的实施上更加重视一线经理的作用

“徒法不足以自行”。再完美的薪酬设计，其效果的发挥也离不开执行。执行的关键在于一线经理人员的作用。作为制度和员工之间的桥梁，一线经理承担着员工绩效评价、付酬因素的诠释、薪酬差异合理性的解释等职能，一线经理的态度对薪酬制度实施效果有重要影响。为了提高激励效果，企业现在普遍重视薪酬体系的沟通工作，加强一线经理的培训，注意发挥一线经理在沟通中的作用。

（本章作者：冯苏京，中国人民大学管理学博士，国家开发投资公司人力资源部副主任）

第六章　对信息化评价模型分层必要性的实证研究①

一、引言

信息化从不成熟到成熟是一个动态过程，人们通过定性和定量的分析，科学的决策，规避风险，有效地解决信息化建设过程中的种种问题，提高成功率。这始终是开展信息化过程改进所追求的目标。通过对企业信息化发展规律的分析和总结，我们提出了信息化能力成熟度和战略分层的思路。把企业信息化能力成熟度水平分为五个层面，力求能客观地和量化地反映企业的信息化程度。力求分层去解决信息化建设的不同难点。在这个思路中包含了基本概念的阐述、体系结构定义、能力改善关键过程域、各种衡量成熟度的指标体系和评价体系。为了验证以上提出的思路的正确性，本章以企业信息化能力成熟度模型的指标体系为基础，收集企业的实际数据，采用 CABOSFV 聚类算法，重点验证模型分层的必要性。

① 基金项目：北京市 2010 年创新团队项目，《信息化理论及关键问题研究》。

二、信息化评价模型的概况

（一）企业信息化能力成熟度的定义

以企业信息化为研究对象，它是一个动态过程，从信息化发展的客观规律出发，它分为五个成熟等级。涵盖了信息化建设、评估、评价和风险管理的全过程。其核心是以能力成熟度为标准。以支持企业发展为最终目标。以科学的方法为手段。每个不同阶段有明确的成熟度目标，它也是信息化能够给企业发展所带来的最佳成果。成熟度是对能力的度量，是一种能力指数。它包括了不同阶段的成熟程度。从低到高，从不成熟到成熟。推动这个过程的关键因素是能力成熟度。为了保障这一成果的取得，在每个成熟期以组织的信息化能力的改进和提高为测量手段。把一个不可控的、无序的操作变成可控的和有序的过程。这个理论体系从纵向上覆盖了企业信息化不同阶段的成熟度水平，划分信息化过程后能够得到的预期结果的界限范围。对企业来讲既是要达到的目标，又是一个客观的评价标准。从横向上它给出了在具体实施某一阶段时，定义的信息化过程、过程能力、过程性能和过程成熟度的指标体系和关键过程域。以此使企业信息化步入了一个可持续发展的轨道。

（二）企业信息化能力成熟度模型（EICMM）的结构

根据企业的发展目标，确定其信息化能力成熟度的阶段和信息化过程能力的发展程度，提出了一个分层级别标准。企业一方面可以利用它评估自己当前的过程成熟程度，以此制定严格的工程质量标准和过程改进的方法及策略，并通过不断的努力去达到更高的成熟程度。另一方面，该标准也可以作为企业对信息化所取得的成果的评价标准，使之在进行信息化的过程中不再是盲目的和无把握的。

EICMM 为企业的过程能力提供了一个阶梯式的进化框架，它采用分层的方式来安排它的组成部分，目的是适应不同目的需要。阶梯共有五级，从第 1 级（初始级），第 2 级（技术支撑级），第 3 级（管理模式级），第 4 级（综合集成级）到第 5 级（优化级）。实际上就是将信息化过程分成了不同阶段，每个阶段有目标、方法、关键点、成熟度、评价标准等。把不可控制变成可以控制，不可度量评价变成可以度量评价，明确每阶段的所能达到的目标。

（三）EICMM 评价指标体系

EICMM 评价指标体系从宏观上指导一个地区企业信息化整体水平的提高；微观上，引领企业更准确地认识信息化的内涵，明确信息化的目的，制定正确的信息化战略，并在具体操作上给予指导。企业信息化能力成熟度指标体系（见表 6－1）对提高企业的整体素质、提高企业的可持续发展能力、切实增强企业的国际竞争力，对推动各地的经济和社会的发展，建设有效益的信息化，具有关键意义。

表 6－1　信息化能力成熟度度量的指标体系（样本）

一级指标	二级指标	三级指标	指标含义	序号
企业信息化发展水平	人机关系	信息化技能普及程度	反映人力资源的信息化应用能力	1
		学习的电子化水平	反映企业的信息化能力和信息化文化的转变	2
	硬件水平	网络性能水平	反映信息化基础设施状况	3
		计算机联网程度	反映信息化协同应用的条件	4
		…	…	…

续表

一级指标	二级指标	三级指标	指标含义	序号
企业信息化发展质量	效益体现	销售收入增长指数（分）	该指标反映企业信息化对销售收入增长的贡献程度	9
		企业财务决算速度（日）	此项指标考察企业实现一次完整的虚拟财务决算所需要的时间	10
		用于信息安全的费用占全部信息化投入的比例（%）	反映企业信息化投入在安全方面的体现	11
		企业品牌价值（分）	企业信息化对企业品牌价值的贡献	12
	…	信息化重视度	反映企业对信息化的重视程度和信息化战略落实情况	13
		…	…	…
企业信息化发展能力	信息化集成	管理信息系统的方法理念	反映企业利用 MIS 系统方法理念的程度	18
		供应链模式的应用	反映企业利用供应链管理方法的程度	19
		电子商务的应用	反映企业利电子商务的应用程度	20
	商业智能	…	…	…
		…	…	…
适宜度	…	…	…	…
	…	人力资源结构适宜度	反映信息化人力资源结构的合理性	29
	组织、文化适宜度	…	…	…
		企业文化适宜度	反映企业文化对企业信息化支持程度	31

三、验证模型等级分类的思路

首先，提出假设：企业信息化能力成熟度是否能建立在等级分类的基础上进行评价工作。主要针对现实不同规模、不同发展阶段企业在信息化建设中所处的等级进行测评，从而帮助它们更好地定位自身所处的等级，发现优势、找出劣势，从而改进自身的薄弱环节，提高自己的信息化能力成熟度。完成一套对企业信息化能力成熟度分级、测度和评价的方法。其次，根据企业信息化能力成熟度的指标体系，抓住其关键特征，反映在问卷调查表中，收集数据，组织实地调研。对收集上来的数据进行整理。最后，用聚类分析法验证分级的必要性。即证明企业信息化需要进行分级。按照聚类分析方法，对信息化企业进行聚类并分析。具体步骤如下：

（1）用各企业的指标得分组成一个矩阵，以此作为聚类分析的样本矩阵。

（2）采用高维稀疏聚类算法进行系统聚类，得到信息化各企业的分类结果，并进行分析。

（3）提出支持企业信息化能力成熟度分层等级的初始原型。

聚类是现实世界中普遍存在的现象，其应用也非常广泛，包括模式识别、数据分析、图像处理以及市场研究。聚类分析是将相近相似的对象聚成一类，它是目前分类研究中经常采用的一种量化分析方法。其原则是最大化类内的相似性、最小化类间的相似性。因此聚类方法非常适合发掘数据的内在关联，为数据集形成分类结构。它以确切地描述和度量有关属性，从中比较对象间的相似程度，把最接近的对象归并成一类。而确定对象之间是否相似，是通过计算对象之间的相似度来完成的。

1. CABOSFV 算法的主要思想及核心公式

CABOSFV 是针对二态变量高维稀疏数据聚类问题提出的。集合的稀疏差异度，稀疏特征向量 SFV 及其可加性是 CABOSFV 聚类算法的核心和基础。

（1）差异度计算方法——集合的稀疏差异度（SFD），定义：一个集合的稀疏差异度用来描述该集合内部各对象之间的差异程度。差异度越大，对象间越不相似；差异度越小，对象间越相似。

（2）有效压缩方法——稀疏特征向量（SFV），定义：假设有 n 个对象，描述每个对象的属性有 m 个（稀疏特征值），X 为其中的一个对象子集，对象个数记为 $|X|$，在该子集中所有对象的取值同时为 1 的属性个

数为 a，取值不全相同的属性个数为 e，则：向量 SFV（X）＝（|X|，S（X），NS（X），SFD（X）），称为对象集合 X 的稀疏特征向量。向量 SFV（Y）＝（|Y|，S（Y），NS（Y），SFD（Y）），称为对象集合 Y 的稀疏特征向量。

（3）稀疏特征向量的加法。

SFV（X）＋SFV（Y）＝（N，S，NS，SFD）

式中，N＝|X|＋|Y|；S＝S（X）∩S（Y）；SFV（X）＝（|X|，S（X），NS（X），SFD（X））

NS＝（NS（X）∪NS（Y）∪S（X）∪S（Y））/（S（X）∩S（Y））

$$SFD(X)=\frac{|NS|}{|X|\times|S|}$$

根据上述公式定义的稀疏特征向量加法，在两个集合合并时具有可加性。定理（可加性定理）：假设有 n 个对象，描述每个对象的属性有 m 个，取值为 1 或 0，X 和 Y 为其中不相交的两个对象子集，X 和 Y 合并后的集合为 X∪Y，则有

SFV（X∪Y）＝SFV（X）＋SFV（Y）

该定理的结论表明，两个不相交集合合并时稀疏特征向量具有可加性。根据稀疏特征向量的这种可加性，可以在对象集合进行合并时精确地计算稀疏特征向量，得到新的集合的稀疏差异度。这样，在根据对象的稀疏特征进行聚类时，既可以降低数据存储量和计算量，同时也可以保证稀疏差异度计算的精确性。根据这种可加性可以在对象集合合并时精确地进行稀疏特征向量的计算，得到新的集合内对象的相似程度。提高效率的同时聚类的质量不受影响。

2. CABOSFV 算法步骤

假设有 n 个对象，描述第 i 个对象的 m 个属性值分别对应于二态变量值 xi1，xi2，…，xim，差异度上限为 b，那么聚类算法步骤如下：

步骤 1：由每一个对象建立一个集合，分别记为 Xi（0），i∈｛1，

2，…，n}。

步骤2：根据可加性定理，计算SFV（X1（0）∪X2（0））=SFV（X1（0））+SFV（X2（0）），如果合并后集合的稀疏差异度不大于一个类内对象的差异度上限b，那么将X1（0）和X2（0）合并为一个集合，作为一个初始类，记为X1（1）；如果合并后集合的稀疏差异度大于一个类内对象的差异度上限b，那么将X1（0）和X2（0）分别作为一个初始类，分别记为X1（1）和X2（1）。将类的个数记为c=2。

步骤3：对集合X3（0），计算SFV（X3（0）∪X k（1））=SFV（X3（0））+SFV（X k（1）），k∈{1，2，…，c}，寻求i0，使得SFD（X3（0）∪Xi0（1））= min SFD（X3（0）∪Xk（1））。

步骤4：如果SFD（X3（0）∪Xi0（1））不大于b，那么将X3（0）和Xi0（1）合并到一个集合，作为更新后的类，记为Xi0（1）；如果大于b，那么将X3（0）作为一个新的初始类，记为X（1），类的个数c=c+1=3。

步骤5：对Xi（0），i∈{4，5，…，n}，依次进行类似于步骤3的操作。

在最终形成的每一个类X k（1），k∈{1，2，…，c}中，包含对象个数较少的类为孤立对象类，从最终形成的类中去除，余下各类为最终聚类结果。以上的算法我们用C++语言实现，形成了一个软件工具。

四、实证分析

（一）数据调查、收集和整理过程

根据假设、EICMM的结构、指标体系和验证思路，设计了问卷，为了论证企业信息化能力成熟分级的必要性，对26家企业的信息化能力成熟度现状进行了调查。在调研中，要求被调查者尽可能属实地对问卷中提出的问题进行回答。调研的对象主要为企业的 CIO 或是企业 IT 部门的职员。发出问卷 26 份，采用一对一填写问答的方式，问卷全部成功回收。

一个企业即为一个调查对象，一共有 26 个对象。问卷中有 14 个题目，归结为 68 个指标属性。指标属性个数是依据调查问卷中每题的选项顺序标号排序。调查问卷题目选项（为①、②、③、④、⑤ 之一）与指标属性（为 1 ~68 之一）的关系如表 6 -2 所示。

表 6 -2　　调查问卷题目选项与指标属性的关系

问卷题目编号	每题选项标号/相对应的属性标号				
1	①/1	②/2	③/3	④/4	⑤/5
2	①/6	②/7	③/8	④/9	⑤/10
3	①/11	②/12	③/13	④/14	
4	①/15	②/16	③/17	④/18	⑤/19
5	①/20	②/21	③/22	④/23	⑤/24
6. 1	①/25	②/26	③/27	④/28	
6. 2	①/29	②/30	③/31	④/32	⑤/33
7	①/34	②/35	③/36	④/37	⑤/38
8	①/39	②/40	③/41	④/42	⑤/43
9. 1	①/44	②/45	③/46	④/47	⑤/48
9. 2	①/49	②/50	③/51	④/52	⑤/53
9. 3	①/54	②/55	③/56	④/57	⑤/58
10	①/59	②/60	③/61	④/62	⑤/63
11	①/64	②/65	③/66	④/67	⑤/68

26 家企业的调查结果如表 6 -3 所示，其中企业的标号为 1 ~26，问卷题目编号为 1，2，…，11，分别列出了每个企业填写每道题目时所选择的选项标号① ~⑤，以及相对应的属性标号 1 ~68。需要注明的是：此处被统计的各企业填写的调查数据，并不受排列顺序影响，无论企业编号和数据位置如何改变，都不影响最终的运算，聚类结果都一致。本次被调查的

企业不受任何限制，说明企业信息化应用和推广区域不受企业形式和模式限制。

表6-3　　问卷调查结果归纳表（样本）

企业编号	调查问卷题目的编号（每题选择的选项/相对应的属性标号）													
	1	2	3	4	5	6.1	6.2	7	8	9.1	9.2	9.3	10	11
1	②/2	⑤/10	④/14	②/16	④/23	④/28	③/30	④/37	②/40	①/44	⑤/53	①/54	③/61	③/66
2	⑤/5	④/9	③/13	⑤/19	④/23	④/28	④/32	③/36	④/42	④/47	③/51	③/56	④/62	③/66
…	…	…	…	…	…	…	…	…	…	…	…	…	…	…
26	④/4	④/9	③/13	④/18	④/23	④/28	④/32	④/37	③/41	④/47	⑤/53	④/57	④/62	③/66

（二）聚类验证过程

以下是整个聚类过程的分析，验证了EICMM分层的必要性。

设有26个对象（这里的对象是指被调查的企业），序号记为Oi，i∈{1，2，…，26}，描述每个对象的属性有68个，序号记为Aj，j∈{1，2，…，68}。现在需要根据这26个对象68个属性的相似情况进行对象的聚类，这是一个26个对象68个属性维的聚类问题，如表6-4所示。

表6-4　　26个对象68个属性的取值情况

对象序号	取值为1的属性序号集
1	2，10，14，16，23，28，30，37，40，44，53，54，61，66
2	5，9，13，19，23，28，32，36，42，47，51，56，62，66
…	…
26	4，9，13，18，23，28，32，37，41，47，53，57，62，66

应用CABOSFV算法（自行编制的程序）进行聚类。设一个类内对象的差异度上限b=2.55，那么CABOSFV聚类算法处理步骤如下：

步骤1：由每一个对象建立一个集合，分别记为Xi（0），i∈{1，

2，…,26｝。

步骤2：如果将X1（0）和X2（0）合并，则可根据公式及定理计算得到：集合X1（0）∪X2（0）中对象1和对象2取值都为1的属性序号集合S＝｛23，28，66｝及对象1和对象2取值不同的属性序号集合NS＝｛2，5，9，10，13，14，16，19，23，28，30，32，36，37，40，42，44，47，51，53，54，61，62，66｝，从而，集合X1（0）∪X2（0）的稀疏差异度SFD（X1（0）∪X2（0））＝｜NS｜/（N×｜S｜）＝22/（2×3）＝3.67（N为集合数）。合并后集合的稀疏差异度大于一个类内对象的差异度上限2.55，因此X1（0）和X2（0）不能合并到一个集合，X1（0）和X2（0）各自分别作为一个初始类，记为X1（1）和X2（1）；此时两个初始类的个数c均为1。

步骤3：针对集合X3（0），如果将X3（0）和X1（0）合并，那么合并后的集合中对象1和对象3取值都为1的属性序号集合S＝｛14，28，40，44，61｝；对象1和对象3取值不全相同的属性序号集合NS＝｛2，3，8，10，16，17，21，23，29，30，35，37，50，53，54，56，65，66｝；相应的稀疏差异度为SFD（X3（0）∪X1（0））＝｜NS｜/（N×｜S｜）＝18/（2×5）＝1.8。X3（0）和X1（0）合并后的稀疏差异度小于一个类内对象的差异度上限2.55，所以将X3（0）和X1（0）合并作为一个更新后的初始类，仍记为X1（1），此时初始类X1（1）的个数c为2。如果将X3（0）和X2（0）合并，那么合并后的集合中对象2和对象3取值都为1的属性序号集合S＝｛28，56｝；对象2和对象3取值不全相同的属性序号集合NS＝｛3，5，8，9，13，14，17，19，21，23，29，32，35，36，40，42，44，47，50，51，61，62，65，66｝；相应的稀疏差异度为SFD（X3（0）∪X2（0））＝｜NS｜/（N×｜S｜）＝24/（2×2）＝6。X3（0）和X2（0）合并后的稀疏差异度大于一个类内对象的差异度上限2.55，所以不能将X3（0）和X1（0）合并，X3（0）作为一个新的初始类X3（1），此时初始类X3（1）和X2（1）的个数c都为1。

步骤4：针对集合，计算SFD（X4（0）∪Xi（1）），i∈｛1，2，…，

c}，寻找 i，使得 SFD（X4（0）∪ Xi（1））= min SFD（X4（0）∪ Xk（1）），k ∈ {1，2，…，c}。如果 SFD（X4（0）∪ Xi（1））不大于一个类内对象的差异度上限 2.55，那么将 X4（0）和 Xi（1）合并到一个集合，作为更新后的初始类，仍然记为 Xi（1）；如果 SFD（X4（0）∪ Xi（1））大于一个类内对象的差异度上限 2.55，那么将 X4（0）作为一个新的初始类，记为 Xc+1（1），且 c=c+1。对 Xi（0），i ∈ {5，6，…，26}，依次进行类似操作，直到得到最后的初始类，计算结果见表6-5（程序运行结果）。

表 6-5　程序运行结果归纳表

初始类	对象（26 个企业）	对象数	取值都为 1 的属性序号	取值不全相同的属性序号	SFD
X_1（1）	1，3，6，15，22，24	6	28，44	2，3，4，7，9，13，14，18，23，30，31，34，37，42，51，52，53，58，62，66，67	2.417
X_2（1）	2，4	2	9，13，19，28，32，36	3，5，21，23，41，42，46，47，50，51，55，56，61，62，65，66	1.333
X_3（1）	5，16	2	2，7，12，27，40	16，18，20，22，30，31，35，36，44，45，50，52，54，55，59，62，64，67	1.8
X_4（1）	7，8，9，11，18，20，25，	7	32，37	3，4，7，9，13，14，16，18，23，26，28，40，42，47，53，56，58，61，62，67	1.714
X_5（1）	10，14，17，19	4	12，34，65	1，3，7，8，15，16，20，21，26，27，29，40，44，45，50，51，54，58，59，62	1.917
X_6（1）	12，13	2	23，28，63，67	3，4，8，10，13，14，17，18，31，33，37，38，42，43，44，47，51，53，56，58	2.5
X_7（1）	21.23	2	7，39，44，59，64	2，3，11，13，16，17，20，21，26，29，31，34，37，49，50，54，56	1.8
X_8（1）	26	1	4，9，13，18，23，28，32，37，41，47，53，57，62，66		0

步骤5：由步骤4形成的初始类中，类X8（1）仅包含一个对象26，将其作为孤立对象类，从形成的类中除去。所以，由CABOSFV聚类算法得到的最终聚类结果为7个类，分别为{1，3，6，15，22，24}、{2，4}、{5，16}、{7，8，9，11，18，20，25}、{10，14，17，19}、{12，13}和{21，23}。

（三）分析结论

基于上述聚类分析的结果，当差异度上限值b=2.55时，发现可以形成8个初始类，由于第8个初始类中仅包含编号为26的一个企业，因此将其视为孤立对象类，不作为有效聚类。最终由CABOSFV聚类算法得到的有效聚类结果为7个类，分别为{1，3，6，15，22，24}、{2，4}、{5，16}、{7，8，9，11，18，20，25}、{10，14，17，19}、{12，13}和{21，23}。

这里特别需要说明的是：由于样本数量非常小，为了能够体现聚类分级的思想，在上述聚类过程中将差异度上限值给定的非常大，类内差异度变得比较大，此处是为了聚类需要，取值偏大，其中的偏差是不可避免的。

类的稀疏差异度上限为b，聚类的结果受稀疏差异度上限b的影响。在b的取值比较大的情况下，类内对象间允许的最大差异度比较高，形成的类的个数比较多；在b的取值比较小的情况下，类内对象间的最大差异度比较低，形成的类的个数比较少。

在程序运行时，我们尝试调整差异度上限值b的取值，当b=0.5时，由于样本数量和属性数量问题（被调查企业数量不足，调查问卷题目过少），几乎无法聚类。之后不断修改上限值，发现将b的取值调至1.75时，可以形成12个初始类，最终的有效聚类为9个，但结果并不理想。当b=2时，形成11个初始类；当b=2.5时，形成10个初始类。当b=2.55时，即上述计算时使用的上限值，发现可以形成8个初始类，最终的有效聚类为7个。

五、总结

此结果对于聚类而言相对理想，但也存在问题，即差异度上限值过大和样本、调查问卷题目数量过少。不过，该聚类结果可以论证企业信息化能力成熟度分级的必要性，对前述的假设给予数据支持，并肯定了该假设前提。针对此结果，证明我们可以对企业信息化能力成熟度情况进行分级处理和分析，并通过划分等级来分析各类企业的信息化水平和各个企业都满足哪些信息化的指标。到目前为止，我们提出的设计思路，在企业级构建一个信息化建设和评价的科学理论体系的这种思路，还没有在国内外的有关资料上看到，这对我们也是一种新的尝试。通过实证分析，验证了其思路正确、方法有效。这对今后信息化建设的研究将起到极大的促进作用。为推动企业信息化进程的顺利发展提供评价依据。

参考文献

[1] Gibson, C. F., Nolan, R. L. Managing the Four Stages of EDP Groth. Harvard Business Review, 1974, X2 (1): 76-88.

[2] Laudon, K. C., Laudon, J. P. Management Infonmation Systems: New Approaches to Organization and Technology. Beijing: Tsinghua University Press, 1998.

[3] Richard J Roiger, Michael W Geatz. Data Mining. Beijing: Tsinghua University Press, 2003.

[4] CMMI Product Development Team, Assessment Requirements for CMMI (ARC), Version 1.0 (CMU/SEI-2000-TR-011), August 2000.

[5] 杨一平：《现代软件工程技术与CMM的融合》，人民邮电出版社，2002年版。

[6] 马慧、杨一平：《质量管理与软件质量工程知识体系的研究》，人民邮电出版

社，2009 年版。

（本章作者：杨一平，男，首都经济贸易大学信息学院院长/教授/博士）

第七章 企业监督的有关理论问题研究

监督，在英文中是 Supervision，Super 的本意为“在上”，Vision 的本意为看。从字面上翻译，监督是上级对下级督察、督导的意思。在我国，“监督”一词最早见于《后汉书·荀彧传》，“臣闻古之遣将，上设监督之重，下建副二之任，所以尊严国命而鲜过这也。”① 这里监督之职责就在于监察与督促军令的执行。由此可知，“监督”一词原意是为了对派出作战的将军进行监察督促而设的官职，目的是保证命令的严格执行，减少失误。后来，监督一词的使用范围越来越广泛，已不仅仅局限于军事。如《词源》就将“监督”一词释为“监察督促”，其基本含义是指从旁查看，进行检查并督促。“监督”这一概念表明，它反映的是监督者与被监督者之间的一种社会关系，是监督者对被监督者所施加的一种外部力量。

从企业管理的角度来说，监督是指与企业行为密切相关的各利益主体对该企业的生产、经营和管理行为进行审核、检查、分析和评价，以有效防止和及时发现各种偏离企业目标的行为，促使企业按照规定的目标运行。在进行企业监督的实践活动中，存在许多需要进一步探讨的理论问题，例如，如何衡量和保证监督的有效性，防止无效监督；怎样达到监督目标与经营目标的均衡性；如何正确处理监督绩效与监督成本的关系；等等。这些问题都是涉及监督理论和实践的根本性问题，对于建立有效的企业监督机制，充分发挥企业监督的作用具有重要的决定性意义和影响。

---

① 汉语大词典编辑委员会编纂:《汉语大词典》，汉语大词典出版社，1991 年 6 月第 1 版。

一、监督的有效性

监督是企业制度的重要组成部分，也是企业经营管理的基本手段和重要保证。在所有权与经营权相分离的企业制度下，经营者取代所有者掌握了企业的控制权。由于经营者和所有者具有不同的利益目标，因而就存在着经营者利用对企业的控制权和所有者所不知，且难以验证的不对称信息追求个人效用最大化而侵犯所有者利益的可能性。要有效解决两权分离导致的代理人道德风险，防止经营者可能的“偷懒”行为，并促使经营者为所有者利益最大化服务，监督是必不可少的重要手段之一。罗伯特·安东尼与维杰伊·戈文达拉扬在《管理控制系统》一书中，将监督理解为处理目标分歧和信息不对称问题的主要方法之一，指出委托方可以通过设计控制系统监督代理方的行为，以限制代理方牺牲委托方的利益而换取自身的利益。

任何企业、任何权力都需要监督。无论是国有企业，还是私营企业，只要所有者和经营者之间存在委托代理关系及其不完全契约关系，就可能出现“道德风险”和逆向选择，导致受托人（经营者）为了追求个人利益而损害委托人（所有者）的利益；无论哪一种权力，一旦被授予，权力的拥有者便存在利用权力的强制性和支配性而滥用权力的可能①。缺乏监督，就会为各种偷懒、渎职、寻租或共谋行为提供滋生并蔓延的“土壤”和环境条件，虚盈实亏、滥发奖金、贪污腐化、中饱私囊、过度在职消费等现象便会大行其道，而且使这些行为被发现和得到相应处理的可能性降低。因此，建立有效的监督机制是企业治理过程中的一项重要内容，必须纳入到企业的业务流程和制度管理体系中，通过权责的划分和制约机制来实

① 审计署科研所课题组：《论国家审计对权力的监督》，《审计研究》，2003 年第 5 期。

现，并结合企业的组织结构进行设计、建立、执行和维护，最终达到所有者与经营者“双赢”的目的。具体来说，有效的监督机制应能够实现以下功能：

（1）有效防范功能。监督的目的不仅是事后惩戒，更重要的是警示，进而起到防患于未然的作用。因此，有效的监督应该对各项限制性行为制定明确的界限，并通过建立严密的内部控制系统和责权划分机制防止各种错弊、低效和决策失误行为的发生。例如，在我国一些企业的流通环节中，一些购销人员利用市场供求关系和个人职权收受回扣、中饱私囊，不仅侵害了企业利益，而且严重扰乱了市场经济秩序。对此，我们可以通过将购货和销售职责相互分离，并加强对购销业务的授权审批制度来实现对购销业务的有效监督，预防上述不良行为的发生。

（2）及时发现和处理功能。有效的监督机制应该具有一个顺畅、准确的信息传递系统，能够及时发现企业中已经发生的各种错弊、低效和决策失误行为，并据此对有关责任人进行相应的处罚，保证监督的严肃性，使信息使用者能够及时、准确地了解和掌握企业经营管理活动的运行状况。

（3）自我完善功能。有效的监督应该定期和不定期地对与企业监督有关的各项业务流程、管理制度、监督机构及其监督效果进行检查和总结，并不断根据企业经营环境和管理需求的变化进行相应的调整，使监督机制能够不断符合企业经营和管理变革的需要。

监督的有效性应体现为监督形式的有效、监督过程的有效以及监督结果的有效，它要依靠不同的责权分配及其相互制衡来实现。在企业中，责权分配的多层次性导致监督具有多层次性的特点，主要表现为所有者对经营者、经营者对员工之间上下级的监督，以及经营者之间的同级监督。要保证各级监督的有效性，必须注意克服并避免监督的无效性，将无效监督对有效监督功能的削弱降到最小。

当前，我国企业存在大量的无效监督，造成这种结果的原因主要有以下几点：第一，监督者无能。即监督者不具备实施有效监督所必需的专业知识、专业技能及时间和精力，因而缺乏有效监督的能力。我国某些上市公司中独立董事不“懂事”，独立董事有名无实，只是一种“荣誉称号”、“名人效应”和“花瓶摆设”等现象，就是一个明显的例证。第二，监督者无权。即监督者没有被赋予实施监督所必需的权力，使监督者无法实施监督。例如，让纪检委员监督党委书记、让工会干部监督厂长、经理等，由于他们之间存在着上下级的领导关系，这种权力的不对称使下级难以对上级实施有效的监督，往往使监督流于形式。第三，监督者无利。即监督者履行监督职责的好坏没有评价考核的标准和制约机制，并且与监督者个人的利益相脱节，因而使监督者缺乏有效监督的动力。第四，违规成本过低。由于我国现行法律制度尚不够健全、完善，对各种渎职和违规、违纪行为的惩处力度不够，无法可依、有法不依现象还大量存在，致使监督者和被监督者怀有极强的侥幸心理，不惜铤而走险、以身试法。因此，要使各级监督者能有效行使监督权，防止监督者出现各种“寻租”行为而与被监督者同流合污，同时避免陷入“谁来监督监督者”的怪圈，企业必须在明确监督者责权利的基础上，建立对监督者的利益制衡机制。一方面，加强对监督者的经济责任约束，使监督者明确自己的监督职责，赋予监督者应有的监督权力，并使监督者的经济利益与监督职责的履行情况紧密挂钩；另一方面，加大对不能有效履行监督职责者的惩处力度，使其不仅名利双失，而且可能遭受牢狱之苦，这样使监督者由于自身可能遭受的巨大损失而不得不努力尽到其有效监督之职①。

二、企业监督目标与经营目标的均衡性

现代企业经营的根本目标是实现股东利益的最大化。为此，企业必须不断降低经营成本，提高资金使用效率，保证产品和服务质量，扩大市场

---

① 谢志华：《关于审计的若干理论思考》，《审计研究》，2003 年第 4 期。

占有份额，增强自身的科技开发能力、市场竞争能力和抗御风险能力，注重企业长期、可持续发展战略。企业监督的目标就是在讲求效率的原则下，保证企业经营战略目标的实现。监督并不是要束缚住经营者的手脚，将企业管死，而是要弘扬优秀的企业文化和精神，打击和抑制有碍企业经营目标实现、有碍企业健康发展的不和谐行为。先从一定意义上说，企业的监督目标与经营目标具有一致性和协同性。在企业存在有效监督的情况下，由于经营者的各种"偷懒"和不道德行为更易于被发现并受到应有的惩罚，致使经营者选择遵守企业的各项制度要求和行为规范，这样可以相对降低道德风险，进而保护资产的安全、完整，减少企业的成本、损失，提高企业运营效率，增加企业整体价值，最终实现企业的经营目标。

健全、有效的监督机制是实现企业经营目标的重要保证，而企业的经营目标又影响和制约着企业的监督目标。企业的经营管理活动是一个动态发展的过程，在不同的历史条件和社会环境下，企业经营管理活动的要求不同，其经营目标亦有所不同，相应地，企业监督的目标也就有所不同。在我国改革开放之前高度集中的计划经济体制下，企业的生产、分配，乃至消费各个环节均由政府行政命令决定，企业的主要任务就是执行和完成国家下达的产值目标。在这种经营目标的支配下，企业监督的目标只是保证计划生产任务的完成和企业产值、产量指标的提高。这样，企业必然只重视投入和外延型扩大再生产，而不讲求经济核算，不注重设备的更新改造，企业未来发展潜力的培养等内涵型扩大再生产。在既无权又无责，也无利的情况下，企业自然也就没有发展的活力和动力了。在企业改革的初期，我国逐步实行了让利放权、利润留成、利改税、厂长负责制、承包制、租赁制等企业改革措施，减少了政府对企业的行政干预，使企业拥有了一定的经营自主权和独立的经济利益。企业开始重视产、供、销的衔接，并将追求利润的最大化作为经营目标。企业监督的目标也相应转变为保证以利润为核心的各项财务指标的完成和提高，并以此作为评价和奖惩经营者的依据。这样，企业虽然有了追求生产发展和创造利润的积极性，但由于企业产权不清，市场经济体制尚未真正建立，导致企业行为短期化和对资源的严重浪费，争投资、争项目，轻管理、轻效率现象普遍存在，影响了企业的可持续发展，侵犯了所有者的合法权益。随着现代企业制度和社会主义市场经济在我国的建立和完善，以及知识经济时代的到来，企业经营管理活动的重心从产品的生产制造阶段逐步转移到产品的研究开发阶段，环境保护、人力资本和无形资产的开发利用等日益得到企业的重视。企业经营的目标最终确定为追求所有者利益最大化以及企业的可持续发展。在这种情况下，企业监督的目标就是监察和督促企业达到与可持续发展有关的各项财务和非财务指标的要求，实现短期效益与长期效益、经济效益与社会效益的结合，维护市场经济秩序，保护股东权益不受侵犯。

要有效发挥监督对实现企业经营目标的促进作用，在保证监督目标与经营目标平衡、协调的基础上，还必须处理好限制与发展的关系，使监督的力度恰到好处、松紧适度。因为监督具有限制企业行为的功效，其主要作用是保护资产的安全完整，防止企业财产流失。而企业要发展又必须具有活力，必须使经营者具有敢于承担风险，勇于开拓和创新的精神。在实现企业经营目标的过程中，如果放权过大、疏于监督，就会加大“偷懒”、“寻租”等侵犯所有者权益行为出现的可能性；但如果权力过于集中、监督过死，又会束缚住企业家的手脚，限制住企业家的创造性，使经营者安于现状，墨守成规，不敢或不愿去从事任何具有风险性的事情，从而丧失很多机会，影响企业的长远发展。我国在企业改革的实践中，有很多这方面的经验和教训。为了改善国有企业的外部监督机制，强化国家对企业的监督，中央政府于 1998 年 7 月颁布了《国务院稽查特派员条例》，并开始向全国 500 家重点国有大型企业派出稽查特派员，代表出资者对企业行使完整的监督权。由于稽查特派员均由政府官员担任，三年一轮换，并且其所有工资福利全部由国家财政拨给，不在受委派企业中任职，因此在国有企业“内部人控制”现象严重、内部监督机制不能有效发挥作用、财务信息失真问题普遍存在的情况下，实行稽查特派员制度对于抑制这些问题的蔓延和发展，增加信息的披露渠道，加强国家对国有企业高层经理人员的监督，保护所有者权益，防止国有资产流失起到了一定的积极作用。然而，稽查特派员制度是一种纯粹的政府性管理行为，其监督职能的发挥主要是依靠行政强制手段而不是市场调节手段，因此，虽然将国有资产看住了、守死了，保护了国有资产的安全，但把企业发展的重要因素之一——经营者的手脚也给绑死了，扼杀了经营者的创造性，其实际运行效果并不理想。会计委派制、财务总监制、外派监事会制等其他几种主要的国有企业外部监督形式，也都在一定程度上存在类似的问题，因而难以具有长久和强大的生命力。企业只有妥善解决和协调处理好监督目标与经营目标的均衡性问题，才能最终实现监督的有效性，使监督的作用长久不衰。否则，“一抓就死，一放就乱”的现象就难以从根本上得到杜绝和清除。

三、监督绩效与监督成本的关系

企业和管理存在的意义在于绩效。监督最终所要解决的问题是从整体上保证企业综合效率的提高，以实现企业长远发展战略和目标。因此，企业并非为了监督而监督，而是为了获得更多的效益、使企业能够更加健康长久地发展而监督。良好的监督绩效必须以保证监督目标和经营目标的实现为前提，同时有利于保护资产的安全完整和提高资源的利用价值，充分体现经济效益与社会效益、短期利益与长期利益的有效结合。然而，世界上没有免费的午餐。企业要想不付出任何监督成本就获得监督的绩效是不可能的，也是不现实的。企业监督机制的建立和实施，必须耗费一定的资源、付出一定的监督成本。近年来兴起的监督经济学认为，监督是一种产品，它必然存在着一个生产成本问题。监督的成本除了维持监督机构的存在和正常运转，以及执行监督任务的必要费用等显性成本之外，还会带来四种巨大的隐性成本：第一种为道德风险，指由于制度方面或者其他方面的变化而引发的私人部门行为的变化，进而产生有害的，而且往往是消极的作用。第二种为“合规成本”，即被监督者为了遵守或者符合有关监督规定而额外承担的成本。第三种为社会经济福利的损失，这是由于在存在监督的情况下，各经济主体的产量可能会低于不存在监督时的产量。以上三种均属于监督引起的静态成本，而更为重要的是监督所带来的第四种成本，即监督的动态成本。监督经济学认为，监督有时起着保护低效率的生产结构的作用，因而会成为管理和技术革新的障碍，造成动态经济效率的下降①。

企业监督的绩效与监督的成本密切相关，但是，监督绩效的取得与监督成本的付出并不是完全对等的关系，并非企业花费的监督成本越高，所获得的监督绩效就一定越大。这里存在着一个寻求监督绩效与监督成本的最佳匹配问题，即以尽可能小的监督成本获得尽可能大的监督绩效。除了监督成本因素的影响外，监督的绩效还与监督者的专业水平、工作努力程度，被监督者经营管理能力和道德水平，以及社会、经济、文化、道德、法律等环境因素的影响密切相关。良好的监督绩效必须在相对节约和降低监督成本的情况下，通过改善、协调上述各方面影响因素得以实现。根据交易费用理论的基本原理，一般来说，在掌握信息的充分性，监督方式和范围的灵活性，处理争议的及时性等方面，内部监督比外部监督有着得天独厚的条件和优势，实行内部监督的成本要低于依靠外部监督的成本。因此，要在获得理想监督绩效的情况下降低监督成本，必须以加强企业内部监督为主，以实行企业外部监督为辅。特别是在我国企业会计信息失真严重、财务管理混乱、国有资产大量流失的现状下，仅仅依靠企业外部的国家行政监督和所有者监督是远远不够的，必须把企业监督的重点由企业外部转移到企业内部，通过在企业内部构建完善的监督治理机制，实现监督的有效性以及监督绩效的最大化。反之，过度强调监督而不惜成本、不考虑效果，则根本谈不上监督的绩效，只会使监督成为一种摆设和形式。

对监督绩效与监督成本关系的忽略，使我国对监督问题的研究常常走入误区，并导致我国对企业监督的管理实践与公司治理理论难以有效结

① 殷丽海：《我国上市公司的财务监督问题》，财政部财政科学研究所，2002 年博士学位论文。

合。当前，在我国企业各种监督实践活动中存在两种错误倾向：第一种倾向是无视监督成本，片面强调监督。其突出表现是重复性监督，造成企业资源大量浪费，监督成本过高，而监督效率低下，监督效果不明显。例如，我国企业存在着多种监督形式，从企业外部来说，有政府作为所有者通过行政任免、审计、派驻稽查特派员、委派财务总监等方式对企业的监督。但是，由于我国企业产权关系不明确，法律制度和市场机制不完善，改革措施不配套，各监督主体之间缺乏协调配合，致使来自于所有者的监督虚化，国家付出高昂的监督成本却没有获得良好的监督绩效。从企业内部来说，有股东大会、董事会、监事会、党委、工会、职代会等对企业的监督。但是，由于企业法人治理结构不完善，企业运作不规范，致使一些企业股东大会空壳化，未能对董事会进行有效的监督；董事会缺乏独立性，无法对经理人员实施有效的监督；监事会功能失效，形同虚设。还有的企业“新三会”与“老三会”的关系处理不好，“老三会”要么干扰“新三会”的工作，要么处于瘫痪状态，没有发挥其应有的监督作用。企业为建立各种监督机制、设置各种监督机构付出了大量的监督成本，形式上有了监督，但实际上又谁都不监督，各种监督只是流于形式。第二种倾向是过于注重监督成本，忽视监督的作用。其突出表现是监督机构设置不健全，应有的监督职能得不到保证，形成监督上的“真空”地带。例如，有些企业为了减少机构设置和人员开支，没有建立必要的内部审计制度，有的企业虽然在形式上建立了内审制度和内审机构，但主要领导对内审工作并不重视，认为内审工作可有可无，一旦企业进行政策调整需要减员增效、精简机构时，就会让内审部门做出“牺牲”，或者将其撤销，或者将其并入纪检或监察部门中，甚至合并到企业财会部门中。让监督者与被监督者同属一个部门，由同一个领导指挥和管理，其监督的绩效如何不言而喻。因此，处理好监督绩效与监督成本的关系，是实现有效监督的重要条件和必要保证。

上述几个方面的问题是相互关联的。监督的有效性应通过监督绩效的大小来体现，而监督绩效的衡量标准是能否在节约监督成本的条件下，最大限度地实现监督目标，并保持监督目标与经营目标的均衡性。如果不能保持监督目标与经营目标的均衡协调，或者不能处理好监督绩效与监督成本之间的关系，监督的有效性就无从谈起。

参考文献

[1] 审计署科研所课题组：《论国家审计对权力的监督》，《审计研究》，2003 年第 5 期。

[2] 谢志华：《关于审计的若干理论思考》，《审计研究》，2003 年第 4 期。

[3] 郑海航：《企业组织学导论》，中国劳动出版社，1991 年。

[4] 戴国斌：《对民营企业监督机制建立激励的研究》，中国期刊网博（硕）士论文库。

[5] 殷丽海：《我国上市公司的财务监督问题》，财政部财政科学研究所，2002 年博士学位论文。

（本章作者：陈郡，女，四川新津人，中国人民大学商学院管理学博士，首都经济贸易大学会计学院副教授）

第八章　组织沟通开放性的比较研究

一、沟通开放性研究的理论发展

沟通的开放性（openness in communication），也称沟通开放度（communication openness），原指沟通中的上级允许下级自由表达观点和抱怨的程度（Redding，1972），后来泛指组织中成员相互之间交谈时的容易程度，以及当人们对别人讲话时被理解的程度（Ayoko，2007）。

早期研究者认为，沟通开放性包括信息发送与信息接收行为（Redding，1972）。Rogers（1987）认为，沟通开放性是指以任务、人际和创新为主题，领导者、下级和同事间的信息发送和信息接收行为，沟通开放性模型由三部分组成：①谁对谁沟通（沟通的方向）；②用何种方式（信息发送和接收）；③关于什么主题（抱怨、个人意见、建议等）。沟通方向分为三种关系：上级向下级沟通（下行沟通）、下级向上级沟通（上行沟通）、平级同事间沟通（平行沟通）。

开放的沟通与其他的传统经营管理指标：如工作满意度、组织绩效、角色清晰度等指标一样，已经被证实为企业成功的关键因素之一（Rogers，1987）。研究显示，沟通开放性与激励之间存在正向强相关的关系（Ka & Christophel，1995），对员工授权有正向影响（George & Hancer，2003），并且对员工忠诚度和工作满意度有正向强相关的关系（Trombetta，1988）。沟通的开放性也会促进组织成员间的信息和知识分享（Pascoe & More，

2008)，并且在很大程度上影响决策的有效性（O'Reilly Ⅲ，1977），帮助提高团队成员在制度战略计划时的参与度，加强上行沟通时信息流从下级向上级决策制定者的传递（Breen & Fetzer，2005）。相反，低水平的沟通开放性被发现与群体中的破坏性冲突有关联（Ayoko，2007）。

人们在工作中经常使用不同沟通渠道或媒介进行沟通，如面对面开会，接听电话，使用传真机，接收—发送电子邮件，网络即时消息沟通（如MSN、QQ）等。这些沟通媒介在处理信息的能力上有一定的差异，根据媒介丰富度理论（Daft & Lengel，1986），一种媒介处理丰富信息的能力取决于四个要素：①立即反馈的能力；②使用的线索和渠道数量；③个人化程度；④语言多样性。面对面沟通被认为是一种强有力的媒介，可以传送丰富的信息，适用于为相互理解而调整的快速信息交换。网络即时消息沟通被认为是一种贫乏的媒介，传送信息量有限，更适合于传递比较容易理解的日常信息。

霍夫斯坦德（1991）把文化定义为在一个社会群体（如国家、社区）中人们所共享的象征、准则和价值观，他认为文化主要有四个维度：个体主义—集体主义、权力距离、男性特征—女性特征，以及不确定性规避。其中，个体主义—集体主义维度指的是，在与群体的或集体的相比时，文化激励个体的需求、希望、愿望和价值观的程度。基于这样的定义，西方国家如美国可以被划分为个体主义社会，东方国家如日本被证明属于集体主义社会，这一点也得到了充分验证（Koike、Gudykunst、Stewart、Ting－Toomey & Nishida，1988）。霍夫斯坦德的国家文化模型（1991）成为最广泛采纳的文化理论，以及在跨文化研究中应用最多的模型。尽管中国大陆不在霍夫斯坦德的国家文化模型研究范围之中，但中国的香港和台湾地区被认为是集体主义地区。在跨文化研究中，中国属于集体主义文化类型已成为一种共识。

由于价值观方面的差异，不同文化背景的人们使用媒介进行沟通的方式也有所差别。例如，在中国文化中，“面子”是声望、地位和尊严的象征，在沟通中起到支配的，甚至是核心的作用，非正式沟通、非直接沟通常常是最有效的沟通方式（Cardon，2009）。集体主义的沟通者更多关注对方的“面子”，当面对面谈话时，人们倾向于隐瞒一些信息。这类直接接触阻碍了特定的信息流动，由此妨碍了沟通的开放性。在面对面接触中，中国人经常不愿意表示不同的意见，因为这会被认为是挑战另一沟通者的“面子”，并因此质疑他的声誉和尊严。相对而言，个体主义沟通者更倾向于传达清晰的信息，而较少被“面子”因素影响。由此，我们提出第一个假设（H1）：在面对面沟通时，美国人比中国人更加开放。

在网络即时消息沟通中，沟通者不用直接面对面接触，而是通过计算机进行联系。对集体主义文化背景下的中国员工而言，这种沟通方式“屏蔽”了双方的身体语言和面部表情，让他们很少担心传送的信息可能让别人丢面子，从而使信息沟通更加自由。如果条件许可，中国员工将更愿意在组织中使用这样的媒介渠道与他人来交流信息。与此相反，个体主义文化的人们会觉得使用面对面沟通交流想法并表达观点更加舒畅和富有建设性，他们可能不会倾向于主要使用网络即时消息媒介进行沟通。因此，我们提出第二个假设（H2）：使用网络即时消息进行沟通时，中国人比美国人更加开放。

二、研究方法

本章作者与美国莱特大学商学院 Shu Schiller 博士合作开展了中美组织沟通开放度的问卷调查，为了确保调查对象中的中国参与者能够代表集体主义文化，美国参与者能够代表个体主义文化，我们使用了 Wagner 的工具表来衡量个体主义—集体主义倾向。计算的因子值越高，参与者的个体主义倾向就越强。调查对象中的美国参与者均值为 0.180，而中国参与者均值是 -0.188。这两个平均数有显著差异，由此可以断定，美国参与者代表了个体主义文化，中国参与者代表了集体主义文化。

Rogers 的沟通开放性测量表是目前最广泛应用的测量沟通开放性的有效工具，完全适用于此次组织沟通开放性比较研究。我们使用这个工具测量了三个方向的沟通开放性：上行沟通、下行沟通和平行沟通。

为了控制计算机使用经验对沟通开放性可能产生的差异影响，在我们的研究中采用了四个协变量，包括使用计算机的年限、使用计算机的频率、即时消息使用经验、即时消息使用频率。

三、数据收集与统计

我们通过在线问卷的方式分别在美国和中国进行了数据收集，在调查中询问了参与者使用面对面沟通和即时消息沟通的情况，共收到 263 份答卷，其中 151 份为有效答卷。在性别方面，75 名是男性，占 49.7%；76 名是女性，占 50.3%；在年龄方面，82.1% 参与者年龄在 18～35 岁，其中 18～24 岁约占 1/4，25～29 岁占 1/3，30～34 岁占 1/4；在学历方面，38.4% 的参与者正在攻读硕士学位，37.7% 的被调查者已经拥有硕士学位；在工作背景方面，6.6% 的参与者是高级管理者，18.5% 为中层管理者，15.9% 为基层管理者，30.5% 为普通员工；在国籍方面，40 名参与者是美国人（1 名非裔美国人，39 名美国白人），其余参与者（111 人）为中国人；在使用计算机及网络即时消息沟通方面，参与者使用计算机的年限平均为 5 年，使用即时消息沟通的年限平均为 4 年。

我们运用了结构方程模型（SEM）来验证假设。SEM 结构方程模型是一种统计分析方法，能够同时评估测量模型和结构模型，用来研究两种媒介（面对面沟通和即时消息沟通）以及三种方向（下行沟通、平行沟通和上行沟通）的沟通开放性。由此，模型中有六个潜在变量，每个变量都通过三个指标进行测量。为验证上述的假设，我们使用了 AMOS（路径分析软件），在 SEM 模型中使用了六个开放性模型中的每个模型的求和量表。

例如，面对面下行沟通（F2F_ D）的价值观计算的是下行沟通 1、下行沟通 2、下行沟通 3 测量项目的平均数。选择该方法有两个原因：①下行沟通、平行沟通和上行沟通开放性的测量项目间是呈正相关的，符合好的求和量表项目要求；②运用了内嵌的多元方差分析 MANOVA，其结果显示，在同样条件下（沟通的方向），组间变化不明显，这支持了在结构方程模型中使用求和量表。因此，调研中建模的价值观包括面对面沟通和即时消息沟通中下行沟通、平行沟通和上行沟通的开放性，分别取自测量项目回答的平均数。每个测量项目的描述性统计分析列在表 8－1 中。研究中的平均数、标准差和求和建模相关性列在表 8－2 中。

表 8－1　　沟通开放性测量项目

	平均数 Mean	标准差 Std. Deviation	测量项目 Measurement Items 在我的组织中，我使用……	复相关平方 Squared Multiple Correlations
面对面沟通—下行—1	5. 38	1. 203	面对面沟通—向下属询问建议	0. 101
面对面沟通—下行—2	4. 61	1. 691	面对面沟通—听取下属的抱怨	0. 600
面对面沟通—下行—3	4. 09	1. 517	面对面沟通—遵从下属的意见	0. 147
面对面沟通—平行—1	5. 61	1. 078	面对面沟通—向平级询问建议	0. 208
面对面沟通—平行—2	4. 92	1. 452	面对面沟通—听取平级的抱怨	0. 483
面对面沟通—平行—3	4. 63	1. 345	面对面沟通—遵从平级的意见	0. 212
面对面沟通—上行—1	5. 41	1. 272	面对面沟通—向上级询问建议	0. 239
面对面沟通—上行—2	4. 19	1. 705	面对面沟通—听取上级的抱怨	0. 517
面对面沟通—上行—3	5. 27	1. 705	面对面沟通—遵从上级的意见	0. 257
即时消息沟通—下行—1	4. 54	1. 680	即时消息沟通—向下属询问建议	0. 803
即时消息沟通—下行—2	3. 85	1. 730	即时消息沟通—听取下属的抱怨	0. 355
即时消息沟通—下行—3	3. 72	1. 616	即时消息沟通—遵从下属的意见	0. 780
即时消息沟通—平行—1	5. 09	1. 354	即时消息沟通—向平级询问建议	0. 687
即时消息沟通—平行—2	4. 77	1. 498	即时消息沟通—听取平级的抱怨	0. 451
即时消息沟通—平行—3	4. 36	1. 432	即时消息沟通—遵从平级的意见	0. 474
即时消息沟通—上行—1	4. 91	1. 612	即时消息沟通—向上级询问建议	0. 789
即时消息沟通—上行—2	3. 88	3. 88	即时消息沟通—听取上级的抱怨	3. 88
即时消息沟通—上行—3	4. 67	1. 561	即时消息沟通—遵从上级的意见	0. 500

（1）所有项目都使用了李克特 7 级量表（Likert scale），其中 1：非常不同意；2：不同意；3：有些不同意；4：中立；5：有些同意；6：同意；7：非常同意。

（2）复相关平方是结构方程中因子分析测量的信度指示器。

表 8-2　　平均数、标准差和构建相关性

	Mean	Std. Dev.	F2F_ D	F2F_ P	F2F_ U	F2F_ U	IM_ P	IM_ U
面对面沟通—下行	4.69	1.079						
面对面沟通—平行	5.06	0.934	0.415 * *					
面对面沟通—上行	4.96	1.027	0.253 * *	0.474 * *				
即时消息沟通—下行	4.04	1.424	0.411 * *	0.068	0.069			
即时消息沟通—平行	4.74	1.166	0.210 * *	0.259 * *	0.179 *	544 * *		
即时消息沟通—上行	4.49	1.356	0.318 * *	0.054	0.132	0.692 * *	0.667 * *	

* * Correlation is significant at the 0.01 level (2 - tailed).

* Correlation is significant at the 0.05 level (2 - tailed).

为比较假设 1（H1）和假设 2（H2）中不同文化下的沟通开放性，应用路径分析软件 AMOS 进行多组分析来测试潜在均数差。以个体主义文化（美国）为参照组，集体主义文化（中国）与参照组进行对比。数据 1 代表了路径分析软件 AMOS 中的两个模型。表 8-3 说明了中国和美国沟通开放性潜在平均数差异的测试结果。与参考模型（美国）沟通潜在平均数相比，在中国文化下面对面沟通的开放性之间无显著差异（p = 0.797）。这一数据不能支持我们的第一个假设，我们原本期待看到在美国文化下的面对面沟通开放性比中国文化下的面对面沟通开放性更高。调查结果表明，个体主义文化与集体主义文化下，工作中面对面沟通的开放性无显著差异。

表 8-3　　沟通开放性平均数差异

	Estimate	S. E.	C. R.	P
F2F openness	-0.042	0.165	-0.258	0.797
IM openness	1.155	0.292	3.953	* * *

* * * p - value < .001

Note: Mean values for both F2F and IM openness in the reference model (individualism culture) is 0.0. Compared to the reference model, F2F openness in collectivism culture had a non - significant mean value of - 0.042, but IM openness in collectivism culture had a highly significant mean value of 1.115 (p < 0.001).

在使用即时消息沟通方面，中国文化下的沟通开放性明显要高出美国

文化下沟通开放性（均值差 = 1. 115，p < 0. 001）。因此，我们的第二个假设得到了支持。

四、分析与验证

研究结果表明，中国文化与美国文化之间面对面沟通开放性的差异不显著。如何合理解释这种不显著呢？在我们的研究中，从三个方向对沟通开放性进行研究，下行沟通、上行沟通和平行沟通。那么在一个或多个不同方向的沟通开放性之间是否会存在显著差异呢？为继续探讨这些问题，我们在 SPSS GLM 中使用重复测量方差，来分析组间和组内因子的影响，以及它们的相互作用。因为全部参与者都在面对面沟通和即时沟通的相同条件下进行测量，所以我们对全部参与者的回答进行了重复测量。为检查不同定义组的均差，我们对两种媒介（面对面沟通和即时消息沟通），以及以沟通方向（下行沟通、平行沟通、上行沟通）为组内因子在因子间的相互影响进行重复测量方差，也在重复测量方差模型中进行了检验。

重复测量方差检验揭示了文化对沟通开放性有显著影响。与个体文化相比，集体主义文化在即时消息沟通所有沟通方向上，以及面对面沟通的下行沟通和上行沟通方向上，沟通开放性更高。平级（同事）之间的面对面沟通是唯一的个体主义文化下沟通开放性比集体主义文化的沟通开放性更高的项目。

组间重复测量方差检验支持 AMOS 测定，并揭示一些组间因子混合结果。第一，沟通媒介（面对面沟通和即时消息沟通）对沟通开放性无主要影响（F = 0. 787，p = 0. 377）。换句话说，除了文化和沟通方向外，面对面沟通和即时消息沟通的沟通开放性无显著差异。第二，沟通方向（下行沟通、平行沟通和上行沟通）对沟通开放性无重要影响（F = 1. 800，p = 0. 167）。这表明除了受文化和媒介类型影响外，下行沟通、平行沟通和上行沟通的沟通开放性无明显差异。

在相互作用项方面，文化和沟通媒介间存在显著相互影响（F = 18.240，p = 0.000），文化和沟通方向分别对沟通开放性有重要影响（F = 7.744，p = 0.00），但是，媒介与沟通方向对沟通开放性相互影响不显著（F = 0.118，p = 0.829）。测量结果表明：①中国人与美国人在面对面沟通上无显著差异，但是中国人的即时消息沟通开放性更高。②中国在下行沟通、平行沟通和上行沟通开放性上比美国高，但是在平级同事间沟通方面，美国人在面对面沟通时比中国人面对面沟通开放性明显更高，换句话说，中国员工在工作中与平级同事间进行沟通时，沟通开放性渠道比较闭塞，变得更加不开放。

五、研究结论

研究中发现，在美国和中国的文化中，面对面沟通开放性水平无显著差异。这与我们在开始时所做的假设不同。一个合理的解释就是，在美国文化下的沟通开放性没有我们假设的高。换句话说，有些因素影响了分享信息。有可能就是在美国文化中也存在“面子”因素，可能是面子因素影响了特定类型信息的流动。例如，美国人会同中国人一样避免在直接的面对面沟通中彼此交换相互冲突的观点。另一个可能的解释是，中国人在工作中比我们假设的要更开放，中国人在工作中的面对面沟通可能同美国人面对面沟通一样开放。尽管存在为保存彼此面子的倾向，但是集体主义文化中的人们比个体主义文化下的人们更加强调目标、需求和群体的社会标准，更加看重群体成员内的合作，而不是个体成果最大化。他们可能会超越个体需要而遵从群体标准和价值观，为了达到目标而进行面对面的沟通。例如，中国人可能会为完成任务进行面对面沟通，而不考虑会伤害他人的面子。

在即时消息沟通方面，正如我们假设的一样，中国人比美国人呈现更高的开放性。这证实了我们前面的推理，面对面接触不适用于交流特定信息，中国人期望有一种如即时消息这样的媒介来传递或接收这类信息，他们在即时消息对话中会更加开放。

此次研究结果在沟通理论的发展有一定的促进作用。第一，把霍夫斯坦德文化模型运用于网络即时消息沟通研究，为理解不同媒介环境中沟通开放性的机制，提供了有价值的信息。第二，通过比较美国（个体主义）和中国（集体主义）文化的沟通开放性，填补跨文化情景中沟通开放性研究的空白。

此次研究对组织沟通管理实践也有重要的意义。第一，研究结果显示，如果想要提高沟通开放性，管理者应尽量使用面对面沟通，这能够提供一种自由而开放的沟通渠道。第二，中国文化背景下，平级同事间使用面对面进行沟通时应该谨慎，因为平级同事间沟通时他们通常会隐藏一些真相。第三，中国人比美国人通过即时消息进行沟通更加开放和自由，当面对面沟通不可行时，即时消息沟通会是一种有效的沟通手段。

六、前景展望

未来的沟通研究方向应该包括两个领域：第一，沟通开放性与沟通有效性、沟通满意度之间的关系，应该放在跨文化条件下进行研究。以往的研究发现，沟通开放性与组织的满意度存在正向相关关系，这种影响在即时消息沟通时是否仍然存在？文化和沟通媒介对沟通开放性相互影响是什么？第二，沟通开放性的研究还将更多关注团队沟通问题，尤其是大量依赖于信息沟通技术（ICT）的虚拟团队。不同文化的团队和虚拟团队间的沟通开放性机制有什么区别？开放沟通会对团队建设产生正面的还是负面的影响，会以什么方式影响？我们希望进行一些实证研究来解答这些问题。

参考文献

[1] Ayoko, O. B. Communication openness, conflict events and reactions to conflict in culturally diverse workgroups. Cross Cultural Management: An International Journal, 2007, 14 (2): 105 - 124.

[2] Cardon, P. W. A model of face practices in Chinese business culture: Implications for western businesspersons. Thunderbird International Business Review, 2009, 51 (1): 19 - 36.

[3] Drucker, D. Mail free - for - all. Internet Week, 2000, 17 (1): 1 - 2.

[4] Hofstede, G. National cultures in four dimensions, a research - based theory on cultural differences among nations. International Studies in Management and Organizations, 1983, 14: 1 - 2, 46 - 74.

[5] Redding, W. C. Communication within the organization: An interpretive review of theory and research. New York, NY; Industrial Communication Council. 1972.

[6] Rogers, D. The Development of a Measure of Perceived Communication Openness [J]. Journal of Business Communication, 1987, 24 (4): 53 - 61.

[7] Thompson, E. Expertise Is One Click Away With Instant Messaging. Knowledge Management Review, 2003, 6 (4): 16 - 19.

[8] 翟学伟:《面子? 人情? 关系网》，河南人民出版社，1994 年版。

[9] 严文华:《20 世纪 80 年代以来国外组织沟通研究评价》，《外国经济与管理》，2001 年第 23 期，第 15 ~ 20 页。

[10] 周丽芳:《华人组织中的关系与社会网络 · 中国社会心理学评论》，社会科学文献出版社，2006 年版。

[11] 钱小军、赵航:《国企与民企内部沟通状况差异性实证研究》，《经济论坛》，2004 年第 5 期。

[12] 孙振耀:《既务虚又务实的 “开放式沟通”》，《IT 经理世界》，2007 年第 1 期。

（本章作者：崔佳颖，女，黑龙江北安人，首都经济贸易大学劳动经济学博士，首都经济贸易大学工商管理学院副教授）

第九章　中国的传统文化与企业文化管理

企业组织是由许多人在相互影响、相互作用的情况下，为完成企业共同的目标而组合起来的从事生产经营活动的单位[①]。在环境变化日新月异的21世纪，如何适应组织内部和外部环境的变化是企业组织经营过程中的重要课题，而在适应变化中也就形成了纷呈的企业组织文化。企业组织文化的代表人物沙因Schein认为组织文化的内涵如下："企业文化是一个特定组织在处理外部适应和内部融合问题中所学习到的、由组织自身所发明和创造并发展起来的基本的假定类型，若该类型行之有效，则新成员在认识、思考和感受问题时必须掌握该正确方向。"[②] 简言之，企业文化是一定的历史条件下企业在生产经营和管理活动中所创造的具有本企业特色的物质形态和精神财富，包括企业精神、企业作风和企业形象。其中企业精神中的价值观和行为准则对企业员工的思想和行为起导向和约束作用，企业形象对员工有激励和凝聚作用。因此，在瞬息万变的今天，每个企业在盈利的同时都致力于形成一套具有自己风格的组织文化。

---

① 摘自《中国企业文化大辞典》。

② 沙因组织文化的定义有多种翻译文本，如谢永平，王安民在《适应变革的企业组织文化演变趋势》中定义为："特定群体所发明、发现和发展的，用于学习应对外部环境和内部整合问题的基本假设的形式，这些形式动作良好足以显示出成效，因而它们成为教育员工用以知觉、思考和感受组织问题的实际方式。"郭咸纲在《西方管理思想史》中定义为"企业文化是一个特定组织在处理外部适应和内部融合问题中所学习到的、由组织自身所发明和创造并发展起来的基本的假定类型，这些基本假定类型能够发挥很好的作用，并被认为是有效的，由此被新的成员所接受"。

一、引言

马克思主义的辩证法要求我们辩证地看待问题，我们承认，改革开放以来，中国的经济蓬勃发展，取得了举世瞩目的成就。但是，近年来，在经济生活中出现的违约、欺诈、造假之类的“反经济信用行为”屡见不鲜，在不少地方，这并不是因为经济主体经营不善或不可抗拒的客观原因造成的违约，而是在订立经济合同之初就根本没有想到要遵守自己订立的合同，只愿意享受合同成立带来的权利而不想履行相应的义务并承担相应的责任。不讲经济信用、不讲信誉、违反经济道德的反伦理经营的表现形式种类繁多，如不法厂商盗版、制假、侵害专利和知识产权、反商业伦理的商业间谍活动、损害品牌所有权人和消费者的利益，上市公司编造不实的公司财务报表、做假账、建筑工程招投标弄虚作假、“豆腐渣”工程造成人命关天的重大事故频频发生。而虚假广告、恶意低价销售、逃避债务、违反财经纪律、只重利润而不顾信誉的企业更是数不胜数。还有的企业为了自己的短期利益，不顾人和自然界的和谐发展，毫无节制地使用稀缺资源、污染环境，破坏了人和自然的可持续发展，给子孙后代留下的是疮痍满目。上述这些现象都是我国在建立社会主义市场经济过程中暴露出的问题，企业的恶性竞争，不讲商业信誉和道德，坑蒙拐骗，信用危机，拜金主义等愈演愈烈，导致了社会信用整体水平下降，造成了巨大的社会创伤。

中国加入 WTO 后，我们需遵守的是全球化的游戏规则，面对上述出现的问题，重塑信誉已经成为企业和国民的重中之重。而面对这些问题，我们似乎总是不经意地想起孔圣人的“仁、义、礼、智、信”，面对企业中人与人之间的剑拔弩张，我们似乎也经常回忆老子《道德经》中的“无为”，看到自然对我们人类的惩罚，我们也经常反思佛教的因果循环“善有善报，恶有恶报”。总之，大家对传统文化的回归似乎有了一份期待，对“君子守信”的古代文化似乎也有一份憧憬和向往。我们学习马克思主义，其意义就在于在意识形态中坚持正确的世界观，用科学的方法学习问题、思考问题。本章旨在马克思主义方法论的指导下，谈谈企业文化管理对中国传统文化的继承和发展问题。

二、儒家文化与企业文化管理

（一）辩证地看待儒家文化

提到儒家文化，我们也会想起在这种思想专制下的残酷的礼教社会中女人必须大门不出、二门不迈，而“女子无才便是德”等这些观念更被当代女性嗤之以鼻。但马克思主义哲学要求我们辩证地看待问题，从另外一个角度看，儒学毕竟是随着封建社会的发展而不断充实完善起来的博大精深的理论体系，它既是凝聚着管理国家智慧的优秀文化遗产，同样也有专制的糟粕，而儒家文化也以一种规则和说理的方式得以迅速传播。儒家的管理思想是以治国平天下为其管理的终极目标，以管理者的自我修养为管理的前提条件，以强化对人的内外控制，教之以德，使之转化为主要管理手段的具有东方特色的管理思想。儒家学说的理论体系体现了如何成为管理者、如何当管理者、管理者如何管理等一系列管理理论和学说所面对的共同问题。作为中国古代国家的主导文化，它对封建统治者的统治提供了有利的管理思想武器，但儒家学说忽略了发展生产和提高生产力的重要作用，这也是其一大缺陷。

既然，我们的目的是在对传统文化的回归中古为今用，那我们当然应该取其精华。

1. 儒家管理思想的核心是“治人”

儒家主张“天地之性人为贵”，以人为贵的思想是儒家的根本观念，儒家学说十分重视人在管理中的地位，人的管理和实施管理的人是儒家理论的核心。儒家在人性假设（性善论、性恶论）和人性的改造方面都提出了许多见解。提倡“天人合一”，主张人性的改造要通过自身的修养来完成，说到这里，我们便想起耳熟能详的孟子的“天将降大任于斯人也，必先苦其心志，劳其筋骨，饿其体肤，空乏其身，行拂乱其所为，所以动心忍性，增益其所不能也”。同时，儒家的“达则兼济天下，穷则独善其身”在今天对我们仍有非常大的借鉴作用。

2. 儒家的组织管理

儒家学说明白整体大于部分之和的道理，认为人和动物的根本区别在于人能群、分、义。群是指建立组织结构，分是指实行分工，而人之所以能建立组织结构和实行分工合作的根本原因是人与人之间存在着“义”。当群建立起来后利用分来进行分工，再用礼来进行规范，用义来进行和谐，使组织达到良好的运行状态。

3. 儒家管理的“仁、德、礼、信”

“仁”是儒家理论的核心，所谓“仁”是指对自己与他人都能诚实相待的生活方式，同时，人应该有一种为集体的刚毅精神但又不追求个人的表现。这种“仁”的管理方式，首先强调的是以身作则，其次更为重要的是人在集体中活动，具有一种集体主义的精神才是真正的“仁”。在儒家看来，道德教化是管理的重要前提，首先，管理者应以身作则，并通过自身的模范行为把一定的价值观念灌输到组织成员的头脑中，使其转化为自身的自觉行为，不是通过外在的而是通过内在的力量把人性中最积极的东西调动起来，实行内在的自我控制管理，以达到管理的目标。而“礼”指的是社会活动的规则，“礼”必须以“德”为核心，以“德”为转移，君子乐于将礼发扬是把内心的道德自觉推广到外在的行为规范，同时，“君子独处谨慎”，将外在的行为规范诉之为内心的道德规范，则道德意识和道德行为、感化和规范化、内在控制和外在控制便巧妙结合起来。儒家的“礼”和“仁”都是通过中庸来实现的，通过中庸从普通人修炼成圣人。中是循礼，和是行仁，以中和为用的中庸思想是礼与仁思想的集中体现。“信”指的是在社会活动中要诚实守信，把守信作为与人交往处事的原则。

（二）企业文化管理对儒家思想的传承

近年来，从韩剧中我们吃惊地发现，韩国人表现出的礼节规范活脱脱一个儒家学说在当今社会的再现，我们也注意到，年轻人会把《孝经》、《论语》之类的儒家书籍作为自己的必修课程。我们发现，韩国经济崛起背后的儒商文化和商业精神、由近及远的责任观、对儒学的顶礼膜拜，是世界上任何企业所没有的。细致入微的企业道德教育、员工的道德教育、由近及远的责任观——爱父母—爱亲人—爱邻里—爱天下—尽责任让我们望尘莫及。韩国的三星集团就是将儒家思想运用到企业管理中的典范。

1. 韩国三星集团的儒家企业伦理和社会责任观

（1）人才第一。韩国的优秀企业大都以“人才第一”为基点，通过建立企业内部研修院或利用产业教育机构培育大量的优秀人才。三星集团信奉“用则不疑，疑则不用”的信条，员工在公开招聘录用后就要接受三星集团的严格培训，使其成为“三星之星”，同时，集团建立自己的研修院，对员工进行教育培训。

（2）人和团结的共同体式企业文化。三星集团非常重视组织成员的人和团结，致力于创立能反映员工创造性建议和意见的企业文化，提倡每个员工的责任承担、爱社心和主人精神，形成共同体式的企业文化。三星把劳资协商中能提及的事项（工资、福利）和不能提及的事项（经营决策权、人事权等）严格区分，采用不同的政策；同时，三星把经营状况向员工公开，“劳资不疑”的精神深植于企业内部，推动了企业的发展。

（3）经营责任制。三星集团聘用有能力的职业经理人，创立经营责任制，培育责任经营的风气。

（4）企业家以身作则。受儒家文化和西方文化的共同影响，韩国企业家既有东方人的吃苦耐劳精神，又有西方人的实干作风，并以身作则，把企业家的良好素质带到企业文化中，使企业家的个人价值观群体化。

同属儒家文化的背景下，三星公司与中国企业间并不存在太大的社会文化差异，而三星集团赶超行业领先者的辉煌经历，把儒家思想贯彻到企业文化管理中的成功，是中国许多企业梦寐以求的。而中国的海尔集团，也是把儒家文化贯穿到企业管理中成功的典范。

2. 海尔企业管理理念

大家都习惯把海尔的总裁张瑞敏称做儒商，他认为“先造人，后造产品”，海尔要实现企业的总体目标，首先要实现个人生涯计划与海尔事业规划的统一。要调动全体员工的积极性，不断提高产品质量，解决好共同价值和个人价值的关系问题。而且，企业的基础是人，要形成团队精神和团队文化，才能激励为企业的共同事业规划贡献力量。

另外，海尔非常重视企业的诚信，主张在激烈的市场竞争中，海尔是“卖信誉，而不是卖产品”，只有诚信先行，才能在激烈的市场竞争中立于不败之地。

3. 同仁堂“炮制虽繁必不敢省人工，品位虽贵必不敢减物力”的诚信观

同仁堂是有着三百多年悠久历史的中医药行业的著名企业，同仁堂能够不断发展壮大，很重要的原因在于：它能继承传统文化的精髓，坚持诚信为本的药德思想，树立“修合无人见，存心有天知”的自律意识，在经营过程中坚持“德、诚、信”的优良传统，并随着时代的发展，不断融入新的内涵。这种优秀的企业文化与诚信思想伴随着同仁堂人在竞争中立于不败之地。

首先，诚实守信是同仁堂的核心理念。诚，即诚实，内涵为货真价实，绝不弄虚作假。信，即信念、信心和信誉。同仁堂诚实守信的道德规范已成为企业的经营观，体现在了以德兴企德各项工作中。

其次，同仁堂把药品质量视为企业的生命。坚持“以义为上，义利共生”的经营哲学，坚信在生产经营中把“义”放在首位，以崇高的社会责任感，讲求社会大义，利润自然随之而来。同仁堂的历史就是谋求信义的历史，同仁堂的金字招牌就是信义的凝结。

另外，同仁堂继承了亲善仁爱、团结和睦的企业文化。企业讲礼仪、重人和，并融入社会主义时代的新内容，营造了相互关心、精诚合作的人际关系。

同仁堂没有理由不成功，一个富有责任心的企业，一个诚信的企业，一个有很好声誉的企业，必定是一个有竞争力的百年企业。社会的和谐、城市的品位、人们的生活质量离不开这样的企业。

三星集团和海尔集团及同仁堂都是将儒家思想运用到企业管理中并取得成功的典范，在市场经济的今天，社会反映出的一些问题呼吁我们辩证地看待我们的儒家文化，将其精华运用到实际中，也许会收到出其不意的效果。

三、道家文化与企业管理

（一）道家文化

道家学说也常常因为其消极的处事态度而受到批评，但道家结合《易经》学说，是一个较严谨、逻辑性很强的理论体系，充满了辩证的逻辑思维方式。而且，在中国古代道家思想占统治地位的时期，中国社会取得了巨大的发展，这从侧面说明，科学的逻辑思维方式是社会发展的主要思维方式。

1. 道家学说的辩证法思想

从整体内容看，道家学说以道为中心和纲领，从道出发，根据实际情况因时、因地、因人、因势、因需要，向四面八方扩展。“一阴一阳谓之道”，即矛盾的统一体就是道。世界上的一切事物的发展都是处在矛盾的对立统一规律的支配下运行和发展的。谁掌握了事物的发展规律，谁就将成为事物发展的主宰。同时，从阴到阳或从阳到阴的过渡过程，本身就是否定自己，直到否定之否定过程的完结。而且，在否定之否定的进化过程中，宇宙事物并不是直线进行，也不可能回到原处，而是以辩证法的原理来进行，是更高层次上的统一。

2. 道家思想的无为管理

道家认为天地万物的根源都遵循一个永恒不变的原理。道是万物的根源，当深刻领悟到道后，我们便能学会道中蕴藏的“德”。“德”的核心是无心、无欲、柔软、谦虚、质朴、节制。道学中最为精练也最为重要的是“无为”，“存乎一心，无为而治”，老子的“无为”是一种积极的、为了要有为的无为，是动态的，这个动态的过程根据辩证法可分为三个阶段：有为—无为—无不为。其中，无为是对前一阶段深刻反思的过程，是积极准备的过程。无为就是自己让开一步，让别人有发展的机会，达到整体的均衡和谐。任何事物都有其特殊性和差异性，别人有特殊才能就应让其充分发挥，要站在大局的角度考虑问题，没有这样的胸襟便难以成为成功的管理者。同时，要成为成功的管理者和领导者，老子提出了“四不”：不自见、不自是、不自伐、不自矜。同时，老子也提出了以“上善若水”的境界进行“无不为”的步骤：居善地，心善渊，与善仁，言善信，政善治，事善能，动善时。

3. 道家思想中的管理规律

（1）循环律。世间的阴阳转化是不断进行的周期性的循环过程，这种周期性的循环是一个普遍存在的规律。任何一个事物都是整个大系统中的一个小系统，在管理过程中要注意循环的关系。作为管理者，必须充分考虑计划和行动的后果，否则，一味向前，后果可能不堪设想。企业的循环、生态的循环、大气的循环均是如此。

（2）成长律。宇宙的万物必须经历出生、发展、成熟直至消亡的过程，而且，转化的速度和成长的速度是成正比的，转化越快，死亡也越快。掌握成长律，当事态处于关键的发展时期，经营决策者就能更好地把握事物的发展方向，实现最有利于长远发展的转化。

（3）得失律。世界万物中，阴中有阳，阳中有阴，两者可以互相转化，因此事物不能仅仅从表面上判断，得和失都不是绝对的。“塞翁失马，焉知非福”。管理者在得失问题上，应充分发挥智慧，站得更高，看得更远。

（4）时间律。时间来去无限，阴阳转变无数。时间对阴和阳的转化是至关重要的，但人又无法控制时间。关键就在于把握时机。“机不可失，时不再来”。

（5）调节律。阴阳转变是不可抗拒的自然规律，但只有人类才可以按照自己的意志和才能对阴阳进行调节。一个懂得阴阳规律且善于运用规律的管理者往往是成功的，因为他们懂得如何进行自我调节，越是有能力进行自我调节的人，成功的可能性越大。

（6）容忍律。生活中不如意事十有八九，不可能是完美的，我们应以容忍的态度来对待事物的变化。

（7）定位律。《易经》的八卦图形象地告诉我们，企业和人一样，成功的关键在于要有一个正确的定位。

总之，了解事物的客观规律并能够按客观规律办事，这样的人必定是个成功的人，而企业组织定位于正确的文化理念，将引领其走向成功。

（二）企业管理对道家思想的传承

近年来，在物质利益的驱动下，许多企业不惜对资源的过度使用，环境资源受到巨大的破坏。但地球只有一个，尽管地球寿命很长，其资源系统也很大，但只有按照上述的循环律，实现对资源循环利用的循环经济，地球才能得以长存。所谓循环经济①，本质上是一种生态经济，它要求运用生态学规律来指导人类社会的经济活动。传统经济是一种由“资源—产品—废弃物—污染物”单向流动的线形经济。在这种经济中，人们不断地把地球上的物质和能源提取出来，然后又把污染和废物大量地排放到水、空气和土壤中，对资源的利用是粗放和一次性的，通过把资源持续不断地变成废物来实现经济的数量型增长。而循环经济要求把经济活动组成一个“资源—产品—废弃物—再生资源—再生品”的循环生产新模式的反馈流程。所有的物质和能源要能在这个不断进行的经济循环中得到合理和持久的利用。

洛钼集团是河南省54家重点企业和洛阳市16家重点集团之一，是一个充满活力的自愿性企业。洛阳栾川钼业集团这些年的超越式发展，其中一个很重要的原因就是他们的企业文化中蕴涵着循环经济的理念：“既要金山银山，更要绿水青山”——公司坚持发展经济不以牺牲环境为代价，积极致力于防治污染，保护生态环境；“追求生态效益，守法控制超前”——公司承诺遵守国家和地方所有有关的法律、法规，加强采矿区塌陷的综合治理、尾矿综合利用等，变废为宝实现生态效益，强调源头控制，实现污染预防，美化厂区环境，保护地球生态；“确保达标排放，合理利用资源”——保证废水达标排放，加强资源综合回收，提高资源利用率，推行清洁生产，从原材料采购、生产过程的控制到产品的交付、使用，进行全过程的污染预防和污染治理；“全员关注环境，综合持续发展”——通过对公司全体员工进行有效的宣传和教育，提高全员的环保意识。

洛钼人认为，新形势下的企业文化要求全体员工确立全新的绿色生产的理念，企业生产的产品本身的质量要符合环境、卫生和健康标准，而且

① 刘光明：《企业文化案例》，经济管理出版社，2007年6月第1版。

厂矿选址、生产流程、废弃物回收等过程都应符合环境标准，以免造成污染，破坏环境。企业和人一样，人的理念决定他的前途和未来，而企业的理念也决定了它的发展状况和未来，洛钼集团在循环经济理念的指导下，先后被评为“企业综合实力百强企业”、“经济效益显著单位”、“守合同，重信用企业”等，为国家上缴可观的利税并投身于公益事业。

发展循环经济的最终目标是构建人与自然和谐相处的社会。发展循环经济可以在保护和节约资源、减少经济活动给人类生存环境带来危害的前提下增加社会财富，体现了人与自然和谐发展的理念。在发展经济的同时尽量避免对未来人类的发展造成损害，为子孙后代赢得更广阔的发展空间，体现了以人为本和可持续发展的理念。

洛钼集团的成功仅仅是道家思想中的循环律在企业经营管理中的体现，像五粮液集团、宝钢集团、本田等国内外企业都在保护环境、实现可持续发展做出了突出的贡献。千里之行，始于足下，要塑造成为成功的企业，实现经济的可持续发展，道家思想中还有许多值得我们借鉴的规律，违反了这个“道”，我们可能受到大自然的惩罚，所以，理念的变革、文化的变革对企业乃至对社会都是至关重要的。

四、佛学和企业管理

记得中学学习历史讲到佛教传入中国时，讲到佛教主张人的生老病死都是苦的，苦的根源在于人有欲望，因此要消除欲望，刻苦修行，以求达到西方极乐世界。想到这里，我们马克思主义学者便非常明确地指出这其中有的是唯心的，有的是消极避世的态度，但是，佛学作为一门相当丰富且深奥的理论，对今天的管理者也不无裨益。

（一）佛学的因果循环与企业管理

佛学将宇宙分为欲界、色界、无色界三界，并唯心地认为我心在，故宇宙在。而对宇宙的感知就是由于存在因缘，“若知前世因，今生受者是，若知后世果，今生为者是”，有因才有果。世界上的一切事情都不是孤立存在的，都是由当时的各种主客观条件决定的，这些主客观条件便是我们承担结果的起因。

正如道家学说的循环律，佛学的因果循环同样告诉我们，在管理过程中要注意因果循环的关系。作为管理者，必须充分考虑计划和行动的后果，否则，一味向前，后果可能不堪设想。企业的循环是如此，生态的循环、大气的循环更是如此，所以，我们现在大力倡导企业树立保护资源、实现可持续发展的管理理念，给子孙后代留下更广阔的发展空间，以免受到大自然的惩罚。在企业的管理中，出现问题不可怕，重要的是我们应该及时、准确地找到产生问题的因，追根溯源，从源头上杜绝类似问题的发生。

（二）佛学的色空论和企业管理

佛教的《心经》中“色不异空，空不异色”即讲的色空关系。“色”指的是整个物质世界；“空”是虚无的意思，同时又包含广大和无穷的物质在内的概念。由于物质都是由周围的环境所决定的并处在不断地变化中，所有物质都处在刹那间生灭的无常的变化中，没有永恒的主体，所以物质的本质是空的。色只不过是物质的表现形态，空是物质的属性，两者密不可分，是统一的。“色即是空，空即是色”，表现为色空从现象到本质，从本质到现象的辩证统一的关系。

色空理论似乎跟物质决定意识的哲学理论有些冲突，但这种辩证的思维方式对企业的高层管理者解决心理压力似乎会起很大的作用。企业的高层管理者经常面临较大的心理压力，但人在压力太大时却往往容易做出错误的决定，而佛学理论主张万事都是空的，我们完全可以把问题看成是不在话下的小问题，何必给自己背上沉重的包袱而做出错误的决定呢？

（三）佛学的众生平等和企业管理

佛学主张众生平等，在佛面前人人平等，只要潜心修行，人人都可修炼成佛，到达西方极乐世界。

作为马克思主义学者，对传统的文化应该批判地继承，我们暂不谈这种教义，但是人人平等的观念在企业管理中却是十分重要的。只有企业的招聘制度、薪酬制度等一系列制度对每一位员工都是平等的，只有企业的管理者平等地对待每一位员工，企业才有可能形成团结和睦的共同体，才有可能促进企业的快速发展。

五、总结

企业文化是企业持续竞争优势的重要源泉，是企业发展的内在驱动力，是一种超个体的群体意识，它需要通过全体员工的共同努力，在企业管理的具体运行中将其精神文化内化于企业员工的心理中，并通过特定的文化仪式在团体中积淀起来。以上我们从三个主流派来简单回顾了中国的传统文化，尽管它有许多先天性的弱点，但我们应该用辩证的思维来看待这个问题，取其精华，去其糟粕，古为今用，充分挖掘、发挥中国传统文化中“天人合一”思想的精华与智慧，将人文与科学、伦理与心智、整体与分析结合起来，建立合于“道”的，遵循生态的、合乎人性的企业管理理念，同时，将中国的传统文化的精华贯彻到企业管理当中，用组织独特的信仰来统率成员，形成有实力的战斗团队，激活所有的管理要素，让企业更有活力，以科学的发展观统领企业的发展、重视企业的声誉，实现中国经济的可持续发展。

参考文献

[1] Schein E. H. Organizational culture and leadership. Sanfrancisco：Jossey - Rassy，1985，1986.

[2] 郭咸纲：《西方管理思想史》，经济管理出版社，2004 年 9 月第 3 版。

[3] 刘光明：《企业文化案例》，经济管理出版社，2007 年 6 月第 1 版。

[4] 郑海航、徐炜：《21 世纪：企业管理新趋势》，经济管理出版社，2008 年版。

[5] 付彦：《知识共享型组织结构》，经济管理出版社，2008 年版。

[6] 李成彦：《组织文化研究综述》，《学术交流》，2006 年第 6 期。

[7] 谢永平、王安民：《适应变革的企业组织文化演变趋势》，《西安文理学院学报》（社会科学版），2005 年第 4 期。

[8] 夏志坚、张涛、黄德源：《企业组织文化浅析》，《企业家天地》，2008 年第 11 期。

[9] 李全亮：《关于企业组织文化与知识管理模型整合的研究》，《企业经济》，2008 年第 8 期。

[10] 郝婷：《浅议我国企业的组织文化建设问题》，《科技咨询导报》，2007 年第 17 期。

[11] 牛雨来：《构建现代企业组织文化建设战略》，《市场推介》，2006 年第 6 期。

（本章作者：刘红梅，女，山东青州人，首都经济贸易大学工商管理学院在读博士）

第十章 中国传统企业文化的传承与创新

一、企业文化研究回顾

20 世纪 70 年代末 80 年代初，在欧美各国兴起企业文化研究热潮，“企业文化”的英文名称（corporate culture 或 organizational culture）直译过来应该叫公司文化或组织文化，国内外学者对企业文化（组织文化）所做的一些经典定义有助于我们了解企业文化的本质特征。

皮特格鲁（Pettigrew）认为，组织文化是组织成员所共有的感受，而以符号、意识形态、语言、信念、礼俗、迷思等方式存在于日常生活方式中。

迪尔和肯尼迪在合著的《企业文化》中，把企业文化看作一个企业所信奉的主要价值观，即各个层次的员工的价值观和行为的集合以及由此表现出的企业外在形象。企业文化是由五个因素组成的系统，其中，价值观、英雄人物、习俗仪式和文化网络，是它的四个必要的因素，而企业环境则是形成企业文化的最大的影响因素。

威廉·大内认为，企业文化由公司的传统和风气构成，还包括了公司的价值观，如进取性、守势、灵活性——确定活动、意见和行为模式的价值观。经理们从雇员们的事例中提炼出这种模式，并把它传达给后来的工人。

马汀（Martin）认为，组织文化是组织成员共同拥有的态度、价值和信念的组合，它们引导着组织成员的行为。

丁虹认为，企业文化乃是企业组织为了克服外在的适应问题及内部的整合问题，所发明、发现或发展出来的一套基本认识，且由此认识衍生出一套成员所共同持有的价值与信念系统，这一系统不但将影响组织对成员之意义，同时也提供成员行为的准则及形态。

埃德加·沙因认为，组织文化是由一些被认为是理所当然的基本认识所构成的模式。这些认识是某个团体在探索解决对外部环境的适应和内部的结合问题的过程中发现、创造和形成的，这些模式被认为是行之有效的，新成员在认识、思考和感受问题时必须掌握的正确方式。

约翰·科特和詹姆斯·赫斯克特在他们合著的《企业文化与经营业绩》中指出，企业文化通常代表一系列相互依存的价值观念和行为方式的总和。这些价值观念、行为方式往往为一个企业全体员工所共有，往往是通过较长的时间积淀、存留下来的。

迈克尔·茨威尔在其著作《创造基于能力的企业文化》中谈到，从经营活动的角度来说，企业文化是组织的生活方式，它由员工“世代”相传。通常包含以下内容：我们是谁，我们的信念是什么，我们应该如何去做。大多数人并不意识到企业文化的存在，只有当我们接触到不同的文化，才能感到自己文化的存在。企业文化可以被定义为在组织的各个层次得到体现和传播，并被传递至下一代员工的组织的运作方式，其中包括组织成员共同拥有的一整套信念、行为方式、价值观、目标、技术和实践。

加雷思·琼斯、珍妮弗·乔治和查尔斯·希尔认为，组织文化是指控制个人与群体相互作用和影响方式的价值观、规范、行为标准和共同愿景的总和，用以实现组织目标。

日本学者今西伸认为，企业文化是特定企业中具有固有特征的价值体系。它由三项主要因素构成：一是价值观——精神方面，如企业哲学、经营观念信条、企业目标等；二是行为体系——工作结构，如组织环境、组织结构、战略、规章制度、习惯、惯例等；三是经营风尚——基础方面，如社风、组织风尚、传统、行为规范、成员行为能力等。

郑海航教授认为，组织意识是指一个组织全体成员的共同意识、共同价值观，即一个组织的集体意识。对企业来说，组织意识就是企业组织的集体意识。它由从低到高的四个层次组成：第一层次，成员归属意识；第二层次，利益共济意识；第三层次，情感一体意识；第四层次，忘我献身意识。

韩岫岚教授认为，（狭义的）企业文化确切的概念应当是：企业在一定的社会经济文化环境下为谋求自身的生存和发展，在长期生产经营活动中自觉形成的，并为绝大多数劳动者认同信守的经营宗旨、价值观念和行为道德准则的综合反映。

刘光明教授认为，企业文化有广义和狭义之分，广义的企业文化是指企业物质文化、行为文化、制度文化、精神文化的总和，狭义的企业文化是指以企业价值观为核心的企业意识形态。

综合上述学者们的观点，可以看出企业文化有以下特征：①企业文化的核心是组织全体成员共同分享的一种价值观和道德规范。②企业文化是历史积淀形成的，反映了组织生存和发展过程的特殊性。③企业文化具有层次性，组织成员由于经历、地位和利益的差异而具有从低到高强度不同的集体意识。

二、中国传统企业文化的类型

由于家国一体的宗法制度长期影响着中国的社会结构，因此，家族文化构成了中国传统企业文化的核心内容。美籍华裔社会学家林南提出家庭资源转移的理论，认为家庭资源转移的内容和对象是对家庭和社会运行具有决定性影响的要素。

家庭资源可分为权威和财产两大类，虽然西方、日本和中国在家庭结构中都存在着权威和财产两项资源的转移，但转移的方式却不一样。日本和西方在这两项资源的转移方向上具有一致性，即由长子全部继承；但中国家庭的两种资源转移却呈现出不一致性，权威一般由长子继承，财产由诸子平分。

根据对上述两种资源的不同配置，中国传统企业文化可以大致分为四种类型：

1. 紧密型企业文化

紧密型企业文化一般出现在组织成立的初期，此时组织规模较小，全体成员有统一明确的奋斗目标，领导的权威经过实践的考验而得到加强；组织成员在名义上享有平等的财产分配权，对组织具有高度认同感，个人主义意识较弱，组织成员之间形成高度信任、相互关爱、齐心协力、和谐融洽的集体主义氛围。

2. 共和型企业文化

组织发展到一定阶段后，受到内外部条件的限制，其规模很难再扩大。此时组织成员的个人主义意识开始膨胀，迫切要求分享共同奋斗的成果，领导阶层为维持组织的统一，通过财富的平均分配和一定程度的授权，换取成员对领导权威的认同和支持。由于组织成员的利益诉求基本上得到满足，所以在这种企业文化里，个人主义与集体主义相互依存，总体上还能继续保持和谐的局面。

3. 专制型企业文化

同样是面对组织发展到一定阶段后，成员提出的个人利益诉求，领导层采用道德说教或强制手段，迫使组织成员放弃分享财富的权利，从而保证了权威和财产转移的一致性。在这种企业文化里，表面上人们尊崇的是舍己为公的集体主义观念，但实际上奉行却可能是追名逐利的个人主义思想。

4. 松散型企业文化

在这种企业文化中，由于组织处于停滞阶段，成员之间贫富悬殊、相互欺压，出现了组织认同的危机，领导权威也因为过度分权和来自强势成员的挑战而大为削弱，个人主义逐渐替代集体主义成了企业文化的主流，组织濒临崩溃的边缘。

三、中国传统企业文化的特点和功能

美国著名组织文化研究学者埃德加·沙因认为，文化是一种群体经验习性的产物，因此只有在具有一种有效历史的一个可定义的群体中才能发现文化。根据埃德加·沙因的研究，组织文化可以分为三个层面：基本认识、价值观、外在表现形式。

中国传统企业文化的基本认识主要有：天人合一的世界观、伦理化的认识论、性本善的人性观、积极入世的人生观、家族本位的人伦观。在处理集体主义与个人主义、道德取向与利益取向、理性原则与感情欲望等方面，中国传统的企业文化奉行二元调和的价值观，即对事物的价值判断因其与自己有无利害关系而迥然不同，但是在实际操作中往往采用两种标准的折中方案。在外在表现形式上，中国传统的企业文化根据与熟人、生人、外人和自然环境的关系，分别表现为礼仪、面子、人情、风水等几个方面。

中国传统的企业文化具有追求和谐、关注群体利益、重视人际关系、强调相互义务等特征，它以人为出发点，善于利用心理因素和制约机制来调整组织出现的不平衡和无序状态，善于启发人的道德自觉，对于上下、左右关系强调相互承担义务，从而达到相对和谐和稳定。例如，无论晋商还是徽商，凡有一定成就者都十分讲究商德和修养，提倡重文兴教、乐善好施、造福桑梓，奉行“以诚待人、以信处事、以义取利”，“以善为本、以和为贵、以德为基”的商业文化。

中国传统企业文化一方面强调权威在维护组织统一中的重要性，另一方面也主张要适当满足组织成员的个体利益需求，因而有助于营造和维持和谐统一的局面。

（一）促使集体利益与个人利益相统一

一般而言，中国人的群体意识只体现在血缘关系范围内，至多会延伸到认同的范围内，如我们有着同一祖先（炎黄），我们是一家人等。同时，群体内的权威者必须在这一群体内实施均等的资源分配，才能获得成员们的拥戴。中国家庭在权威和财产转移上的分离导致了权威者和其下属成员之间的双向依赖关系。权威者在对财产分配失去控制力的情况下，除了强化道德规范外，往往具有向下属妥协或讨好的倾向。而下属因在此群体中可以得到和别人同等的财产则也愿意归属、依附该群体及遵从权威，最后导致集体主义倾向。

西方文化通过平等、契约、权利等方式建立个人之间的合作关系，而中国文化则选择以“仁义”为核心理念的集体主义解决方案，在这种组织中，位卑者有为集体奉献的义务，位尊者有照料集体中各个成员的义务。只要双方都笃信躬行，交易成本比起个人主义的解决方案可能还更低一些。

中国传统企业文化试图通过在成员间实现各种社会资源的均等分配，并达成各成员间的均衡，从而使他们接受组织的价值观和道德规范，最终遵从于领导的权威，形成合群、团结、友爱、克己奉公、以他人为重的集体主义思想观念，实现个人主义与集体主义的和谐统一。

（二）运用道德规范约束组织内部冲突

资源分配上的均等性并不只是经济上获得等量的利益，而是通过一种综合性的指标来体现的。在实际生活中，资源平均分配非常难以操作，从而经常引发对权威性和公正性的怀疑，于是用道德约束来加强权威性是中国人最常用的有效手段。

一种给予权威又不给予相应的财产作基础，而给予财产又不给予相等的权威保证的家庭结构，会造成社会互动中的两种格局：一是就家庭内部而言，在不能以财产为物质保证的权威者和有同等财产但无权威的继承者之间产生出一种道德控制的关系。二是就家庭外部而言，财产分配的均衡关系使人们也不倾向于离开其家庭去另谋生活，而注重血缘、家谱及亲情。由此形成中国人社会行为中四个不可缺少的重要因素：家长权威、道德规范、平均分配和血缘关系。血缘关系表现出中国人的合群性特征，而权威、道德规范和平均分配之间却构成了一种复杂的牵制性关系，一方面使中国人为了自身的多种利益既不愿意离开自己的群体，另一方面又不心甘情愿（自认吃亏）地保持一种向心力。

权威和财产相分离时，无论哪种社会都会寻求第三甚至第四种因素来适应或维系人们原有的社会关系或社会组织的运作。所不同的是，现代西方社会面对这一相似的现象，选择了专门知识这一因素，并形成了相应的管理阶层。而中国传统社会却选择了伦理道德，并形成了相应的士大夫阶层。中国道德体系的核心是“孝”，它所要表达的含义就是对权威性的服从。

道德的制约性在本质上是相对的，而不是绝对的。在道德规范的控制下，中国传统企业中激烈的冲突性行为可能不太多见，但计策性行为（如面和心不和、钩心斗角、阳奉阴违、名实分离等）却不可避免。当道德因素在社会行为中被凸显出来时，中国人对利益的需要不是消失了，而是以扭曲的或间接的形式表现出来，造成中国人社会行为常常带有很强的隐蔽性和变通性。

（三）提高组织与外部环境和谐相处的合作变通能力

中国传统文化十分重视变通的能力，《易经》的核心内容就是“三易”，即变易、简易、不易。所谓变易，就是指宇宙万物没有一样东西是不变的，高等智慧的人不但知变而且能适应这个变。

从哲学上讲，变通就是事物的运动、联系、循环、转化，是世界统一性的另一种富有启示性的提法。从社会学上说，通是社会各个行业、各种群体和社会结构中各种要素之间的沟通和协调，它架起互相理解、彼此尊重和真诚合作的桥梁；从文化学上说，通就是心灵和文化之间的多向交流，不同文化背景和不同价值观念的人们之间能够在思想上有较为充分的沟通，不隔膜，更不对立，不强人以从己，提倡宽容包纳的精神。

中国传统企业文化特别强调变通的重要性，“太极动而生阳，动极而静，静而生阴。静极复动，一动一静，互为根本”。正是在阴阳两种力量的相互推移和相互作用下，各种对立事物既相互排斥又相互吸引、相互感召、相互资取、相互沟通。因此，人们在处理组织与外部环境或组织内部的矛盾时，要注意其异中之同，即寻找不同中的共同点，以达到相协相济、和谐统一的目的。

近年来，中西方企业文化出现了趋同化的发展趋势。西方企业开始重视企业精神、价值观等精神因素的作用，中国企业也大力借鉴和引进西方企业文化，以提高生产经营的效率。但是，由于文化传统和价值观的差异，照搬西方的企业文化往往并不适合中国企业的发展需要，片面追求效率不仅会使组织内部人际关系紧张，而且会造成组织与外部环境的矛盾和冲突。目前，中国社会出现的诚信缺失、道德沦丧、环境严重污染等现象都充分说明重建中国企业文化的必要性和紧迫性。

四、中国传统企业文化与现代公司治理

现代公司治理的核心是在所有权和经营权分离的条件下，降低代理成本，保证经理层能够自觉地以股东的利益最大化和公司的利润最大化为经

营目标。其基本内容是对企业的所有者、经营者和监督者之间的权责利关系进行规范、重构和再分配，从而解决企业的不同利益主体之间的利益与风险、激励与约束等问题，建立起企业的权力机构、决策机构、经营机构和监督机构之间相互独立、相互制衡的高效率的企业管理制度，确保企业各方利益的均衡和合理目标的实现。

经过30年的改革开放，中国各种类型所有制的企业均得到长足的发展，形成了三种典型的治理模式：政府主导型治理模式、家族主导型治理模式、法人主导型治理模式。实践表明，一股独大、缺乏制度约束、管理规范化差、诚信意识淡薄等公司治理问题已成为中国企业健康成长的重要制约因素。其中，最为突出的是委托人与代理人之间的矛盾冲突，它往往会使企业发展出现大起大落，甚至造成企业的分裂和衰亡。公司治理中最主要的矛盾冲突发生在企业所有者和职业经理人之间，表现为企业所有者希望职业经理人多付出少拿钱，而职业经理人希望少付出而得到更多的钱或其他利益；企业所有者想按个人的意志行事，而职业经理人要求严格按照规章制度办事。此外，企业所有者的能力跟不上企业发展的要求，无法领导和驾驭职业经理人，又不愿意轻易放权，也会引起分歧和矛盾，严重影响企业的发展。

由于存在上述治理结构方面的诸多问题，许多企业很难引进合适的经理人员，引进的经理人员又受限于各种软约束，在这种机制下，企业的各项制度被人为地固化，“人治”大于“法治”现象突出，经理层得不到充分的授权，却要承担企业经营失败的风险。

职业经理人的个人信念与公司文化，尤其是公司所有者的价值观之间的矛盾往往是由于他们之间的教育背景、生活经验以及个人的目标和对未来的理解的差异引起的。这种矛盾是深层次的矛盾，具有持久性，也难以改变，主要表现在以下几个层面：①价值观层面。中国文化是以儒家伦理为基础发展起来的，重群体、重道德、重实用，有着较强的依附性和内向性，突出以家庭成员为主。西方文化重个体、重科学、重思辨，具有强烈的自主性和个人主义精神，体现着民主和平等。具有西方文化背景的职业经理人进入中国企业后，自然会产生文化冲突。②管理文化层面。中国文化适应性和灵活性强，不重视制度的建立和实施，对环境变化采取实用主义的态度。西方文化则以制度为基础，在企业管理中用原则和效率说话。因此，中国的企业家即使制定了规则，在执行时也常常因为特殊原因而放弃，他们习以为常的“人治”与职业经理人追求的“法治”之间不可避免地会引起文化冲突。

针对企业委托代理之间的利益冲突，郑海航教授最早提出“内外两类主体平衡论”。他认为在目前的国有企业的治理结构中，企业内外两类主体（国资委、经营者）的偏好互相对立，国有企业的董事会和监事会基本由内部人控制，偏向企业内部利益，较少顾及企业外部利益主体（国资委）的利益，容易造成经营者不负责任的盲目决策，给企业国有资产造成损失。因此，应该通过国资委向企业外派监事和董事的方法，兼顾国家和企业的利益，使企业内外两类主体的利益得到保障，实现利益平衡和相互合作。这种外派监事和董事的做法是中国传统企业文化的阴阳平衡理论在国有企业治理结构中的运用，对国有企业改革具有重要的指导作用。

从中国传统企业文化思维模式来看，企业管理中最重要的问题就是要及时发现阴（经营者）阳（所有者）相克、相逆的问题，及时找到问题的根源，并加以纠正、解决与预防。企业生存发展的唯一办法就是随时调整企业内部、外部，使阴阳两面不是站立在对立、相克的方向，而是让其相融相生。

首先，要准确定位“阴”和“阳”。以企业所有者和职业经理人的矛盾冲突为例，一名出色的职业经理人应该清楚地认识到，在中国的企业中，企业所有者所代表的“资本”在很大程度上还支配着职业经理人所代表的“知本”，后者只能通过辅助前者不断增值来加强自己的实力，两者互相帮助才能取得双赢。因此，在公司治理结构中，企业所有者是“阳”，职业经理人是“阴”。

其次，“阴”和“阳”应各守其位，各司其职，不要越位，也不能缺位。正如陈志强总结出的职业经理人和企业所有者的关系的三条规律：小星星要围绕大星星公转；在一个系统中只能有一个中心；基于以上两点的系统，平衡才能持久。在企业中，企业所有者是大星星，是系统的中心，他思考的是企业生存和发展的根本问题；职业经理人是小星星，他负责把企业所有者的设想变为现实，专业地做事，职业地做人，知道什么事情是自己应该做的，什么事情不应该做，什么事情不但必须要做，而且必须要做好。职业经理人和企业所有者只有充分理解自己的工作职能，才能取得更大的成功。

最后，"阴"和"阳"应相互补充，力求平衡，而不是绝对服从。职业经理人不仅要站在自己的位置上做好事情，认清楚自己是谁，而且还要站在企业所有者的立场上思考问题，理解企业所有者为什么要这么做，千方百计为企业所有者排忧解难。一般来说，出色的职业经理人的职业道德有着如下七大特征，即忠于资本、义于企业所有者、信于客户、礼于同行、慎于言行、宽于同事、勤于工作，从而能够实现内外平衡与和谐。同样，企业所有者也要设身处地为职业经理人着想，维护职业经理人的利益，才能共同发展，获得双赢。

五、中国企业文化的变革与创新

随着政治经济体制改革的深化、经济全球化进程的加快、市场竞争的加剧、科学技术的进步、贸易自由化和资本自由化的推进，中国本土企业的生存和发展环境发生了巨大的变化，必然要求对其企业文化进行变革和创新。当今中国正处于社会转型时期，一方面，社会主义文化价值观已经占据着主导地位；另一方面，中国传统文化和西方文化的影响也不容忽视。社会主义市场经济与文化的关系十分密切。它不仅是一种经济现象，也是一种文化现象。市场经济的基本价值观主要有平等、法治、自由、民主、务实、创新等，在带来新的文化价值观的同时，市场经济也带来一些负面的影响，如见利忘义、唯利是图、极端个人主义等。而我国传统文化源远流长，博大精深，在治国安邦、个人品德修养等方面，都给我们留下了宝贵的精神财富，能够有效地消除市场经济所带来的一些弊端。我们不仅要很好地继承传统文化中的精华，还要赋予其时代的内涵，促使其转型和更新，跟上时代发展的步伐。

企业文化变革通常是由上而下推行的，但是一种新的企业文化必须得到基层组织成员的普遍认同才能得到巩固和延续。一般而言，现代社会的企业文化变革主要有以下七种方式：①由传统文化向团队文化转变。②从等级文化向平等化转变。③由分裂状态向结合状态转变。④由独立状态向互为依靠状态转变。⑤由竞争状态向调整合作状态转变。⑥从经验型处事方式向勇于开拓的处事方式转变。⑦从本土化向全球化转变。

美国学者金·卡梅隆和罗伯特·奎因创建了一套诊断和启动企业文化变革的对立价值架构。这个架构通过广泛吸收各个层面的组织成员，分成几个小组进行问卷调查，并根据其结果绘制企业文化轮廓，反映出组织的基本特质，包括管理风格、战略计划、组织氛围、奖励机制、领导才能和一些基本的价值观。将企业文化的现状和理想状态进行对比，就可以发现企业文化变革的方向。由于事先进行了文化诊断，使组织成员达成了共识，不仅保证了文化变革的科学决策，也减少了变革的阻力。

企业文化变革是一个系统工程，需要对相关的各个环节进行周密的安排部署。一般来说，企业文化变革主要包括六个步骤：成立企业文化变革指导机构、明确企业文化需求、诊断企业文化现状、确定企业文化变革方向、制定企业文化变革方案、实施企业文化变革方案。

中国传统企业文化十分重视变革的有序性和可控性，其变革决策往往由领导层在对组织内外各种因素的调查和分析的基础上得出。八卦图是中国古人用来认识各种关键因素之间相互作用的工具，它为系统地掌握事物的现状和发展趋势提供了一个简便易行的手段。但是，随着时代的变迁，八卦图的一些关键要素已改变或失去了其原有的意义，过于原始的推算方式也限制了它的运用范围。因此，用现代管理的科学方法对八卦图进行改造，充分吸收其系统思维的精髓，构建企业文化八卦图（见图10－1），有助于人们从整体上准确认识企业文化的现状，并找到其变革的趋势和方向。

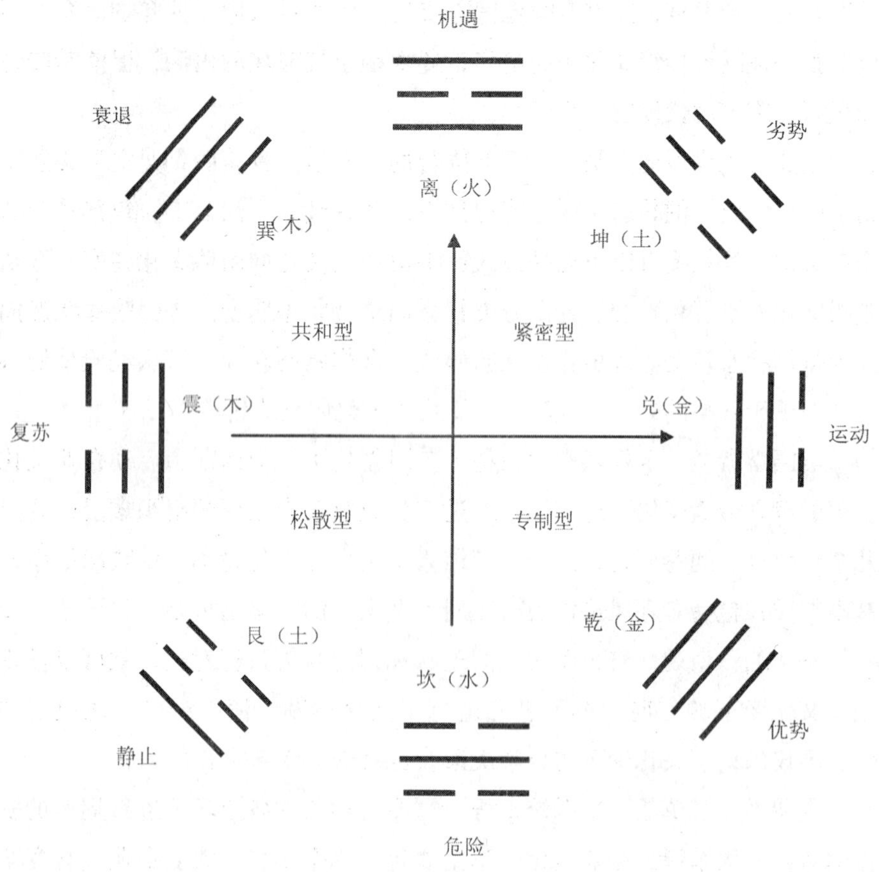

图 10－1　企业文化八卦图

一般来说，企业文化由组织的内部因素和外部因素相互作用而形成，中国传统企业文化强调天人和谐，更为重视组织内部结构与外部环境的协调性。根据组织内部的权威和财产分配两个维度的不同，中国企业文化可分为紧密、共和、专制和松散 4 种主要类型，而组织与外部环境的关系主要有八种关系，即组织在竞争中处于优势（乾）还是劣势（坤）、社会经济处于复苏阶段（震）还是衰退阶段（巽）、组织面临危险（坎）还是机遇（离）、外部环境是相对静止的垄断状态（艮）还是动态的竞争状态

（兑）。把内部因素和外部环境综合进行考虑，就能从中发现企业文化的现状和发展趋势。例如，在企业初创时期，由于力量弱小，在市场竞争中处于劣势（坤），但是创业者团结一致，勇于冒险，具有强烈的进取心（阳），组织文化属于紧密型，因而采取稳健（土）的领导风格比较适宜。当然，企业文化八卦图只是为人们提供了一种认识企业文化的方法和途径，其合理性和有效性还需要通过进一步的具体实践来检验和完善。

参考文献

[1] Pettigrew A. M. On studying organizational cultures. Administrative Science Quarterly，1979（24）.

[2] Martin，J. Managing Specialized Corporate Culture. In Gaining control of the corporate culture. San Francisco Jossey Bass，1985.

[3]［美］埃德加·沙因：《企业文化与领导》，中国友谊出版社，1989 年版。

[4]［美］约翰·科特、詹姆斯·赫斯克特：《企业文化与经营业绩》，华夏出版社，1997 年版。

[5]［美］金·S. 卡梅隆、罗伯特·E. 奎因：《组织文化诊断与变革》，中国人民大学出版社，2006 年版。

[6] 郑海航：《企业组织学导论》，中国劳动出版社，1990 年版。

[7] 韩岫岚：《现代企业文化建设》，上海人民出版社，1992 年版。

[8] 陈志强：《职业经理人：你以为你是谁》，机械工业出版社，2007 年版。

[9] 张正明：《晋商与经营文化》，世界图书出版公司上海分公司，1998 年版。

[10] 林南：《中国家庭和社会结构》，中央研究院民族学研究所硕士论文，1988 年。

[11] 李文达：《思利及人是企业价值观》，《经营者》，2006 年第 5 期。

（本章作者：贲恩正，男，贵州省罗甸县人，现任职于中国检验认证集团）

第三篇
国有企业与上市公司治理

第十一章　对于加强我国国有产权外部治理的探讨

一、引言

现代公司制企业的一个主要特征是所有权与经营权的分离，这就直接导致了委托—代理关系的普遍存在。通常情况下委托人通过与代理人订立或明或暗的契约，并且通过对代理人授予部分决策权，使得代理人代表委托人做出经营决策并从事具体的经济活动以达到委托人自身利益的极大化。而在信息不对称性情形下，委托人与代理人之间签订的通常是不完全契约，其特点是不可能在事前将所有可能发生的情况都纳入契约条款之中。在不完全契约和信息不对称的情形下，由于委托人和代理人双方的目标函数存在偏差，加之委托人对代理人的监督是有成本的、不完全的，这就极易导致代理人在具体的经营决策过程中做出违背委托人意愿的利己行为，即所谓的“道德风险”。“道德风险”通常表现为偷懒（Shirking）和机会主义（Opportunism）两个方面。要克服或防止代理人的道德风险就需要委托人给予代理人适当的、有效的激励来满足代理人的私利，同时也要花费一定的成本来对代理人进行监督。我国国有企业具有现代企业的一切特征，其中就包括所有权与经营权的分离，以及由此带来的委托—代理关系以及所有者和经营者之间利益冲突。然而与一般企业相比，国有企业的一个特殊性就在于国有产权的委托代理链条不仅仅存在于企业的内部，而且存在于企业的外部，这种多层代理关系就使得国有企业的代理问题显得尤为突出。国有企业的代理问题不仅体现为所有者与经营者之间的利益冲突，而且还体现为不同代理层的行为主体与最终股东之间的利益冲突，并使真正的所有者——广大人民的利益受到多重损害。因此，我国国有企业的治理问题就显得更加紧迫。20 世纪 80 年代开始的中国经济体制改革的核心内容就是国有企业制度变革，这项改革始终面对的一个突出问题就是要解决国有企业的治理低效问题，在这个过程中产权制度的创新始终处于核心地位。产权制度是社会经济运行的基础，有什么样的产权制度就有什么样的组织、什么样的技术和效率。由于国有产权的委托代理链条不仅存在于国有企业的内部，而且存在于国有企业的外部，所以在对国有产权的这种多级委托代理关系进行治理时，就不仅需要在国有企业内部进行治理，而且还需要进行国有产权的外部治理。要完善国有产权的外部治理机制，就是要通过相关制度的安排和机制的设定，实现对存在于国有企业外部的那些行使国有产权职能的责任部门与具体行为人的监督、约束与控制，以及企业外部国有产权受托人对内部代理人的监督、约束与控制。

本章主要分为三个部分：首先对 20 世纪 90 年代关于我国国有企业改革的两种理论观点进行阐述，并对目前关于我国国有企业治理低效的主流观点进行分析，在此基础上提出本文的两个理论命题。接下来，对我国国有产权的外部治理及其必要性进行探讨。本章的最后一部分，就我国国有产权外部治理机制的完善途径进行阐述。

二、相关理论观点回顾及命题的提出

20 世纪 90 年代，学术界对于我国国有企业改革形成了两种截然不同的理论观点，即产权论和市场论（聂辉华等，2008）。第一种观点（即产权论）认为导致我国国有企业治理低效的主要原因是国有产权过于集中，产权不明晰，使得没有人需要对国有企业的经营承担责任，也没有人能够分享国有企业经营的利润，这就不可避免地出现"所有者缺位"。而实际所有者缺位就直接导致代理成本过高，控制权和剩余索取权不对称从而导致激励机制的失效。因此国有企业改革的核心应该是产权制度创新，具体方向则是产权多元化。这种观点主要强调的是国有企业的内部激励，其代表人物有张维迎（1995）、樊纲（1995）、张承耀（1995）等。第二种观点为市场论，也被称为超产权论（beyond property - right argument）。刘芍佳和李骥（1998）首次将超产权理论引入我国，他们认为在考虑竞争因素后，企业的产权归属与其治理机制在长期的竞争均衡中是可以分离的，强调了充分地创造市场竞争的重要性。而市场竞争的充分性主要体现于市场的进入与退出机制的有效性及完善性。持这种观点的学者认为国有企业治理低效的主要原因在于国有企业所承担的政策性负担太重，因此要解决我国国有企业存在的一系列问题，首先必须创造充分的竞争性市场环境。这种观点主要强调国有企业的外部激励，其代表人物主要有林毅夫等（1995）、刘芍佳和李骥（1998）等。

客观地说，上述两种观点都有一定道理。创造竞争性的市场环境是国有企业作为市场主体参与市场竞争的必要前提条件。而当企业外部的竞争性市场环境发育到一定程度时，则要求进行产权改革，建立现代企业制度，完善企业内部的公司治理结构以进一步提高国有企业的绩效。回顾我国30年的国企改革历程，我们一方面从产权上优化了国有企业的内部治理结构，另一方面也从外部竞争环境上减轻了国有企业的政策性负担。当前，对于我国国有企业存在严重的治理失效问题的探讨，众多学者所关注的焦点大多集中于国有产权问题上，而把国有企业效率低下、治理失效的主要原因则归结于国有股股权过于集中（刘磊等，2004），因此认为当前国有企业改革的核心是要改变国有产权过于集中的局面，推行产权结构多元化的改革。具体来说，认为国有产权过于集中从而导致国有企业治理失效的观点主要有以下两种：

（1）国有产权过于集中，导致国有企业中国有股的“一股独大”，使得企业内部治理机制失灵。由于国有股的“所有者缺位”引致的种种代理问题，使得国有产权在公司治理中无法有效地行使产权职能，成为一种“低效产权”。相比之下，私有产权作为一种“高效产权”所带来的产权激励是一种“高能激励”（high - powered incentive），使得产权的所有者能够在公司治理中有效地行使产权职能。由于国有股的“一股独大”，使得低效甚至无效产权居于控股地位，从而使国有股股东控制着企业内部的股东大会、董事会、监事会，而作为“高效产权”的其他投资者则无法通过企业内部的法定组织程序有效地监督企业经营者。这就直接导致了国有企业的监督与约束机制无法正常地发挥作用，导致国有企业内部人控制问题的出现，从而使得国有企业治理低效。

（2）国有产权过于集中，就直接导致国有企业的目标多元化，使得国有企业治理低效。国有产权过于集中，在国有企业内部国有股“一股独大”，这就为政府的行政干预提供了机会和空间，从而导致政企不分。由于政府本身的目标存在多样性，加之政企不分，这就直接造成国有企业的目标多元化。而目标多元化则直接加大了作为委托人的国有资产所有者对作为代理人的企业经营者进行监督、计量与考核的难度，加之这种情况下存在严重的信息不对称，这就使得对经营者经营行为的激励不足、监督失效，从而导致国有企业的治理低效。

根据上述观点，我们必定要问，造成目前我国国有企业治理效率低下的根本原因是什么呢？是上述观点所言的国有产权过于集中以及与此相关的国有企业的目标多元化吗？如果进一步深入分析探讨，得出的答案并不是肯定的。

首先，国有产权过于集中、国有股“一股独大”对于国有企业公司治理的影响还不确定。目前对于股权是应该集中还是分散，股权结构与公司业绩关系的经验研究尚未有定论，如 Demsetz 和 Lehn（1985）就认为股权结构是股东寻求其自身权益最大化的内生约束，股权结构与公司业绩都应该是公司价值最大化的结果，因此股权集中度与公司绩效之间不应该存在确定的相关关系，并进一步通过实证检验验证了他的观点。Xu 和 Wang（1999）发现股权集中度与收益率间存在显著的正相关关系，但是与普通法人股股东控股的公司相比，这种正相关关系在国有股控股的公司中的表现要弱。Sun 和 Tong（2003）同样也发现国有股权会降低公司业绩。而 Sun 等（2002）和李涛（2002）却得出了相反结论；陈小悦和徐晓东（2001）、Tian 和 Estrin（2005）分别发现国有股权与公司价值之间存在不相关和非线性关系的不同结果。杜莹和刘立国（2002）发现，股权集中度与公司业绩呈显著的倒 U 形关系，同时国家股比例与公司绩效显著负相关。孙永祥和黄祖辉（1999），白重恩等（2005），徐莉萍、辛宇和陈工孟（2006）等分别得出大股东持股比例与公司业绩之间呈非线性、U 形、倒 U 形关系等不同研究结论。由上述实证研究结论可见，股权结构与公司绩效之间的关系目前并没有确定答案，国有股权集中度与其治理绩效之间的关系也不确定。由此，本章提出如下命题：

命题 1：国有产权过于集中，并不一定导致国有企业的治理低效。

其次，目标多元化也并不必定导致国有企业较低的绩效水平。一方面，国有企业的目标本身就是一个经济目标与非经济目标交织在一起的多重目标集合，具有非一元的特征。国有企业天生就必定同时受到非经济的——出于政治的或意识形态的考虑和经济的——出于实用主义的考虑这两种力量的影响（V. V. Ramanadham，1991），它们的非经济目标与经济目标总是盘根错节地交织在一起的（黄速建、余菁，2006）。目标的多元化虽然会提高国有企业的治理难度和成本，但是现实中并非所有具有多元目标的国有企业的治理绩效都一定低。相反，经过多年的国有企业改革，加强国有企业的内部治理，我国国有企业中不乏业绩突出者。另一方面，现实中的私营企业、民营企业或者外资企业等非国有企业，它们的目标同样也存在多元化的特征。因为即使是私营企业或民营企业，其企业家也会存在非经济理性的偏好和需求，而且在同一时期也可能存在多种目标，因而其具体的经营决策也存在多元化目标。而现实中很多私营企业或民营企业仍然表现出较高的治理绩效，很多甚至还高于国有企业的绩效。由此我们可以推断，问题的关键并非在于目标是否多元化，而更关键的可能在于这些目标是否各自定位明确，目标之间是否存在彼此冲突、是否能彼此配合协调等因素。目标多元化虽然容易导致信息甄别难度的加大和代理人的道德风险，容易引发内部人控制和治理成本的升高，但是只要各个目标明确且彼此间无根本冲突，就可以通过治理机制的优化设定来解决国有企业对代理人的监督与约束的问题。而从公司治理的意义而言，国有企业目标多元化本身可能带来的负面影响正是需要通过国有企业治理机制的设定和实施来加以解决，这也恰恰是国有企业治理机制应该承担的重要职能之一。因此，根本问题不在于国有企业是否目标多元化，而目标多元化也并不等同于目标含混不清或相互矛盾，所以不一定会带来国有企业治理的低效。由此，本章进一步提出如下命题：

命题 2：国有企业的目标多元化，并不一定导致国有企业的治理低效。

三、我国国有产权的外部治理及其必要性

根据上文的分析可知，国有产权过于集中以及与此相关的国有企业的目标多元化并不能成为当前我国国有企业效率低下的根本原因。国有产权过于集中从而致使国有企业内部国有股的“一股独大”，虽然较易导致政企不分与目标多元化，引起信息甄别难度的增加和代理人的道德风险，从而导致内部人控制和治理成本升高，但是不会必定导致国有企业的治理低效。在目标多元化、信息不对称程度加大和信息甄别难度提高的条件下，国有企业治理的关键在于是否能有效地行使国有产权职能，是否能够有效地对相关代理人进行激励和监督，以保证国有产权的权益。所以，就当前我国国有企业治理的现状而言，导致国有企业治理效率低下的关键因素就是国有企业治理机制还不够完善，从而使得国有产权职能不能充分、有效

地行使。而相对于其他类型的企业而言，国有企业具有一个重要的特殊性：国有产权的委托代理链条不仅存在于企业的内部，而且存在于企业的外部。根据委托—代理理论，我们大体上可以将我国国有资产委托代理链条从宏观上划分为三个层次。第一个层次是全国人民作为委托人将全民财产委托给国家代理。第二个层次是国家作为国有资产的所有者代表，以委托人的身份将国有资产委托给企业代理经营。第三个层次才是我们所熟知的企业内的委托代理关系，即股东与经理人之间的委托—代理关系、经理人员与普通员工之间的委托代理关系等。具体而言，这条贯穿于国有企业内部和外部的委托代理链条可以大致表示如下：

全国人民—全国人大—国务院—国有资产管理委员会—运营公司—一般国有企业—企业经理人员—企业内部职工

在上述多级委托代理链条中，每一个代理环节都存在着经典委托—代理理论所言的委托人与代理人各自效用函数的偏差。由于各级代理人都存在对自身利益目标的追求，加之在现实中委托人对代理人的监督与激励总是不完全的，那么就不可避免地出现委托目标在国有企业内外部的各个委托代理环节出现多级耗散。随着代理级数的增多，代理风险也逐级递增，而相关行为主体对国有资产保值增值的关心程度和产权保护的动机也随之衰减，从而势必引发代理问题。从公司治理的角度而言，目前学者大多都强调企业内部的委托代理关系的治理，即企业内部的产权治理，也即上述的第三个层次的治理。而对于位于国有企业外部的产权治理，也即前两个层次的委托代理链条的治理强调得还不够。而在前两个层次的委托代理关系中，第一个层次委托代理关系是由我国的根本法律制度所决定的，并且在长期内不会发生变化，因而不在国有企业治理的考虑范围之内。而第二个层次的每一个主体都存在双重角色，即既是委托人又是代理人、既是监督的主体又是监督的客体。这种双重角色就极易造成监督困难和产权职能行使失效，因此在现实中第二个层次的委托代理链条环节内就往往存在诸多问题。所以，根据委托—代理理论对上述国有产权的多级委托代理关系进行治理时，就不仅需要在国有企业内部进行治理——上述第三个层次的委托关系治理，还迫切需要对第二个层次的委托代理关系进行治理——也需要进行国有产权的外部治理。所谓国有产权的外部治理，是指在国有产权的多级委托代理链中，为实现对企业外部的各类行使国有产权职能的代理人以及企业外部的产权受托人对内部代理人的监督、约束与控制，而确立的各种代理链内部及外部的制度安排（刘磊、刘益、黄燕，2004）。国有产权的外部治理直接影响着相关责任部门的组织职能定位以及国有企业的内外部相关代理人的行为选择，这样也就直接决定了企业内外部国有产权职能行使的有效性。因此，我们需要能通过相关制度的安排和机制的设定来实现对企业外部行使国有产权职能的责任部门与具体的自然行为人的监督、约束与控制，以及企业外部国有产权受托人对内部代理人的监督、约束与控制，也就是说要完善我国国有产权的外部治理机制。由于目前我国国有产权的外部治理机制还不够完善，这就直接导致了我国国有产权职能未能充分、有效地行使，从而也未能起到对企业效率的有效促进作用。由于国有产权的外部治理机制不够完善以及产权职能未能有效行使，这就容易引发国有企业的内部人控制问题以及企业内外部代理人联合损害国有产权权益的共谋行为，从而最终导致国有企业的治理低效。

综合上述，目前我国国有企业治理低效的原因并非仅仅存在于国有企业内部，而一个更重要、更深层次的原因是：国有产权的外部治理机制不够完善从而使得国有产权职能未能充分有效地得以发挥。所以我们不仅需要从国有企业内部进行治理，还需要从国有企业外部进行治理，完善国有产权的外部治理机制。郑海航教授在对国有独资公司的公司治理理论进行阐述时，也指出需要从国有独资公司外部引入一种治理力与“内部人控制”力量相平衡，并进一步提出了“内外主体平衡论”的理论观点（郑海航，2008）。总之，要解决目前我国国有企业治理中存在的一系列难题，进一步提高国有企业的治理效率，就必须对我国国有产权外部治理机制的完善予以足够重视。

四、完善我国国有产权外部治理机制的主要途径

（一）在法律制度层面上还需进一步完善国有产权的相关法律与制度

国有企业存在的问题根源还在于产权制度上的缺陷。因为不同的产权制度，涉及不同产权主体获得的权力和利益，从而会有力地影响到企业和全体劳动者的积极性与主动性的发挥，对企业的运行具有决定意义的作用。因此，建立有效的国有产权法律保护体系是至关重要的。通过国有产权法律保护体系的建立和完善，就可以有效地控制国有企业内外部相关行为主体的机会主义行为的发生。党的“十六大”以来，我国国有资产管理体制取得了重大突破，企业国有资产出资人制度在实践中也日趋完善。在坚持国家所有的前提下，中央和地方政府分别设立国有资产监管机构依法履行出资人职责的工作局面已经基本确立，国家以所有者的身份依法取得国有资本收益的国有资本经营预算制度也付诸实施。在国有资产管理体制上，以国有资产“国家统一所有，中央和地方分级代表国家履行出资人”的体制替代了“国家统一所有、地方分级管理”的体制，这是制度创新上的一大进步。2008 年 10 月 28 日第十一届全国人民代表大会常务委员会第五次会议通过了《中华人民共和国企业国有资产法》。这部法律自 1993 年起草至今历时 15 年正式出台，这标志着我国在建立与完善国有资产保护的法律体系方面已经前进了一大步。而在此之前，国资委和其他与国有资产相关主体的行为还主要受《企业国有资产监督管理暂行条例》这一行政法规的约束，还没有专门针对国有资产的国家层面的法律。今后，在积极贯彻执行《中华人民共和国企业国有资产法》的同时，还需要进一步建立健全国资监管法规体系。要积极制定有关配套法规和规章，及时修订和调整现有的国资监管法规规章和规范性文件，对法律中未做明确界定的内容要

继续抓紧研究，对实施中遇到的情况要积极反映。

（二）在组织层面上要通过体制和机制的安排与完善以保证国有产权职能的有效行使

由于目前我国国有产权外部治理机制还不够完善，在国有企业的外部以及企业内外的边界处还存在着与产权相关的委托代理问题，这就容易导致国有产权职能行使的低效。在2003年国务院国资委成立以前，我国国有产权的职能分别由不同的政府部门来行使，这就造成了“九龙治水”的格局。在这种格局下，国有企业的权利、义务和责任不统一，管资、管人、管事相脱节，国有资产监管缺乏明确的责任主体，出了问题没有人真正负责，国有资产保值增值的责任也就不可能真正落实。这样，由于作为一个权利束整体的产权职能由不同的行政部门分别行使，这就使得产权职能的行使被人为地割裂开来，加之不同政府部门之间难以有效地协调配合，就容易造成多头管理、无人负责的国有产权职能行使低效甚至失效的局面。为了改变这一“九龙治水”的国有产权职能割裂行使的局面，国务院国资委于2003年成立了。国资委作为与政府的社会公共管理职能相分离的、专司国有资产出资人职能的机构，其成立的目的在于将分散于不同政府行政部门的国有产权职能集中起来统一行使，这就从组织体制上保证了我国国有产权职能的有效行使成为可能。虽然在国资委成立后不久，社会上出现了强烈针对国有企业改制中出现的国有资产流失现象的批评，但是事实表明当时国资委出台的一系列政策法规使过去国有企业改制中多见的国有资产流失问题得到了基本遏制（吕政、黄速建，2008）。这也在一定程度上证明了国资委的成立对于我国国有产权职能的有效行使起到了极大的促进作用。但是，对于国资委而言，这些治理制度的设立仅仅只是一个开始，而国资委本身的职能定位也一直受到不明确的质疑，所以还需要进一步解决国资委的职能定位问题。在实践中，国资委除了承担“出资人”角色外，还承担着国有资产监管和社会公共管理职能的角色。这样，对于企业而言，国资委既是“裁判员”，也是“运动员”，既是“老板”，也是“婆婆”。所以，国资委既带有经济组织的色彩，也带有政府部门的色彩，其身份和职能定位仍然存在模糊性，这也是今后需要解决的一个问题。而要真正地实现“出资人”职责的定位与到位，还需要建立包括有形制度与无形规则在内的一整套治理制度体系。由于产权的职能是一组由不同职能权利形成的权利束，要保证职能作用的正常发挥，不同职能的行使还需要相互协调、有机组合。因此，需要从体制和机制上确保国资委职责定位明确，通过制度化的程序既要保证相关部门职能的相对独立性从而避免可能存在的目标冲突，又要使得这些职能部门进行良好的协调与配合，从而充分地发挥国有产权的职能效应。与此同时，还要确保国资委与国有企业之间形成良好的互动关系，要在充分履行出资人职责和不直接干预企业正常的生产经营活动这二者之间实现良好的平衡，这些问题都是需要在进一步的具体体制和机制的安排与设定下来解决的。

（三）在市场层面上，要进一步完善各类市场机制。要充分利用兼并、收购、重组、破产等市场机制来改善国有企业的治理效率，这就与产权市场、证券市场、经理人市场等市场机制的完善有着极为密切的关系

1. 产权市场

只有建立健全的产权交易市场体系，才能保证国有资产的流动性。产权的可流动性是产权有效配置的基本前提之一。而产权流动要顺利进行，首先就要保证产权必须得到清晰的界定，其次还必须有完善的交易场所。传统体制下对国有资产主要实行实物管理，资产的货币化程度很低，横向流动受到很大限制。国有资产经营状况之所以不令人满意，相当数量低效和无效配置的国有资产不能流动是一个重要原因。而在产权交易体系还不完善的情况下，国有资产产权转让中又容易导致国有资产流失的情况发

生。因此，政府必须针对国有资产产权的转让向全社会提供的一个基本的制度化的平台，应当制定相应的规章制度来规范国有资产的交易行为，防止和减少国有资产在转让中的流失现象。首先，国家要使国有产权明晰、产权结构合理，使国有企业资产出售获得等价交换的条件。其次，国家应对国有资产从主要以实物管理为主转变为以价值管理为主，实行资本经营。应当提高国有资产的货币化和证券化水平，同时加快证券市场的建设，从而逐步完善产权交易的市场体系，形成国有资产转让的正常秩序。

2. 证券市场

在现代企业的公司外部治理机制中，通过实施企业间的并购可以撤换经营不力的管理者、改造经理层，进而改变公司的绩效。而以国有股、法人股协议转让为主要形式的公司重组是我国证券市场对亏损国有企业进行外部治理的基本内容。随着我国证券市场的逐步规范化和完善化，公司重组作为国有企业扭亏为盈、快速提高经营业绩的途径，无疑会发挥巨大作用。但是，当前我国证券市场的发育还很不完善，证券市场的外部治理机制还未能发挥良好作用。这主要表现在两个方面：一方面，提供国有企业资金的个人股东无法有效地对公司提供管理和监督等支持作用；另一方面，对具有垄断管理权力的股东缺乏相应的约束制衡机制，从而极大地影响了公司治理的效率。此外，证券市场的完善程度，还直接影响着股东根据市场行情对经理人的业绩进行评价。对于已经上市的国有企业，其公司治理的基本目的之一就是在兼顾公司各利益相关者的基础上，实现股东回报的最大化。而只有在证券市场比较完善的情况下，企业的经营业绩才能在股价的涨落中得到体现，这样“用脚投票”的机制才能发挥作用。当股民认为公司经营状况不佳时，就会及时地抛售掉手中的股票，完成其“用脚投票”的权利，这样就会直接影响到公司的股价，从而直接对公司经理人起到约束制衡作用。

3. 经理人市场

在现代企业两权分离所造成的委托代理关系下，经理人的行为具有较大的自利空间与激励，所以需要通过经理人市场的建立与完善，来对公司经理的具体经营行为起到较强的约束作用。所谓完善的经理人市场主要是指经理人员可以在价格机制的作用下自由流动。经理人市场的建立与完善是降低国有企业的内部代理成本和代理风险的重要途径。只有建立完全市场化的经理人配置机制，以经理人的企业家才能和综合素质为标准，才能形成完全由公司董事会根据透明、合理的程序和公司内在的需求独立地选聘经理人的用人机制。只有存在完善的经理人市场，才能使得没有能力和责任心的经理人随时都面临着被经理人市场中的优秀经理人所替代的可能性，才能对现有经理人造成有效的约束与制衡，从而国有企业也才能在市场机制的引导下优化其自身的人力资源配置结构。目前我国经理人市场还很不成熟，国有企业经理人的职业化进程缓慢，这就迫切需要一方面注重在国有企业内部培育经营管理人员；另一方面更要建立一个公平公开、充分竞争的外部经理人市场。

（四）在配套服务层面，要重视各种相关的中介机构、自律组织和媒体组织的评价与监督力量

除了上述的法律制度、组织和市场层面之外，国有产权的外部治理机制还应该包括各种中介机构、自律组织和媒体组织等社会力量的评价与监督作用的发挥。比如，在我国会计师事务所、律师事务所等机构对于企业的治理就存在极大的影响。就目前而言，这些中介机构作用的发挥还存在很大空间，而且其诚信度也有待于进一步提高。另外，媒体宣传对于企业的声誉也存在很大影响，因此要重视媒体组织对于企业起到的制约和监督作用。所以，要提高国有企业的治理绩效，就要充分利用和发挥中介机构、自律组织和公众媒体等组织的外部治理作用。

参考文献

[1] Demsetz, Harold and Kenneth Lehn. The Structure of Corporate Ownership: Causes

and Consequences. Journal of Political Economy, 1985, 93 (6).

[2] Ramanadham, V. V. The Economics of Public Enterprise. London: Routledge, 1991.

[3] Sun Q., Tong W. H. S. China Share Issue Privatization: The Extent of Its Success、Journal of Financial Economics, 2003, 70 (2).

[4] Sun Q., Tong W. H. S., and Tong J. How Does Government Ownership Affect Firm Performance? Evidence from China's Privatization Experience. Journal of Business Finance and Accounting, 2002, 29 (1).

[5] Tian L., S. Estrin. Retained State Shareholding in Chinese PLCs: Does Government Ownership Reduce Corporate Value?. William Davidson Institute Working Paper, No. 750, 2005.

[6] Xu, Xiaonian, and Wang, Yan. Ownership Structure and Corporate Governance in Chinese Stock Companies. China Economic Review, 1999 (10).

[7] 白重恩、刘俏、陆洲、宋敏、张俊喜：《中国上市公司治理结构的实证研究》，《经济研究》，2005 年第 2 期。

[8] 陈小悦、徐晓东：《股权结构、企业绩效与投资者利益保护》，《经济研究》，2001 年第 11 期。

[9] 杜莹、刘立国：《股权结构与公司治理效率：中国上市公司的实证分析》，《管理世界》，2002 年第 11 期。

[10] 樊纲：《论当前国有企业产权关系的改革》，《改革》，1995 年第 1 期。

[11] 黄速建、余菁：《国有企业的性质、目标与社会责任》，《中国工业经济》，2006 年第 2 期。

[12] 李涛：《混合所有制公司中的国有股权——论国有股减持的理论基础》，《经济研究》，2002 年第 8 期。

[13] 刘磊、刘益、黄燕：《国有股比例、经营者选择及冗员间关系的经验证据与国有企业的治理失效》，《管理世界》，2004 年第 6 期。

[14] 刘芍佳、李骥：《超产权论与企业绩效》，《经济研究》，1998 年第 8 期。

[15] 林毅夫、蔡昉、李周：《国有企业改革的核心是创造竞争的环境》，《改革》，1995 年第 3 期。

[16] 吕政、黄速建：《中国国有企业改革 30 年研究》，经济管理出版社，2008 年版。

[17] 聂辉华、涂晓玲、杨楠：《竞争还是产权——对国有企业激励机制的经验考察》，《教学与研究》，2008 年第 1 期。

[18] 孙永祥、黄祖辉:《上市公司的股权结构与绩效》,《经济研究》, 1999 年第 12 期。

[19] 徐莉萍、辛宇、陈工孟:《股权集中度和股权制衡及其对公司经营绩效的影响》,《经济研究》, 2006 年第 1 期。

[20] 郑海航:《内外主体平衡论——国有独资公司治理理论探讨》,《中国工业经济》, 2008 年第 7 期。

[21] 张承耀:《内部人控制问题与中国企业改革》,《改革》, 1995 年第 3 期。

[22] 张维迎:《从现代企业理论看国有企业改革》,《改革》, 1995 年第 1 期。

(本章作者:姜昭,男,湖北荆门人,中国人民大学商学院企业管理专业博士研究生)

第十二章 基于产权制度视角的新国企研究

——以中国海油为例

从2003年开始，“新国企”概念及现象成为学术界和企业界热议话题，有人为“新国企”现象欢呼，认为中国转轨中群体性出现的“新国企”现象，有可能吸引国际瞩目，甚至成为转型经济学研究的一大热点，并将对国有银行改革以及世界其他发展中国家国企的改革与发展产生有益的启示；也有人对“新国企”现象感到担忧，他们认为“新国企”现象的背后涌动着新一轮的“国进民退”的浪潮，在这股浪潮中，大型国企利用自己的优势跑马圈地、大肆扩张，其结果是它们在市场中的垄断地位逐渐增强，尤其是在垄断领域的竞争性环节，国有经济的比重出现了由下降转为上升的态势，而此举必将加大垄断行业改革的难度，这也是与国企改革总体方向相悖的；在这些对“新国企”现象持怀疑态度的学者当中，甚至有人认为，“新国企”尽管在形式上是股份制企业，有些甚至已经是上市公司，但实质上其企业体制还是承包制，因为国家仍然是大股东并有绝对控制权，国家激励企业经理人员的主要办法还是利润分成及行政控制……那么，到底什么是“新国企”？它与老国企之间存在哪些区别？究竟应该如何认识“新国企”现象？这种现象对国企改革来说是成功还是倒退？本章试图从产权制度入手并结合中国海油案例来研究上述问题，以期揭示“新国企”的本质特征，阐明“新国企”现象的理论依据和现实意义，并就如何深化国企改革特别是产权制度改革做些理论层面的探讨。

一、文献综述

从现有文献来看，最早较为正式述及“新国企”一词当是韦三水[①]，早在2003年4月初，作为《今日东方》主笔的韦三水发表了《新国企群落——三国鼎立时代的到来》一文，该文比较正式地述及“新国企”（新型国有企业）一词，并将其与大型民营企业、跨国公司并驾齐驱，认为新国企群落可划分为两类：一类是在竞争中壮大的市场化新型国企，如海尔、TCL、长虹；另一类是传统的新型国企，如华润、中粮、中石化、中联通、一汽。不管是市场化新型国企还是传统的新型国企都基本具备了现代企业的共性：明星级企业领袖、鲜明的企业形象、现代公司治理结构、完整而清晰的产业链条、良好的融资渠道、初步的跨国战略、行业领导者。文章认为，除了保留国有控股权不变外，新型国企的新目标已经和任何民营、跨国公司没有什么两样。

2003年4月6日，国务院国有资产监督管理委员会（以下简称国资委）在北京正式挂牌，这标志着近10万亿元国有资产将面临重大的监管变革。4月底，《今日东方》又发表了吴先明的文章《新国企破题》，吴文提出，新国企主要新在以下五个方面：一是市场化生存方式；二是顾客导向的经营理念；三是明晰的经营战略；四是勇于创新的企业家精神；五是建立了新型的企业文化。吴文认为，“新国企”现象促使了外资、国有资本与民营资本三种资本力量的竞合，有利于中国经济结构的调整。同年5月6日，《光明日报》刊发了吴先民的《“新国企”新在何处》，由此引发了一场涉及学界、企业界、政界的关于“国有经济（国有企业）在中国何去何从”的辩论。由于正值新一届政府开始走马上任之际，加之中国于两

① 已有文献将韦三水视为现代新国企论和分化论的提出者。

年前加入了 WTO，需要逐渐兑现 WTO 承诺，更需要紧锣密鼓地与国际接轨，因此这场辩论比以前的类似辩论具有了更务实、更深远的意义。

几乎在同一时间，李震中、剧锦文等学者也提出“新型国企”的概念。剧锦文（2003）认为给“新型国有企业”下一个准确定义比较困难，但可以对其表现出来的外在特征和内在特征加以描述，“新国企”具有五大内在特征：第一，“新国企”的产权结构呈现出明显的多元化；第二，“新国企”拥有独特的企业治理结构；第三，“新国企”拥有独特的管理模式；第四，“新国企”高度重视企业经营战略；第五，“新国企”具有鲜明的企业文化。剧文特别提到从产权结构来看，“新国企”的产权结构呈现出明显的多元化，通常此类企业是由若干子企业或孙企业共同组成，有的是企业集团，有的采取总公司模式。下属企业的产权结构差别很大，其中有的可能是完全的国有企业，有的是股份制企业，有的是中外合资企业，有的则干脆就是私有企业。不同产权结构的企业共同构成一个具有产权混合特征的更大的企业组织，而在该组织中，国有产权在企业产权结构中仍然占有十分重要的地位，这就保证了其国有性质，这也正是新国企同私营企业的本质区别。剧文认为，拥有这种产权结构的企业其最大优势在于实现了资本的社会化和“利益均沾”，一方面，作为国有企业它可以享受到来自政府的各种“偏爱”和政策优待；另一方面，作为股份公司它又可以到资本市场实现资金融通。

国资委研究中心的赵晓（2005）较为系统地阐释了“新国企现象”，清晰地概括出了“新国企”的五大特点：一是政策性包袱几乎没有或者已经解除；二是企业治理结构完善；三是企业管理完善；四是效率很高；五是市场竞争力强。赵晓按包袱是否消除、治理结构是否完善（是否已经实行公司制改造）、管理是否规范（“三项制度”改革是否到位）、竞争力是否强大（在行业是否排前三名）四项指标对当年 178 户中央企业进行了分类，发现四个指标全部符合的新国企已达数十家，这也充分说明“新国企”已作为群体性现象出现在中国经济社会中。赵晓预言：中国的转轨中群体性出现的“新国企”现象有可能吸引国际瞩目，甚至成为转型经济学研究的一大热点，并将对国有银行改革[①]以及世界其他发展中国家国企的改革与发展产生有益的启示。

金碚、黄群慧（2007）指出，从语义上理解，“新型国有企业”当然是相对于原来国有企业或者说老国有企业而言，而从现有的文献看，被称为“新型国有企业”的企业至少有这样几类：一类是由“拨改贷”方式投资形成，并在市场竞争中自我积累、自我发展起来的注册为“全民所有制企业”的企业。二类是非国有资金投资建立的注册为“全民所有制企业”或者“国有企业”的企业。此类企业通常被称为戴“红帽子”的非国有企业。这类企业在研究“新国企”时不具有典型意义。三类是改制为股份公司、有限责任公司的国有企业，这类企业是股权多元化的，但国有股东是最大股。四类是国有控股的上市公司。五类是各级国有资产管理公司。六类是大型国有独资公司。七类是在竞争性行业中，完全通过参与激烈的市场竞争发展壮大起来的知名国有企业。这类企业一般被认为是最典型、最具代表性的“新型国有企业”。文章指出，新型国有企业与老国有企业的本质区别在于，它是市场经济条件下的独立的市场竞争主体，也就是说市场化导向的独立竞争主体是它的本质特征或属性。典型“新型国有企业”就是位于竞争性市场环境中，具有现代企业产权制度和市场化企业管理体系的国有企业。该文特别强调，“新国企”并不一定是成功的国企，企业的经营业绩和成败也不是判断“新国企”的标准。由于“新国企”进行了改革，克服了许多老国企的弊端，更能够适应市场竞争，因而具有更大成功的概率。而在性质上，“新国企”恰恰是可能失败甚至破产，并且必须自己承担其后果的国有企业，正因为这样，才具有很强的竞争动力；而老国企则是通常不会破产，即使破产也不承担后果（只是关、停、并、转后由政府负责善后）的国有企业。

最近，韦三水（2009）在《北大商业评论》上发表文章再次系统地总结了“新国企”的“四新”：产权结构多元化、灵魂人物掌舵、市场导向、

---

① 因为银行既不能私有化又不能卖给外国人且不能维持现状，因此改革的取向只能是“新国企”。

全价值链战略，认为这些才是“新国企”的典型特质①。

关于“新国企”概念以及新、老国企的本质区别问题，李荣融②（2006）在一次国务院新闻发布会上指出，“新国企”新在“活力”上，新和老的区别，本质在于“活力”。老国企缺少活力，但是，“新国企”充满活力。结构③调整后，要按经济规律办事，不按规律办，无论什么所有制都办不好。

上述文献或者观点基本上都是从正面肯定“新国企”以及“新国企”现象的，但在理论界和学者当中，也不乏怀疑、质疑和观望者。

香港大学研究员肖耿（2004）在《第一财经日报》撰文指出，现在的“国企不仅规模大，而且占据重要的战略或垄断地位。这些国企形式上是股份制企业，有些甚至已经是上市公司，但实质上其企业体制还是承包制，因为国家仍然是大股东并有绝对控制权，国家激励企业经理人员的主要办法还是利润分成及行政控制”，而当这种承包制“被用于国有企业时，道德危机问题就出现了：企业管理者和职工可以与国家分享利润，但不可能分担亏损及负债，因为企业的亏损及负债可以远远超过工资及奖金，企业也就不顾亏损及负债的风险去追逐利润。承包制在国有企业实行的结果往往是利润或资产的流失及私有化，及亏损及债务的国有化、社会化，中航油只是又一个新的案例”。

张维迎（2007）也在“创造价值，贡献中国·共创中国商业价值十年”的主题研讨会上戏称，“以前是民营企业稍不留神就赚钱，现在是国企稍不留神就赚钱”，他认为，最近几年国企赚钱的原因之一是整个市场环境的变化，特别是上下游产业的优劣地位发生了变化，“上游的国企赚钱，有一个原因就是下游的民营企业发展得非常好，创造了一个巨大的市场需求”。谈到国企的利润和垄断的关系，张维迎以电信行业为例说，尽

① 韦三水：《“新国企”新在哪儿?》，《北大商业评论》，2009 年第 10 期。

② 这是 2006 年 12 月 19 日国务院新闻办举行发布会，请国务院国有资产监督管理委员会主任李荣融介绍国资监管工作进展和中央企业改革发展等方面情况时，李主任回答记者提问所表达的观点。

③ 指国企产权结构或股权结构。

管20世纪90年代分拆电信，使市场上竞争的关系发生很大变化，但如果中国也像英国那样拍卖电信营业牌照，在竞争的市场上，我们的电信行业恐怕就没有多少利润了。不过，张维迎也承认，“新国企”确实与过去发生了很大变化。特别是大部分的国有上市公司，不论是在海外上市还是在A股上市，都增加了透明度，治理结构也有很大改善。

如果肖、张观点仅仅是个别学者对“新国企”及其所引发的负面问题的一种思考，可以被视为非主流观点，那么，国家发改委宏观经济研究院“深化中央企业改革”课题组（2007）所发布的研究报告则多少代表了官方对当前国企特别是中央企业改革的一种隐忧或者不满的态度。该课题组在报告中指出，当前中国国有企业改革存在多个新误区，国企以盈利能力强为理由盲目扩张，在竞争性领域“与民争利”，挤压民营企业的发展；在国企改制过程中出现的外资化倾向令人担忧；而国资委对国企的管理也仍未理顺。报告指出，最近几年伴随中国宏观经济持续高速增长，国有企业特别是中央企业也借助规模、资金等优势，开始了新一轮跑马圈地式的“新国资运动”，出现前所未有的高增长和高盈利。特别是在一些垄断领域的竞争性环节，国有经济的比重由下降转为上升，不少地方政府加大对竞争性领域的投资，重现新一轮低水平的重复建设；而中央企业“好大喜功”，盲目扩张，存在强烈的做大冲动。报告认为，这种“新国资运动”有三大弊病：第一是直接影响到市场化水平和国民经济的运行效率，并挤压民营企业的发展，与民争利；第二是国有资产重新投资经营性领域，经营性国有资产过于庞大，将增加监管难度；第三是在国有企业内部人控制、预算软约束和低效率等问题仍客观存在的情况下，以盈利能力强为理由盲目扩张可能暂时掩盖国企低效率的本质，如果忽视进一步的改革，国企暂时的繁荣或导致体制的复归。报告指出：“不论是国有资本要保持‘绝对控制力’的七大行业，还是要保持‘较强控制力’的九大行业，大都是第二产业中的主要行业，遍布非竞争性领域和竞争性领域，中央企业分布面仍然过宽。”报告认为，这种行业分布，导致国企在竞争性领域“与民争利”，利用政府背景瓜分市场份额，破坏市场竞争的公平性，并培养出特殊利益集团，降低国民经济运行效率和全民福利。另外，央企垄断集中度逐步增强，造成国民经济对其依存度提高，亦加大了经济运行风险。

综合上述各方观点，笔者认为，从中国改革渐进式发展的思路来看，“新国企”概念及其现象也应是一个不断发展、完善且与时俱进的研究问题，但不管怎样，“新国企”始终代表着国企改革的目标和方向，代表着中国经济的实力和形象，代表着中国社会主义市场经济的真实水平和程度，它不但要承担传统国企作为国民经济支柱和执政党物质基础所赋予的政治、经济和社会责任外，还要承担发挥国有经济的控制、影响和带动作用，建设创新型国家的主体作用，参与国际经济合作和竞争的龙头作用以及在构建社会主义和谐社会中的阵地作用等诸多新的历史使命，而要实现上述代表及其使命，“新国企”必须具备以下这些典型特质：坚持产权制度改革优先，实现产权结构多元化；坚持完善企业治理结构为主，兼顾发挥和激励企业灵魂人物的领导作用；坚持顾客导向的经营理念，走市场化竞争发展道路；坚持效率优先，兼顾公共利益；坚持业绩导向优先，兼顾社会责任；坚持企业内部治理优先，加强国资委以及资本市场的外部监督和评价；坚持长期盈利能力的提高，兼顾短期盈利水平的改善；坚持在非竞争性领域有所作为，在竞争性领域有所不为。换句话说，只有具备上述典型特质的国有企业才能称得上是“新国企”，上述典型特质也就是新、老国企的主要区别，而其最本质的区别应该体现在产权制度[①]上的区别，其具体表现有以下几点：

老国企在产权制度上存在以下弊端：产权主体虚置，全民负责，实际上是无人负责；产权边界不清，资本金、产权数量“一锅粥”，界定不清；产权结构单一，只有抽象的唯一的所有权，没有建起所有权权能结构的“产权束”，不能自负盈亏；产权关系不顺，政企不分，政资不分，企业挡不住政府干预；产权配置凝固化。而新国企在产权制度上呈现出新的特

① 本章所述产权是与一定财产相关联的一组权利，包括所有权、占有权、支配权、使用权和收益权，而产权制度是指既定产权关系和产权规则结合而成的且能对产权关系实现有效的组合、调节和保护的制度安排。产权制度的最主要功能在于降低交易费用，提高资源配置效率。

征：新国企的产权结构大多呈现出明显的多元化，通过重组上市、引入国际资本和管理者等方式实行了股份制改造，形成多元化的产权模式；“新国企”的控股成本大大降低，但丝毫没有影响国有资本对企业的控制权；有的国企通过产权制度（主要是股份制）改造，国有资本仅需占 33.34% 便可确保国有资产在国企中的地位不被削弱，更加可喜的是，国有资产地位没有削弱，但是企业活力却大大增强了；“新国企”的经营完全由企业自己决策，不是根据任何个人的意志，而是根据市场的供给和需求变化来决策，正是由于这种以市场为导向的经营策略，使得新国企拥有成功驾驭市场的能力；伴随产权制度改革，“新国企”的企业治理结构也得以完善和发展，股东大会、董事会和监事会的制衡关系成为企业重要的内控机制，特别是董事会在企业治理中的作用尤其突出。下面笔者将从理论层面和实践层面对此做进一步的阐析。

二、“新国企”现象的理论依据

为什么说“新国企”要坚持产权制度改革优先，实现产权结构多元化①呢？或者说，为什么新、老国企最基本也是最本质的区别是产权制度上的区别呢？笔者认为其理由有以下四点：

（1）国有企业改革首先要解决改革的基本模式问题，而当今世界国有企业改革主要有三种基本模式②：混合经济模式、资产委托模式、董事结构模式。其中，董事结构模式在全部国企改革模式的比例在 3% 以下，而资产委托模式占比达到 40% 以上，混合经济模式占比达到 50% 以上。这就

① 这种产权结构多元化的实现途径主要是通过在企业组织形式方面引入公司制、在企业资本组织形式方面引入股份制来实现的。

② 清华大学搞了一个全世界国有企业改革的案例库，总结发现了这三种国企改革的基本模式。

是说，从世界经验来看，国有企业改革的基本模式主要还是混合经济体制，这与我国国有企业改革方向是一致的，这种混合经济体制是在现有产权基础上实现混合经济体制，也就是实现产权结构多元化。

（2）这是由我国社会主义市场经济体制决定的。2003 年党的十六届三中全会①正式提出要“积极推行公有制的多种有效实现形式，加快调整国有经济布局和结构。要适应市场化不断发展的趋势，进一步增强公有制经济的活力，大力发展国有资本、集体资本和非公有资本等参股的混合所有制经济，实现投资主题多元化，使股份制成为公有制的主要实现形式……完善国有资本有进有退、合理流动的机制，进一步推动国有资本更多地投向关系国家安全和国民经济命脉的重要行业和关键领域，增强国有经济的控制力”。股份制成为公有制的主要实现形式，既可以便于筹集社会闲散资金，也有利于使企业所有者具体化，有助于在企业所有者、经营者和企业员工之间建立制约关系，股份制适应了资本所有权和市场主题多元化的需要，能够协调利益主体多元化和社会化的矛盾，可以更好地适应市场经济高度发展的要求，是一种非常有效的现代企业组织形式。股份制有利于所有权和经营权的分离，有利于提高企业和资本的运作效率，只要企业控股权掌握在国家资本手中，那这个企业就是国有控股企业，就是公有制经济的具体体现。通过股份制国有资本可以吸引和组织更多的社会资本，放大国有资本的功能，整体上提高国有经济的控制力和影响力。

（3）国企通过产权制度改革可以解决国有企业的“真正所有者”缺位问题以及主管部门及其官员的惰性问题②。国企虽名义上是全民所有，但实际上全民只是作为一个整体概念上的所有，全民不可能对国企进行有效监督；再者，全民也根本没有或无法把国企资产的保值、增值作为自己的

① 可参见十六届三中全会通过的《中共中央关于完善社会主义市场经济体制若干问题的决定》。

② 这种惰性问题具体表现为他们很可能缺乏真正关心国有资产的内在动力激励。

“内化动机及任务”。刘大洪[①]指出：西方的公司治理结构中，无论是家族集团还是机构投资者，其最终的“委托人”（即所有者）都是清楚的自然人。所以，西方的公司治理结构之链条中，只可能在一个环节上（即经营者环节）出问题；而中国却可能在经营者和所有者两个环节上出现问题。经营者环节出了问题，只不过是下游，通过迅速更换经营者即可解决；但若所有者环节出了问题，则是上游、是根源，有可能导致整个链条崩溃。另外，国有资产虽是“国家所有”，但国家本身并非一个像自然人一样的生命体，它必须将国有资产的所有权转交给有关的政府部门及其官员去“代理”，在此过程中，就可能滋生腐败。通过对国企进行产权制度改革，变原来的单一国有为混合所有，从国有股份中派生出法人股和私人股（或社会公众股），整个企业的股份结构中既有国有股也有私有股，是一种混合所有制，它并不是像西方那样彻底私有化，但却同样能实现其精髓（即激励“确定的人”去关心、维护、监督企业的经营状况）。国有企业通过产权制度改革实现了股权多元化，即使企业股份都是或者绝大部分仍然属于国家所有，但因为分别由多家职能部门来代替国家行使所有者权益，因此任何一家都不可能再单独控制企业，只能各自派出代表组成董事会，共同负责企业重大问题的决策。原来的政府部门自然无法单独指挥和干预企业，政企不分的问题相应就能够得到解决或者大大淡化了。

(4) 从中国和世界发展的潮流来看，实行股权多元化的国有企业的绩效普遍好于独资公司。国有企业进行公司制股份制改革从而实现股权结构多元化，能有效地提高企业效益和竞争力。许多研究国有企业和股份公司业绩的报告表明，国有企业引进新投资主体后，企业绩效一般能够得到不同程度的提高，而股份公司一般又比国有独资公司绩效要更好一些，如表12－1所示。

至于国企如何进行产权制度改革实现股权多元化，从过去苏联和东欧部分社会主义国家剧变后比较成功的改革经验来看，可归纳为以下三种

① 李华振、张昕：《论人力管理的改良和革命趋势》，《企业活力》，2002年第10期。

表 12－1　国有独资公司与其他所有制企业财务＋绩效比较（2004）

所有制形式	总资产周转率（%）	总资产报酬率（%）	销售利润率（%）
国有独资公司	54	3.32	6.12
其他有限责任公司	81	5.37	6.67
股份有限公司	85	8.04	9.38

资料来源：首都经济贸易大学课题组：《国有独资及国有控股公司董事会与监事会关系研究报告》，2007 年 12 月 6 日。

方法：第一种是无偿私有化模式，这是捷克当初采取的办法，它将国有企业的资产除一部分依法退赔给原所有者以外，大部分用发私有化券的办法，无偿平均分给全国 18 岁以上的居民。第二种是匈牙利模式，主要经过比较严格的资产评估，然后根据企业规模大小分类处理：对大型企业可以通过规范的公司制改组，进入股票市场，以股票的形式上市出卖；而对中小型企业，则允许其直接进入产权交易市场公开拍卖或转让。第三种是波兰模式，通过组建多家国有资产经营公司，分别领导一批国有企业。然后通过公司制改组，强制分拆企业的股份，分别交由其上级主管经营公司持股，或由各资产经营公司交叉持股和委托其他公有法人持股，并相应负责国有产权的保值增值。以上三种方法中，除第一种不适合我国之外，其他两种方法对我们均有较大的现实借鉴意义，特别是波兰模式，更是我国国有企业进行产权制度改革惯用的方法。

三、案例分析：中国海油的产权制度变迁

以上从理论层面分析了“新国企”现象的内在产权逻辑，下面将以中国海油的产权制度改革为例从实践层面来论证新、老国企在产权制度上的具体区别，并进一步阐明新国企产权制度的优势所在。

中国海洋石油总公司（以下简称中国海油、总公司或集团）是中国最

大的海上油气生产商。公司成立于1982年，注册资本949亿元人民币，总部设在北京，现有员工5.7万人。

2008年，中国海油全年实现营业收入1948亿元，利润总额678亿元，集团总资产4095亿元，净资产2059亿元。表12－2揭示了中国海油历年各项财务指标（公司业绩）的具体情况。根据该表可知，中国海油2001～2008年的营业收入、利润、净资产、总资产业绩指标均实现逐年连续增长，复合增长率分别为27.7%、27.7%、19.3%和24.1%，在这短短的8年时间内，中国海油的营业收入增长了6.1倍，利润也增长了6.1倍，净资产增长3.1倍，总资产增长4.6倍。从中国海油公司成立到2008年的27年内，该公司营业收入增长486倍，利润增长1694倍，净资产增长92倍，总资产增长145倍。我们再来考察一下中国海油历年上缴国家利税费的情况，如图12－1所示，不难看出，从2000年开始，中国海油上缴国家利税费呈现快速增长态势，而这个时间点正是该公司着手产权结构多元化改革的起步时间。正是通过一系列产权制度的变革（改革重组、资本运营、海外并购等重大举措），中国海油实现了企业脱胎换骨式的变化，公司规模不断发展壮大，企业绩效逐年快速增长，公司也由一家单纯从事油气开采的上游公司，发展成为主业突出、产业链完整的综合型能源集团，形成了上游（油气勘探、开发、生产及销售）、中下游（天然气及发电、化工、炼化、化肥）、专业技术服务（油田服务、海油工程、综合服务）、金融服务以及新能源等产业板块。中国海油的这一系列的产权制度变革，正是其由传统老国企蜕变为新国企的过程，通过考察此一转变过程，我们可以清晰地阅读出新、老国企在产权制度上的根本区别。

成立于1982年的中国海洋石油总公司，相当于国务院直属局级，归口石油工业部领导，由石油工业部副部长秦文彩担任总经理。当年3月在天津塘沽石油工业部海洋石油勘探局的基础上成立渤海石油公司。6月在广州成立南海东部石油公司，在湛江石油工业部南海石油勘探指挥部的基础上成立南海西部石油公司。7月在上海成立南黄海石油公司。这四个下属地区公司成立后分别负责各海域的油气勘探开发工作。

表 12－2 中国海油历年财务主要指标（业绩指标）比较

金额单位：10 亿元

项目 \ 会计年度	1982	2001	2002	2003	2004	2005	2006	2007	2008
营业收入	0.4	27.6	34.3	53.86	70.9	88.9	132.4	162	194.8
利润	0.04	9.6	11.7	14.98	24.2	38.8	49	56.5	67.8
净资产	2.2	50.1	59.1	68.47	83.1	105.5	137.1	167.6	205.9
总资产	2.8	73.0	97.1	119.8	153.3	191.4	250.7	309	409.5

资料来源：根据中国海油总公司公开披露的数据整理而成。

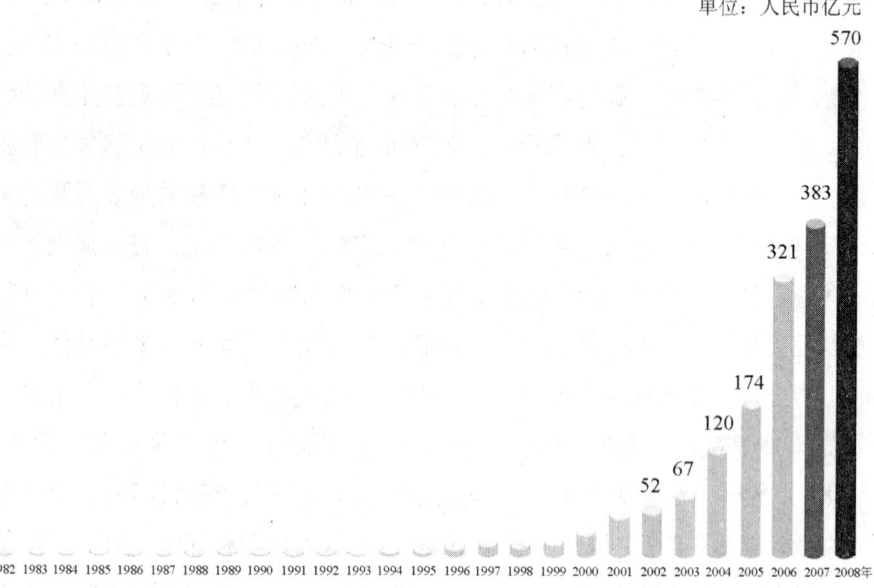

图 12－1 中国海油历年上缴国家利税费变化示意图

这一时期的中国海油公司具有一般老国企都拥有的特点：

（1）产权主体的单一化，企业的产权结构也很单一，无论是总公司还是子公司都是以国家为单一投资主体。

（2）发展听命于政府“赶超战略”或其他政策安排，一开始就背上了沉重的“战略性负担”和“社会性负担”。

（3）治理结构几乎是清一色的政府直接管理，企业领导亦完全由政府任命（政企不分）。

（4）高度计划性的管理，人财物和产供销均由政府说了算（企业缺乏经营自主权）。

（5）效率低下，只能靠政府的优惠政策、低工资和低价格原材料供应等政府“输血”的办法来维持。

（6）几乎不参与市场竞争，更谈不上参与国际市场竞争。

中国海油实现从“老国企”到“新国企”的形象转变始于第四届领导班子的领导期间。以卫留成为首的第四届领导班子为了提高公司在21世纪的国际竞争能力，立足于长远发展，于1999年开始实施资本运营战略，进行较大规模的企业重组，经营油气资产境外上市。成功地完成了以境外上市为中心的一系列体制改革，彻底解体原地区公司“大而全”体制，为21世纪发展奠定了体制基础。这是该公司产权制度上的一次重大变革。中国海油的油气勘探、开发、生产和销售业务由其控股企业——中国海洋石油有限公司（以下简称中海油或有限公司）负责。2001年2月，中海油在香港联合交易所和纽约证券交易所上市，截至2008年年底，中国海油持股比例占64.41%。中国海油以其所属上游业务中国海洋石油股份有限公司在境外上市为契机，解决了油公司与基地系统分离这一改革的核心问题，同时，将总公司改革为产权清晰的控股公司，对上游公司、下游公司、专业公司实行控股或参股，在整个公司全面建立了与国际惯例接轨的现代企业制度。以公司治理结构为例，上市公司董事会9个成员中有4人是外方专业人士，并成立了“国际顾问团”，聘请前美国国务卿基辛格博士等海外资深政治家、金融专家及研究中国的经济学家为顾问，从海外聘请有投资银行背景的邱子磊博士任首席财务官兼高级副总裁。上市公司一年内总市值已由470亿港元增至600多亿港元。截至目前，中国海油的业务框架及其分析可参见表12－3。

表 12－3　　中国海油的业务框架及其分析表

业务领域	子公司	控股或参股情况	上市情况	备注
上游业务，2 家	中国海洋石油有限公司（以下简称中海油）	2008 年年底中国海油控股 64.41% 股份	2001 年 2 月分别在香港和纽约上市	
	中海油研究总院	所属全民所有制		企业
中下游业务，8 家	中海石油化学股份有限公司（以下简称中海化学）	2008 年年底中国海油控股 59.41%	2006 年 6 月香港上市	注 1
	中海石油炼化有限责任公司	全资子公司，2005 年成立		注 2
	中海石油气电集团有限公司	全资子公司，2008 年成立		
	中海油气开发利用公司	全资子公司，1999 年成立		注 3
	中国海洋石油总公司销售分公司（以下简称销售公司）	2008 年 4 月成立		注 4
	中国化工建设总公司	2006 年并入中海油		注 5
	中国化工供销（集团）总公司（以下简称中化供销）	2007 年被收购成为中海油全资子公司		注 6
	中海石油化工进出口有限公司	全资子公司，2001 年成立		
专业技术业务，4 家	中海油田服务股份有限公司（以下简称中海油服）	2008 年年底中国海油控股 54.7%	中海油于 2002 年在香港上市，2007 年回归 A 股	
	海洋石油工程股份有限公司（以下简称海油工程）	2008 年年底中国海油及其全资子公司持股比例为 56.67%	海油工程 2002 年上证所上市	
	中海油能源发展股份有限公司（以下简称海油发展）	2008 年年底中国海油及下属全资子公司持股比例 100%		注 7
	中国近海石油服务（香港）有限公司	中国海油所属子公司，1982 年成立		
金融业务，5 家	中海石油财务有限责任公司	中国海油直接持股 62.9%，通过下属全资或控股子公司间接持股 37.1%		
	中海信托股份有限公司	中国海油和中国中信集团分别持股 95% 和 5%		

续表

业务领域	子公司	控股或参股情况	上市情况	备注
金融业务，5家	中海石油保险有限公司	中国海油的全资子公司，2000年成立		
	中海石油投资控股有限公司	中国海油的全资子公司，2000年成立		
	海康人寿保险有限公司（以下简称海康保险）	由中国海油和荷兰全球人寿保险集团各出资50%组建		
其他业务，8家	中海油新能源投资有限责任公司	2007年成立的全资子公司		
	中海海洋石油渤海公司	所属的全民所有制企业，成立于1981年		
	中国海洋石油南海西部公司	所属的全民所有制企业，成立于1984年		
	中国海洋石油南海东部公司	所属的全民所有制企业，成立于1984年		
	中国海洋石油东海公司	所属的全民所有制企业，成立于1983年		
	中海实业公司	所属的全民所有制企业，成立于1998年		
	中海石油通讯计算中心	所属的全民所有制企业，成立于1993年		
	中国海洋石油报社	所属的全民所有制企业，成立于1993年		

注1：中海化学还在山西晋城、内蒙古包头、湖北宜昌等地设立了全资或合资控股公司，不断拓展公司的化肥业务。注2：中海壳牌石油化工有限公司是中国海油与英荷壳牌集团合作建立的合资企业，是目前中国最大的中外合资项目之一，总投资42亿美元；2009年4月，中海石油炼化有限责任公司拟通过国有产权行政划转的方式受让潍坊市国有资产监督管理委员会持有的山东海化集团有限公司（以下简称海化集团）51%的股权，并通过海化集团间接控制山东海化股份有限公司（以下简称山东海化）股份361048878股，占山东海化总股本的40.34%，此事项构成对山东海化的间接收购。注3：该公司目前拥有2家独资公司、5家重交沥青或燃料油控股生产企业及3家参股企业。注4：销售公司主体由中国化工供销（集团）总公司、中海石油炼化有限责任公司销售分公司、中海石油化工进出口有限公司和中国化工建设总公司精细化工贸易业务组成，相关资产、业务、人员由销售公司统一管理。注5：2006年10月，中国海洋石油总公司和中国化工建设总公司进行重组，中化建整体并入中国海油。注6：2007年6月，中国化工供销（集团）总公司被中国海洋石油总公司收购成为其全资子企业；中化供销在北京、上海、天津、沈阳、武汉、成都、太原、青岛、大连、沧州大中城市设有10个全资子公司，在香港设有1个境外全资子公司，在北京、南通、宁波、深圳设有5个控股公司，在北京设有1个控制公司。注7：海油发展成立于2008年6月20日，注册资金60亿元人民币，下设11家专业分公司。该公司前身为中海石油基地集团有限责任公司，通过重组改制，中国海油盘活不良资产，发挥了管理最大效能，它的成立标志着中国海油进入全面建设现代企业制度的新阶段。

经过上述业务框架分析，不难得出以下结论：

（1）经过一系列的产权制度变革，中国海油已实现投资主体多元化，企业的产权结构明显呈现多元化，通过融资社会化、引入战略投资者和独立董事制度等方式实行了股份制改造，形成多元化的产权模式，并建立了相应的激励机制。

（2）中国海油所属企业的产权结构差别很大，其中有的是完全的国有企业，有的是股份制企业，有的是中外合资企业。不同产权结构的企业一道构成一个具有产权混合特征的大型企业组织，从而使中国海油的规模在短短不到10年时间里迅速扩展成为一个超级企业，而国有产权在企业产权结构中仍然占有绝对控制的地位。

（3）十六届三中全会（2003年）提出了股份制是公有制的主要实现形式，要大力发展混合所有制经济，并建立归属清晰、权责明确、保护严格、流转顺畅的现代产权制度，中国海油已经完成产权制度的变革，已经转变成为“新国企”，而且取得了极大的成功。

（4）经营权和所有权彻底分离。国务院国有资产监督管理委员会100%控股中国海油，代表国家履行出资人职责，监督管理中国海油的国有资产，确保国有资产保值增值；而企业的经营权归中国海油，中国海油拥有独立的法人资格，对企业的法人财产拥有独立占有、独立处置、独立支配和独立使用的权利，并以公司法人财产承担有限责任。

（5）经营观念全新、机制灵活、自主经营。现在企业的经营完全由企业自己决策，不是根据任何个人的意志，而是根据市场的供给和需求变化来决策。

（6）结合中国海油近10年（1999～2008年）的主要财务指标（公司业绩）和企业历年上缴国家利税费的变化情况，不难看出，从2001年开始，中国海油开始进入快速发展、迅速扩张的发展轨道，公司净资产收益率始终在10%以上，最高达到20.3%（2005年），利润增长率也一直维持在15%以上的水平，最高时达到61.7%（2004年），这一切成就的获得都离不开产权制度变革，特别是通过在企业组织形式上引入公司制、在企业资本形式上引入股份制，使中国海油的投资主体多元化，企业的产权结构也实现多元化，国有资本的控股比例持续下降，但国有资本对企业的控制力却丝毫没有削弱，通过中国海油这个投资客体，国有资本实现了快速增值。由于融资社会化，中国海油可以非常容易从资本市场筹集到油气田勘探、开发、加工等所需要的资金，解决了原来企业发展所存在的资金"瓶颈"制约问题。假如没有2001年的中海油在香港和纽约的成功上市，当年可能还获得不了那么多新的油气发现，即使发现了也不可能在随后有充足的资金进行开采。因此，产权制度改革在中国海油由传统老国企向现代新国企转型中起到了关键作用，也为中国海油参与国际竞争提供了保证。当前国际范围内企业竞争的本质是企业制度的竞争。一方面通过引入各种资本形式来推动股权多元化；另一方面则通过重组资本平台打造一系列公众型公司，以期促进公司治理结构和价值实现的改善。不论中国海油通过海外上市还是在A股上市，都会主动接受资本市场的监督，自然也就会增加公司特别是上市公司信息披露的透明度，公司治理结构也会因此得到很大改善，公司运营效率和绩效相应也会有所提高。

（7）产权制度改革使得中国海油的产权变得清晰了，企业的活力得以释放，经营者的积极性也得到了保护和提高，这才为卫留成和傅成玉等那些具有鲜明的职业经理精神与企业家创新精神的"舵手"们提供舞台去主导并推动持续的再造和转型，并通过这种持续的再造和转型来激活企业的领导力、创新力和战略制定能力与战术执行能力，从而构筑了不可复制或者难以复制的竞争力。

（8）像中国海油这样的现代新国企正从单纯的资源优势发展进化到综合性的市场优势，企业经营理念也从以公益性为主转变为以市场化运作为主、兼顾公益性。与此同时，始终有一个核心的灵魂人物扮演着"舵手"的角色，并在这个角色的推动与影响下重新激活企业的文化力和领导力，同时使企业的战略确定和战术执行更加清晰有力。这就是现代新国企。当然，这一切的背后还有体制上的突破和努力的结果，即寻求股权多元化，以混合所有制模式来激活和影响企业的再造与转型。

参考文献

[1] 张卓元、郑海航:《中国国有企业改革30年回顾与展望》, 人民出版社, 2008年版。

[2] 韦三水:《新国企群落——“三足鼎立”时代的到来》,《今日东方》, 2003年第4期。

[3] 吴先明:《新国企破题》,《今日东方》, 2003年第5期。

[4] 剧锦文:《关于“新型国有企业”现象的思考》,《经济参考报》, 2003-6-25。

[5] 赵晓:《“新国企现象”及其启示》,《新京报》, 2005-4-24。

[6] 金碚、黄群慧:《“新型国有企业”到底新在何处?》,《北京日报》, 2007-6-17。

[7] 吴先明:《“新国企”新在何处》,《光明日报》(理论版B2), 2003-5-6。

[8] 张梦霞:《努力探索中国特色国有公司治理模式——中国特色国有公司治理高层论坛综述》,《经济与管理研究》, 2008年第2期。

[9] 肖耿:《从“中航油事件”看国企改革的产权问题》,《第一财经日报》, 2004-12-30。

[10] 张晓峰:《国资委的达摩五指——国资委: 做正确的事之一》, 中国学术引擎 http://www.80075.com。

[11] 张友:《张维迎激辩众国企老总 国企赢利探究》, 21世纪网 http://www.21cbh.com。

[12] 王忠明:《改革开放与国有经济战略性调整》,《经济与管理研究》, 2008年第2期。

[13] 郑海航:《企业改革理论对企业改革实践发挥了重要的指导作用》,《审计&理财》, 2009年第11期。

[14] 韦三水:《从历史脉络看国企新势力的发展》, 网易财经网 http://www.163.com。

[15] 韦三水:《“新国企”新在哪儿?》,《北大商业评论》, 2009年第10期。

[16] 仲志远:《新国企的使命》,《资本市场》, 2006年第1期。

[17] 刘继明:《营造治理环境 创新国企改革机制》,《发展》, 2007年第10期。

［18］［美］阿道夫·A. 伯利、加德纳·C. 米恩斯：《现代公司与私有财产》，商务印书馆，2005 年版。

［19］李华振、张昕：《论人力管理的改良和革命趋势》，《企业活力》，2002 年第 10 期。

（本章作者：蔡立新，男，江西玉山人，首都经济贸易大学工商管理学院博士研究生，首都经济贸易大学会计学院副教授）

第十三章　双层制独立董事制度：国有企业的必然选择

独立董事制度的建立，有利于公司治理的改善。Fama 和 Jensen 曾指出，独立董事作为低成本控制权内部转换的市场机制介入董事会，会加强董事会的活力，降低执行董事和管理层合谋的可能性，激励和监督企业管理者之间的竞争，并作为专职的调停人和监督人有效地降低管理层对剩余要求人权益的侵害，从而解决企业中存在的最基本的代理问题。Chen 和 Jaggi（2000）对独立董事在公司信息披露中的作用问题进行的深入研究表明，独立董事比例高的董事会在信息披露方面比较全面。Millstein 和 MacAvoy（1998）分析了 154 家美国大型上市公司后，发现在 20 世纪 90 年代具有独立董事的公司运行得更好，与业绩存在明显的正相关关系。“独立董事与较高的公司价值相关，具有积极的独立董事的公司比那些具有被动的非独立董事的公司运行得更好”（世界银行，1999）。

一、独立董事制度的发展与理论基础

独立董事制度最早可以追溯到 20 世纪 30 年代，美国证监会建议公众股份公司设立“非雇员董事”。1940 年，针对基金运作中出现的不当关联交易严重损害股东行为的现象，美国证券交易委员会颁布了《投资公司法》，规定投资公司的董事会中至少要有 40% 的成员独立于投资公司、投资顾问和成效上，建立有效的治理结构，防止内部人控制。1977 年，经美国证监会批准，纽约证券交易所修改了上市审查规则，要求本国的每家上市公司“在不迟于 1978 年 6 月 30 日以前设立并维持一个全部由独立董事组成的审计委员会，这些独立董事不得与管理层有任何影响他们作为委员会成员独立判断的关系”。其后美国证券交易所规定，上市公司至少应有两名独立董事，并设立监督委员会，其中一半以上的成员为独立董事。至此，独立董事作为美国上市公司董事会的重要组成部分，便成为一种正式的制度安排被确定下来。

由于独立董事制度的逐步完善，其作用也越发明显，引起其他国家纷纷效仿。1992 年，英国伦敦证券交易所发表了《社团法人管理财务概述》的报告，提倡要更广泛地吸收独立非执行董事进入董事会。董事会应该至少有 3 名非执行董事，其中的两名必须是独立的。1994 年，加拿大正式提出要求建立独立董事制度。1995 年，澳大利亚和法国正式要求建立独立董事制度。1998 年比利时正式要求建立独立董事制度。1997 年东南亚金融危机后，一些第三世界国家，包括印度、马来西亚、墨西哥、南非等也正式提出在公司治理结构中引入独立董事制度。

目前，在世界大多数国家和地区，独立董事的职责和在董事会中的比例和作用都得到了突出的强调。OECD 在《1999 年世界主要企业统计指标的国际比较》报告中专门比较了各国和地区董事会中独立董事所占的比例，其中美国为 62%，英国为 34%，法国为 29%，而且随着公司规模的不断扩大，独立董事的比例日趋增长。

独立董事制度之所以诞生并被越来越多的国家或地区所接受，其主要原因是独立董事制度通过借助于对董事会内部机构适当的外部化，引入独立董事形成对内部人的外部监督制约力量，从而在一定程度上维护和保障股东的权益。美、英等国的公司股权结构比较分散，股东大会逐渐弱化，对董事会和管理层的监督和制约效果不太理想，呈现出董事会的本位主义和形式化的趋势，内部人控制现象较为严重，这就急需对公司治理结构进行制度创新，独立董事制度应时诞生。因此，独立董事制度是为了解决股份公司股权日益分散化、所有权和控制权日益分离、管理层日益获得公司控制权的情况下，为了保护股东权益不被管理层侵害而进行的制度创新。它在实践中被证明是行之有效的，在理论上也有其存在的理论基础。

独立董事制度是在公司治理的大背景下产生的，其理论基础是一系列的公司治理理论，主要是权利转移理论和委托—代理理论。权利转移理论认为，公司治理机构的发展经历了权利由股东会向董事会转移、由董事会向经理阶层转移的两个阶段，这就需要对董事会的职能进行重新配置，赋予董事会监督权，建立起引进外部董事监督内部董事和经理阶层的公司治理结构。委托—代理理论认为，由于委托人与代理人之间效益函数不一致、信息不对称和契约不完全等原因，存在委托代理风险。为此，委托人需要建立一套既能有效约束代理人行为，又能激励代理人按委托人的目标和为委托人的利益而努力工作，并能大大降低代理成本的制度安排或机制。因此，股东为了维护自身的利益，就需要完善治理结构，需要在董事会中设立独立董事，对公司的重大事项进行监督，从而产生了独立董事制度。

二、国有企业独立董事制度的发展状况

相对于美、英等国，我国实行独立董事制度起步较晚。2001 年 8 月 21 日，中国证监会正式颁布了《关于在上市公司建立独立董事制度的指导意见》（以下简称《意见》），要求我国境内的上市公司在 2002 年 6 月 30 日以前，董事会中应当至少包括两名独立董事；2003 年 6 月 30 日以前，上市公司董事会成员中至少包括 1/3 的独立董事。《意见》对上市公司独立董事的任职条件、应满足的独立性；独立董事的提名、选举、更换；上市公司应如何发挥独立董事的作用及如何保证独立董事有效行使职权等做出了一般性的规定。这表明我国正式在上市公司治理结构中引入了独立董事

制度。

国有企业建立独立董事制度可以追溯到20世纪90年代中后期，当时部分在境外上市的国有企业开始聘请独立董事。进入21世纪后，随着《意见》的颁布，国有企业掀起了一股建立独立董事制度的热潮。国资委成立后，国有企业独立董事制度进入了新的时期。

2004年2月，国资委为了进一步推进国有企业加快建立现代企业制度，完善国有企业法人治理结构，进一步规范地行使出资人权利，决定选择部分中央企业进行建立和完善国有独资公司董事会试点工作，在得到国务院的批准后，国有独资公司董事会试点工作陆续开展起来。2004年6月，国务院国资委下发了《关于中央企业建立和完善国有独资公司董事会试点工作的通知》，中央企业董事会试点工作正式拉开序幕。从2005年10月18日第一批试点企业之一——宝钢集团有限公司董事会试点工作会议召开，至2009年7月，共有24家国有独资公司实进行了董事会试点工作，陆续制定出台了12个董事会试点的规范性文件。

董事会试点工作的一项重要内容是建立外部董事制度，由国资委选聘具备条件的由任职公司以外的人员担任试点企业的董事。根据《国务院国有资产监督管理委员会关于国有独资公司董事会建设的指导意见（试行）》（以下简称《指导意见》），外部董事是指由非本公司员工的外部人员担任的董事。外部董事不在公司担任除董事和董事会专门委员会有关职务外的其他职务，不负责执行层的事务。外部董事与其担任董事的公司不应存在任何可能影响其公正履行外部董事职务的关系。本人及其直系亲属近两年内未曾在公司和公司的全资、控股子企业任职，未曾从事与公司有关的商业活动，不持有公司所投资企业的股权，不在与公司同行业的企业或与公司有业务关系的单位兼职等。从某种意义上来说，我们可以姑且将国资委董事会试点中的外部董事视为独立董事。因为在一般情况下，外部董事还被称为独立董事。大部分美国学者如Crytlala、A. Shndasani等，把外部董事分为三类：第一类是灰色董事，即他或他的雇主从公司中获得的报酬超过了他作为董事的薪酬，包括执行董事的家庭成员、代表律师、与公司具有密切的融资关系的投资或商业银行家、长期顾问，或者不是个人就是通过他们的雇员/公司与公司发生真实的商业交易的董事；第二类是连锁董事，即外部董事就职的公司的 CEO 同时服务于外部董事自身的公司；第三类是独立董事。从这个角度来看，外部董事可以分为两种：一种是与企业有直接或间接经济交易关系的外部董事。另一种是与企业没有经济交易关系的外部董事，即独立董事。这种经济关系主要指除了董事职务之外还有其他渠道从企业获得经济好处，或者是董事职务方便了他从公司获得好处。根据《指导意见》的规定以及现在国资委的董事会试点情况来看，外部董事与企业不存在经济交易关系，所以某种意义上可以认为这些外部董事是独立董事。

试点初期，董事会中的外部董事不少于两名，随着公司法人治理结构的完善，逐步提高外部董事在董事会成员中的比例。国资委为了鼓励外部董事在董事会中占多数，对外部董事超过了董事会全部成员半数的试点企业授予多项自主权利。

截至 2008 年年底，正式启动的 17 家试点企业中外部董事在董事会中都已超过半数。此外，在部分试点企业中试行外部董事担任董事长，有 3 家企业外部董事担任董事长。

国有企业独立董事制度的逐步深化，对于深化国有企业改革、完善国有企业管理体制、理顺国资委与国有企业关系等具有重要的意义。独立董事制度的建立，是完善现代企业制度过程中的又一实质性的进步。由于独立董事除了董事身份外与公司没有任何其他契约关系，他们独立于公司的管理和经营活动以及那些有可能影响他们做出独立判断的事务，而且他们更多的是以公共利益、为社会做出贡献为出发点，更多地关注社会地位、良好声誉，因此，独立董事能更好地代表出资人利益，正确处理各方面关系。国有企业引入独立董事制度，有利于降低委托代理风险、弱化内部人控制、提高董事会决策质量，也有利于通过强化董事会功能，减少政府对经理层的干预，继续深化政企分开，进而提高企业运作的市场化水平和运营效率。

三、国有企业独立董事制度“失灵”原因探析

经过几十年的发展，独立董事制度日渐成熟，并且各国基本上以美国独立董事制度为标准建设自己国家的独立董事制度，所以，目前世界各国的独立董事制度基本上是“美国式”的。然而，各国国情不同，尤其我国在政治、经济、文化等方面与美国差异较大，“美国式”的独立董事制度到了中国有点儿“水土不服”，特别是我国的国有企业引入“美国式”的独立董事制度后出现独立董事制度“失灵”现象，以致用“花瓶董事”、“董事不懂事”等来嘲弄中国的独立董事制度。

关于我国独立董事制度“失灵”的原因很多，概括起来主要有独立董事制度本身和外部治理环境两个方面。

（一）独立董事制度本身存在问题

任何一种制度都不是完美无缺的，独立董事制度也存在缺陷。这种缺陷是“先天缺陷”，是所有实行该制度的国家和地区都会存在的缺陷，例如，独立董事的信息缺陷、时间缺陷、精力缺陷、专业知识结构缺陷、相对独立性的缺陷、代理问题的存在等，但不同国家和地区存在的程度可能各不相同（阎达五、谭劲松，2003）。从我国的独立董事制度来看，这种缺陷主要表现在：企业自行选择独立董事的“不公正性”问题、独立董事收入来源的“不独立性”问题、绝大多数独立董事的“不在状态”问题、独立董事收入和风险的“不匹配性”问题、独立董事与监事会之间的职权“不明晰性”问题（李海舰、魏恒，2006）。

（二）外部治理环境存在缺陷

独立董事制度是否能够发挥预期的作用，有赖于是否存在一个与之相适应的健全有效的公司治理环境。一般来说，保证独立董事制度有效运行的公司治理环境，包括与之配套的相关法律制度、法律诉讼制度，健全的职业经理人市场（包括独立董事市场），以及培育适合独立董事制度生存的市场文化观念等。目前，我国在外部治理环境方面还存在很多缺陷（徐经长、胡文龙，2008），主要产生于我国特定的社会文化经济法律环境的缺陷，例如整个社会的文化背景、法律制度背景、企业股权的性质和股权结构、外部市场的完善程度等（阎达五、谭劲松，2003）。

以上两个方面是所有国家和地区建立独立董事制度都必须考虑的问题，也是不可回避的缺陷。但是这两个问题的缺陷程度直接关系到独立董事制度发挥作用的程度。由于受到这两种缺陷的困扰，美国的独立董事制度也非完美，安然等事件足以证明这点。美国的独立董事制度虽然在以上两个方面也存在着缺陷，但是总体来说是有效的，其主要原因是其有相对成熟的外部治理环境一定程度上弥补了独立董事制度的缺陷，并促使制度本身不断完善。相对健全的法制体系和崇尚制度的文化传统使得独立董事制度运作相对规范，良好的职业经理人市场和市场文化理念使得独立董事非常注重自己的声誉，从而形成了强大的无形的外部制约力量。相对成熟的外部治理环境使得他们更有精力来完善独立董事制度本身，同时良好的外部治理环境也推动着独立董事制度本身的完善，独立董事制度的逐步完善又不断营造出更好的外部治理环境，从而形成了外部治理环境与独立董事制度本身相互促进的良性互动。

在这种良性互动中，美国的独立董事制度不断完善，形成了相对成熟的单层制独立董事制度。所谓单层制独立董事制度，就是指独立董事的身份仅限于企业层面，即独立董事身份起源于企业的雇佣，终止于企业的解聘或自己辞职。虽然美国董事协会（NACD）有一种名为董事登记候选计划（Director's Registry Candidate Match）的形式来为公司选聘独立董事提供服务，但最后的决策权还是在需求公司手上。因此美国的独立董事制度是单层制的，而且是有效的，也正因为其在美国相对有效并不断完善，世界上现行的独立董事制度基本上都是单层制的独立董事制度。

同样，我国在建设独立董事制度时主要参考美国的独立董事制度，我国的独立董事制度也是单层制的。这种单层制的独立董事制度在我国显然有些“水土不服”，特别是对于相对特殊的国有企业来说，这种单层制的独立董事制度更是频频“失灵”。

缺乏相对成熟的外部治理环境是我国国有企业独立董事制度失灵的根本原因。由于注重权势和人情的文化传统使得本来就存在问题的独立董事制度在执行过程中又被扭曲，加上缺乏良好的职业经理市场，独立董事缺乏外部力量制约，使得独立董事制度的缺陷被放大，从而使得独立董事制度频频“失灵”。

四、建立双层制的国有企业独立董事制度

上文分析，我国虽然引入了“美国式”的单层制独立董事制度，但是由于外部治理环境不成熟而使得这种独立董事制度“失灵”，而又不能在短期内完善外部治理环境，加上国有企业的特殊性，所以必须修正单层制独立董事制度，建立双层制的独立董事制度。

所谓双层制的独立董事制度，就是国资委层面的独立董事制度和企业层面的独立董事制度，也就是说独立董事的身份在国资委、国有企业两个层次都存在，即独立董事使命起源于国资委的聘用，落实在企业董事会任职，终止于国资委解聘或自己辞职。具体操作是在国资委层面建立独立董事委员会（以下简称委员会），在企业层面建立由独立董事委员会委员担任独立董事的董事会。

（一）国资委层面的独立董事制度

国资委层面独立董事制度主要解决外部治理环境不成熟问题。通过建立国资委层面的独立董事委员会，构造国有企业独立董事制度的外部治理环境，从行政上规范、引导独立董事行为，引入独立董事的外部制约力量，提高独立董事制度的有效性。构建国资委层面的独立董事制度，就是建立委员会，主要包括组建委员会和委员管理两部分内容。

1. 组建委员会

委员会的目的是弥补外部治理环境不完善的缺陷，这是组建委员会的根本出发点。在这一思想指导下，首先明确委员会的性质、地位。委员会属于国资委直属的一个非常设委员会，直接接受国资委主任领导，将委员会秘书处设在国资委，负责日常工作。其次要确立委员会的工作条件和工作方式。委员会为非常设机构，因此委员会的工作形式以会议为主，每年都要召开委员会全体会议，总结当年工作情况，交流工作经验，研究以后工作等。除了会议，还需要有委员会的虚拟办公场所和办公制度，即有委员会的信息系统，以便大家适时沟通、交流，且以制度化的形式要求大家保证工作时间。此外，可以根据专业等在委员会下设若干小组，以便大家能更进一步交流。最后是委员会的运转经费问题。成立国有企业独立董事基金会，基金来源由国家财政和国有企业共同承担，基金主要负责委员会的正常运转等。

2. 委员会的委员管理

委员会由若干委员组成。对委员的管理包括以下几个方面内容：

（1）建立委员的进入退出机制。委员是担任国有企业独立董事的前提条件，所有的独立董事都从委员会委员中间产生，但不是每个委员都担任独立董事职务。国资委面向社会招聘委员，通过面试、审查后聘为委员，并颁发聘书，签订聘用合同。在企业独立董事选择上，采取委员个人申请和国资委指派双向选择原则，确立各企业独立董事人员。制定独立董事和委员的解聘制度。

（2）委员的工作要求。各委员都要参与委员会活动，成为企业董事会成员的，还需要根据规定参加董事会活动，并须尽责。建立每位委员的工作档案数据库，委员的所有工作都记录备案，包括担任独立董事期间的提案、重大问题表决等，以作为对委员考核的重要依据。企业需要建立独立董事信息系统，方便各独立董事之间日常交流，也方便企业全体干部职工随时向独立董事报告企业的真实情况。

（3）委员的激励约束。对委员的激励主要分为精神激励和物质激励。国资委应利用其优势，为委员提供一个提高个人声誉的平台，从而形成委员的声誉激励与约束。物质激励可以分为委员薪酬和独立董事薪酬两种。委员薪酬是所有委员（无论是否担任独立董事）都有的薪酬，且根据委员的工作贡献有所差别。委员薪酬由独立董事基金会承担。此外，独立董事基金会还应给予委员工作上的必要资金支持。独立董事薪酬是指担任公司独立董事的委员领取的薪酬，这部分薪酬由国资委核算，企业派发，企业任何人对独立董事的薪酬都无建议权，企业必须严格按照国资核定的标准发放。企业不可以私自向独立董事提供任何钱物，独立董事也不可以私自接受企业的任何钱物，否则追究企业有关人员和独立董事的责任。这样可以避免独立董事被内部人收买，保证了独立董事相对于企业的独立性。当然，也必须对独立委员提出明确工作要求，加大对委员的考核，及时准确兑现考核结果。

（二）企业层面的独立董事制度

当国资委层面的独立董事制度建立并能有效运转后，企业层面的独立董事制度就可以参照美国现行的独立董事制度进行设计了。对于企业层面的独立董事制度，无非涉及董事会的结构、董事会的运作方式以及独立董事的责权利关系等几个方面。

1. 董事会的结构

董事会是股东利益的代表机构，建立强有力的董事会并通过董事会来经营企业，是国有企业改革的方向。对于国有企业的董事会，应该是既有独立董事又有内部董事，且以独立董事为主。董事长应由内部董事担任，且由国资委负责招聘。因为国有企业承担着掌管国有经济命脉的职能，对于董事长的要求特别高，既要业务能力强，又要思想觉悟过硬，还要能将主要精力投入到企业的战略发展中，因此需要专职的董事长，而且要由国资委任命的内部董事担任。

为了保证外部董事能够充分地发挥作用，需要有首席外部董事，负责召开没有内部董事参加的会议。董事会应设若干委员会。

2. 董事会的运作方式

董事会的运作方式以会议为主，分为定期会议和临时会议，由董事长负责召集。参加董事会议的董事都需要事先准备资料，每个人的表决结果都要签字。董事会下设若干委员会，至少要包括审计委员会、提名委员会、薪酬与考核委员会、战略委员会，其中审计委员会、提名委员会要完全由独立董事担任，内部董事不可过问这两个委员会的工作。

3. 独立董事的责权利

独立董事的主要责任是监督内部人特别是内部董事的行为是否符合国家利益、企业利益。独立董事负责一起讨论企业发展战略问题，并监督战略执行情况。独立董事具有表决权、审计权、质询权等。独立董事的利益与企业的发展应紧密挂钩。国资委通过企业的效益情况、原因分析以及独立董事对企业发展的贡献程度给予独立董事相应的报酬。

双层制的独立董事制度，是吸收了单层制独立董事优点和国有企业特点而设计的独立董事制度。单层制独立董事制度的基础是具有较为成熟的外部治理环境，其本质与双层制独立董事制度相同，即其独立董事的真正身份是由市场决定的。表面上看独立董事身份始于企业聘用，终于企业解聘，实则其身份始于市场认可，终于市场淘汰，也就是说是市场取消了他的独立董事资格。

因此，双层制独立董事制度与单层制独立董事制度，本质上来说是一致的。独立董事委员会弥补了外部治理环境不成熟的缺陷，从而可以使独立董事制度起到较好的作用。

参考文献

[1] 马更新：《独立董事制度研究》，知识产权出版社，2004 年版。

[2] 罗辰：《独立董事制度的制衡机理及实施条件》，《江海学刊》，2002 年第 2 期。

[3] 齐善鸿、李培林：《独立董事制度的缺陷及第三方法人设计》，《天津师范大学学报》（社会科学版），2005 年第 6 期。

[4] 李海舰、魏恒：《重构独立董事制度》，《中国工业经济》，2006 年第 4 期。

[5] 冯华：《我国上市公司独立董事制度的缺陷及其治理》，《中国财政》，2004 年第 9 期。

[6] 郑红亮、王凤彬：《中国公司治理结构改革研究：一个理论综述》，《管理世界》，2000 年第 3 期。

[7] 张凡：《关于独立董事制度几个问题的认识》，《管理世界》，2003 年第 2 期。

[8] 钱胜：《从安然破产谈独立董事制度存在的几个问题》，《经济管理》，2003 年第 9 期。

[9] 阎达五、谭劲松：《我国上市公司独立董事制度缺陷与改进》，《会计研究》，2003 年第 11 期。

[10] 徐经长、胡文龙：《我国独立董事制度的现存问题及其完善对策》，《山东社会科学》，2008 年第 2 期。

[11] 朱福建：《我国独立董事制度存在问题剖析》，《市场周刊·研究版》，2005 年第 3 期。

[12] 孔翔：《中外独立董事制度比较研究》，《管理世界》，2002 年第 8 期。

[13] 喻晓文：《浅论中国独立董事制度存在的问题及完善对策》，《企业经济》，

2008 年第 1 期。

［14］楼百均：《当前独立董事制度的缺陷分析及其治理对策》，《经济问题》，2004 年第 1 期。

［15］胡汝银：《中国上市公司治理面临的问题与对策》，法律出版社，2001 年版。

［16］梁能：《公司治理结构：中国的实践与美国的经验》，中国人民大学出版社，2000 年版。

［17］金永红、奚玉芹：《独立董事制度与中国上市公司治理》，立信会计出版社，2003 年版。

［18］寇晓宇：《中国独立董事监督机制研究——理论分析与实证检验》，中国经济出版社，2007 年版。

［19］刘李胜：《上市公司治理：独立董事制度》，中国时代经济出版社，2009 年版。

（本章作者：刘刚，男，江苏连云港人，中国企业联合会管理现代化办公室副处长）

第十四章　国有独资公司董事长决策权力与运行规范

在董事会领导权结构中，董事长的权力过大会阻碍董事会高效、顺畅地进行群体决策，妨碍董事会履行其法人治理职责。在市场经济国家，董事长（或称为董事会主席），与其他董事一样地位平等，并不是董事会的领导或首脑人物，只是一个董事会会议的主持人，一个让董事会这个“治理决策”团队能够高效运转、充分发挥群体决策优势的协调员。

在我国国有企业改革的攻坚过程中，多数国有企业经过改制，组建了有限责任公司或者股份有限公司，搭建了法人治理机制的运作平台，为董事会的运行建立了决策规则，其决策机制也逐步由“总经理负责制”向“一人一票，集体决策，个人负责”转变。然而，由于“官本位”文化等潜在心理因素的影响，决策规则虽然名义上改变了，但在具体的董事会决策实践中，规则并没有被很好地执行，名义上已经得到确立的一些决策制度和规则在执行的过程中出现了异化现象，群体盲思等决策无效率的现象屡有发生。在我国目前的国有独资公司董事会试点企业中，董事长仍然具有非常大的权力，其最终“决策拍板”的地位并没有得到根本改变。

一、国有独资公司董事长权力的来源分析

国有独资公司的董事长的权力可分为规范性权力和非规范性权力。规

范性权力在强化董事会制度功能的同时，可以激励董事长发挥积极性，降低董事长代理、代表行为的制度风险，对健全和完善国有独资公司法人治理起到了积极作用；而非规范性权力则在强化董事长权力的同时，实质性地弱化或虚置了董事会的作用，对国有独资公司内部治理结构来说，作用是消极的。

（一）规范性权力

国有独资公司董事长的规范性权力，是指依据《公司法》以及依《公司法》而派生的各种规范性文件，授予国有独资公司董事长的权力，由于此种权力主要是依据《公司法》及其附属规范性文件而产生，故又可称为国有独资公司董事长在《公司法》上的权力。根据授予董事长权力之规范性文件等级的不同，国有独资公司董事长之规范性权力具体可以分为以下几个层面：

（1）《公司法》赋予的权力，即由《公司法》直接规定国有独资公司董事长的权力。《公司法》赋予国有独资公司董事长的权力有三个层次：

1）一般董事的权力。董事长作为董事会成员首先享有一般董事的权利，如董事会会议出席权、提案与推荐权、选举权、表决权、投票权、董事会决议异议权以及董事会会议记录签名权等。

2）董事长特定职权的列举。《公司法》第四十一条、第四十八条、第一百零二条、第一百一十条分别列举了有限责任公司和股份有限公司董事长行使的一些职权，法律规定并非具体针对国有独资公司，但由于国有独资公司董事长在董事会的职位与一般公司无形式上的差别，因此这些规定当然适用于国有独资公司董事长。

3）国有独资公司董事会职权的列举。《公司法》第六十七条规定："国有独资公司不设股东会，由国有资产监督管理机构行使股东会职权。国有资产监督管理机构可以授权公司董事会行使股东会的部分职权，决定公司的重大事项。"这样，国有独资公司董事会便依法享有了《公司法》

第三十八条规定的11项职权中除有关公司的合并、分立、解散、增减资本和发行公司债券之外的股东会职权。由于董事会工作方式的限制，董事长作为董事会的代表职位，依法享有一些对董事会职权范围内事务的特殊决策权。

（2）行政法规公示的权力，即由有关企业、公司方面的行政法规或行政规章规定或授予国有独资公司董事长的权力。它包括：企业登记公示的代表性权力。如根据《企业法人法定代表人登记管理规定》（1998年7月）第三条规定，国有独资公司的董事长经企业登记机关核准登记，取得企业法定代表人的资格，因此董事长依照该条例，取得公司法定代表人一系列权力，其预留在登记机关的签印，具有代表国有独资公司的法律效力。

（3）公司章程中约定的职权，即由国有独资公司的章程具体载明和列举董事长的职权范围。我国国有独资公司的章程因投资主体、制度背景和行业性质不同而有较大差异性，董事长依据公司章程，通常可行使下列职权：

1）主持股东大会和召集、主持董事会会议。

2）督促、检查董事会决议的执行。

3）签署重要文件和其他应由公司法定代表人签署的其他文件。

4）行使法定代表人的职权。

5）在发生特大自然灾害等不可抗力的紧急情况下，对公司事务行使符合法律规定和公司利益的特别处置权，并在事后向董事会和股东大会报告等。此外，公司章程还可以约定，董事长享有董事会秘书、公司经理人选的提名权。

（4）董事会决议授予的特别权力，即由公司董事会通过决议授予董事长在董事会闭会期间行使董事会部分职权，如临时事务的处理权、决定权，对经理机构的监督权，代表公司对外谈判权等。

（二）非规范性权力

国有独资公司董事长之非规范性权力是指非以公司法及其附属规范性文件的规定，而是依行政命令、执政党组织活动以及投资主体的直接干预而授予董事长的权力类型，此种权力按照其来源的途径，可以划分为以下几类①：

（1）政府行政任命产生的管理性权力。国有独资公司的董事长是由中央或地方政府指定产生的。《公司法》第六十八条规定："董事会设董事长一人，可以设副董事长。董事长、副董事长由国有资产监督管理机构从董事会成员中指定。"这是国有投资主体向国有独资公司委派、任命、指定董事、董事长的法律依据。国有独资公司的董事长，不必经过董事会的选举和合议，代表权资格由于不是来源于董事会，使其拥有了先于董事会、并高于董事会且其权力远远大于一般董事的优势权力，这种由上而下、由政府向企业垂直产生的行政性管理权力，带有明确的优越感和绝对的影响力，它影响了董事会内部权力结构的对称，使董事会内部权力配置失去平衡，权力重心从一开始就向董事长倾斜。

（2）政府行政任命派生的权力，这种权力是由上述第一种政府行政任命的管理性权力派生出来的，以第一种权力为权力资源，不断派生其他权力，不断强化董事长的权力地位。这种派生的权力是指在我国现行的法定代表人制度和董事长行政任命制度下，在"官本位"思想的潜在影响下，其他高管层成员对董事长由于敬畏而不敢行使自己的决策权或执行权，而将本不属于董事长的权力间接赋予董事长行使。

由于国有独资公司所有权结构的特殊性以及董事长职权和责任的不对等，国有独资公司董事长很容易去追求各种非规范性权力，使得董事长在董事会中的非规范性权力远远大于规范性权力，进而把自己塑造成董事会

① 赵志川、宋榕：《论国有独资公司董事长权力的法律规制》，《商业时代·学术评论》，2006 年第 15 期。

的“领导”。而且，现实的运作中，董事长非规范性权力又可以进一步压缩规范性权力的空间，进行自我权力扩张和设定权力边界。最终使符合《公司法》规范和要求的董事会、董事长之规范性权力形式化、工具化和功利化。

二、国有独资公司董事长担当好自身角色的制度性制约

根据公司治理理论，董事会的权力是群体权力，董事会中任何个人的权力和职责都是由股东授予的，董事会中每个董事享有平等的决策权。董事长没有支配其他董事的权力，更没有支配整个群体的权力。必须承认，董事长的确是董事会中最为关键和重要的人物，但董事长角色不是“领导”角色，也不是“一把手”角色，其个人意见不能强加于董事会群体意见之上。董事长的行为要对董事会负责，而不是董事会对董事长负责。

董事长在董事会决策中的角色本应是群体成员中的“班长”，为何却在一些国有独资公司董事会试点过程中逐步异化为董事会中的“班主任”呢？本章认为，国有独资公司董事长担当好自己的正确“角色”目前还存在一些制度性制约因素：

（一）法定代表人制度异化了董事长的规范性权力

历史演变表明，我国国有企业的领导体制始终是围绕着厂长的地位而展开的。这是一种“以人治企”的思路，强调的是个人领导的作用，而经济体制改革后实行的“厂长经理负责制”，更将法定代表人的权力推到了顶点。1996 年，美国西蒙教授在研究“全民所有制工业企业法”有关条款后指出，中国法律已经将厂长经理的权力推到了顶端，法律赋予厂长经理

的权力超过了任何西方国家的《公司法》①。企业进行公司法改制以后，董事长作为法定代表人掌握代表企业签订合同的最终决定权和公司财务的最终控制权，使得董事长的权限完全渗透到企业的全部活动中。因为要对内全面负责生产和经营活动、对外全权处理企业民事活动，所以，作为公司法定代表人的董事长必然会干涉企业正常的生产经营，干预高管层的执行权。实践证明，我国实行多年的法定代表人制度，对于我国公司制企业建立规范的治理机制以及董事会制度的有效运作，都是一种制度性阻碍。

我国 1986 年颁布实施的《民法通则》第三十八条规定："依照法律或者法人组织章程规定，代表法人行使职权的负责人，是法人的法定代表人。"也就是说，作为法定代表人必须是法人组织的负责人，能够代表法人行使职权。法定代表人可以由厂长、经理担任，也可以由董事长、理事长担任，这主要看法律或章程如何规定。

1993 年颁布的《公司法》（以下简称旧《公司法》）第四十五条、第一百一十三条对有限责任公司和股份有限公司都做了这样的规定："董事长为公司的法定代表人。"旧《公司法》这样的规定给法定代表人赋予了"法定性"和"单一性"的特征。虽然同为董事会的成员，但是作为法定代表人的董事长与其他董事相比，就具有不同的法律地位，只有董事长才有代表法人的权力，其他董事则无此权力。

20 世纪 90 年代末期以来，中国证监会为完善公司治理结构而颁布的《上市公司章程指引》和《上市公司治理准则》中，法定代表人的"法定性"和"单一性"特点都被保留了下来，甚至还有所强化。《上市公司章程指引》其第八十二条规定："未经公司章程规定或者董事会的合法授权，任何董事不得以个人名义代表公司或者董事会行事。董事以其个人名义行事时，在第三方会合理地认为该董事在代表公司或者董事会行事的情况

---

① William H Simon. The Legal Structure of the Chinese "Socialist Market" Enterprises. The Journal of Corporation Law, 1996: 273. 原文为："Within the enterprises, the statute defines an extremely powerful Managerial role. Viewed in isolation, these provisions suggest a more powerful managerial role than can he found in any Western corporate statute."

下，该董事应当事先声明其立场和身份。”这样的规定明确地否认了一般董事对公司的代表权。之后，若干关于“法定代表人”的条款陆续被写进了其他法律、行政法规、地方法规、行政规章和最高人民法院的司法解释，围绕“法定代表人”的权利和义务逐渐形成了一个不断增生的制度体系。

我国企业全面负责生产经营活动和日常工作的不是总经理而是法定代表人，法定代表人是法律法规对公司进行控管和制约最为集中的一环，有关法定代表人权限的规范分散在众多的法律、行政法规、地方法规、行政规章之中[①]。对于董事长来说，其法定代表人身份的“法定性”和“单一性”使得许多本应是非规范性权力经由法律法规的明文规定，逐步转化成规范性权力。一些本该属于董事会的权力和职能逐渐被法律法规的强行规定成了董事长的规范性权力。

按照公司治理理论，公司法人治理的核心原则就是分权和制约。董事会在现代公司治理中的作用在于“商议”、“讨论”和“集体决策”，董事个人应具有平等的决策权力和共享代表公司的权力。法定代表人制度使董事会集体决策功能大打折扣，不利于董事会内部的权力平衡，加大了公司的风险。“法定性”和“单一性”这两个特征使得我国法定代表人制度明显成为规范公司法人治理的制约因素。

从世界各国立法来看，对于公司的法定代表人的规定是灵活的，充分考虑了公司的法人治理的制衡和自主决策的原则。英美公司法制度上，其公司法理认为，董事的身份基于多种学说，是十分复杂多样的。基于董事不同的活动，可以把董事看作公司的代理人、受信托人、雇员、管理合伙人，在不同的任务情况下，根据董事会授权，每个董事都可以作为公司的代表人。大陆法系的公司代表制度主要存在董事会模式和代表董事制的模式。董事会模式以德国为典型，其《股份公司法》第七十八条规定：“除非公司章程作相反的规定，全体董事会成员集体代表公司而行为。”规定

① 方流芳：《国企法定代表人的法律地位、权力和利益冲突》，《比较法研究》，1999年第3、4期。

董事会代表制的同时，赋予公司章程可以做出相反的规定的自治权力。代表董事制以日本、韩国为典型。其代表的产生是经董事会决议或公司章程规定，可以是一人代表、数人分别代表或者数人共同代表。公司章程中设置的社长、副社长、专务董事、常务董事等，都可以作为代表董事，多个代表董事执行各自的业务而分别代表公司。在代表权的行使方式上，日本公司法实行独立代表和共同代表并行的制度，采用独立代表制为主，同时由公司股东会和董事会自主决定是否采用共同代表制。

在2006年1月1日颁布实施的新《公司法》中，法定代表人制度的法律阐述得以部分修改，新《公司法》第十三条规定："公司法定代表人依照公司章程的规定，由董事长、执行董事或和经理担任，并依法登记。公司法定代表人变更，应当办理变更登记。"新《公司法》这样的规定较之旧《公司法》有两方面的变化：一是规定法定代表人可以由章程规定，取消由法律直接规定的形式，但仍沿用法定代表人的称谓；二是规定可以由董事长、执行董事或者经理担任，增加了经理可以担任公司代表的规定①。

本章认为，新《公司法》对于法定代表人制度的规定仍然缺乏灵活性，《公司法》立法可以借鉴德国公司的董事会模式和日本、韩国公司的代表董事制的模式，赋予法人根据自身的情况自主决定代表模式的权力，允许公司通过章程的确定采用单独代表或者共同代表的制度，赋予公司制企业更大的自主决策空间。

（二）行政级别与"官本位"思想扭曲了法人治理的约束机制

在计划经济体制下，我国的国有企业是有行政级别的；与此相适应，根据党管干部原则，国有企业的主要负责人都是国家干部，也都有一定的级别。

① 邢玲：《论公司法定代表人制度》，《法制与社会》，2007年第8期。

2001年3月，国家经济贸易委员会、人事部、劳动和社会保障部联合下发了《关于深化国有企业内部人事、劳动、分配制度改革的意见》（国经贸企改［2001］230号文件），首次提出取消了国有企业的行政级别，明确指出，国有企业不再套用政府机关的行政级别，不再比照国家机关公务员确定管理人员的行政级别。打破"干部"和"工人"的界限，变身份管理为岗位管理。随后，北京、广东、福建、云南等省市先后下发文件，宣布取消国有企业行政级别。

然而，从实际状况上看，国有企业高管人员的行政级别，不仅在企业领导心中，在国家和党的各级组织部门中，也从来没有真正消失过。党政机关领导干部与国有企业高管人员频繁出现交叉任命的现象可以清楚地表明，通过"行政任命"选拔具有一定级别的企业高管人员的传统方法并没有根本转变，只是任命的部门由过去的行政主管部门转变为中央和地方各级国资委。国有独资公司的董事长、总经理等高管成员有很多途径和渠道可以走向"仕途"，一位企业领导干部从他被列为培养对象起就开始不断地在企业和政府主管部门之间换位。

中央和地方各级国资委对行政级别的继续沿用，一定程度上导致了国有独资公司董事长约束机制的扭曲。对决策的主体选择来说，董事会成员的选择缺乏客观有效的标准。一般来讲，由政府部门选聘企业的董事长、总经理，不是以市场的方式，而是以政府官员的标准进行，由组织和人事部门进行考核。这个过程归根结底不是一个由财产所有者去选择财产的委托经营者的过程，因而选聘出的董事长、总经理具有双重身份，既是有行政级别的国家干部，又是公司的高层管理者，他们不会像私营企业家那样"贴心贴肉"地关心企业财产的保值增值。这样选聘产生的董事长，既没有面临职业董事市场、职业经理人市场竞争的威胁，也没有因决策、经营失败而被解雇的后顾之忧。行政任命的董事长、总经理一旦获得政府有关主管部门的任命和授权，无论经营状况如何，只要主管部门不免其职，其他行为主体就难以挑战其拥有的企业控制权。

从组织上对国家干部的考核和提拔的要求上看，干部级别的晋升靠的是“政绩”。由政府部门选聘的企业高管往往追求的目标是“仕途”，在思想和行为上只对其上级主管部门负责。有一定行政级别的董事长具有扩大自己“政绩”的心理和偏好，并且急于用利润等财务指标或者履行社会责任等“政绩”综合指标来表现，以迎合其考核任命的主管部门以期获得进一步晋升的机会。从法人治理的角度来看，由于任期制的存在，不但第二层委托代理中的经理行为会有短期化的弊端，在第一层信任托管关系中董事会和执掌大权的董事长也有可能出现决策行为短期化的表现。董事长行政级别的存在以及潜在的“官本位”思想，容易导致董事长淡化董事会决策的风险意识和责任意识，使得董事会的决策偏离出资人的财务目标。

在我国的国有独资公司中，董事长和总经理一般由不同的人担任，由于两个人都由同级国资委任命，往往还具有相同的干部级别，导致本来应该是公司治理中的董事会和经理层的相互制衡、博弈和冲突，演变成作为一个自然人的董事长和另一个自然人的总经理之间分工、合作的关系。“谁任命我，我对谁负责”，高管层，尤其是总经理，名义上对董事会负责，但实际上直接对政府或代表政府利益的股东负责，从而导致董事会无法对高管层实施有效的监督。

对于董事会的其他董事（包括外部董事）和高管层的其他成员来说，由于其行政级别比董事长、总经理要低，由于长期“官本位”思想的影响，加上他们本身对权力的敬畏与渴望，使得“隐匿自己的真实想法，唯上是从”的行为准则成为公司法人治理运行系统中最安全、最能得到赏识的行为通则。

综上所述，由于体制等原因，一方面，法定代表人制度使董事长的权限超出了其本身应有的权限，并得到了法律规范的普遍认可；另一方面，国有企业高管的行政级别任命制度使董事长的行为目标偏离了出资人的初始目标，并且，我国长期的“官本位”思想和文化使得企业监督机制形同虚设，董事长几乎不受企业内部治理机制的约束。

在目前的国有独资公司法人治理的实际运作中，董事长所享有的非规范性权力侵占了其本该有的规范性权力空间，董事会即使没有对董事长进行授权，由于法定代表人制度和国有企业行政级别的存在和影响，董事长也可以把其想要的权力转化为非规范性权力。这种现象的存在阻碍了董事长在董事会中应有作用的发挥。

三、国有独资公司董事长决策权力的运行规范与调整

对于如何构建规范体系，形成约束机制，制约董事长个人支配整个董事会的问题，本章认为，规范国有独资公司董事长权力运行，需要社会多方面协调配合，创新思路，整体设计，改变董事长的权力运行的环境。具体地讲，需要在以下几个方面做出努力：

（一）立法层面的整体设计

立法层面的整体设计需要全国人民代表大会以及各级立法机关进一步探讨、修改和完善《公司法》的有关条款，改革董事长授权机制，限制董事长非规范性权力的行使，切断非规范性权力转化为规范性权力的渠道。具体包括以下方面：

（1）有关法定代表人的规定条款缺乏灵活性。建议今后的《公司法》将法人的代表权授予董事会整体而非董事长个人，根据不同的事项和具体情况，由董事会授权合适的代表人代表公司，代表人授权的规则和程序由公司章程规定。任何董事都可以经授权成为公司代表人，代表人可以是董事长，也可以是总经理或其他董事，既可以是单一代表，也可以是共同代表。公司工商注册时，在法定代表人一项，可以把所有公司章程中规定的公司代表人成员名单全部列出。

（2）有关董事长的行政任命，程序上并不规范。建议今后的《公司法》将国有独资公司的董事长由国资委直接任命的方式修改为提名任命的

方式，董事长的人选须经董事会选举程序产生后方可正式任命，使对董事长的权力约束从形式、程序上符合《公司法》的一般规则。

（3）增加董事长越权行为无效与撤销的条款。对于董事长越权行使职权的行为，授权公司监事会、董事会和董事启动越权行为无效与撤销程序，撤销董事长的越权行为，并追究其民事责任。

（4）授权董事会有罢免董事长的权力，使董事长能真正对董事会负责。通过加强董事会其他成员对董事长的监督，督促董事长自觉、规范地按照董事会的议事规则与合议程序行使权力。

（5）通过立法，建立多样化、多源化的董事会人员组成结构，健全董事会的制度功能。通过引进外部董事制度，强化职工董事的作用，以董事会内部的制衡力量监督董事长行为。

（二）股东层面的科学治理

科学的制度设计需要国资委从股东层面出发，潜心研究公司治理的有效机制，设法回归董事长在董事会中应有的“角色”定位，规范和调整董事长在公司治理中的作用方式，为国有独资公司董事会的有效决策提供制度支持。

（1）建议加快国有独资公司干部体制改革的进程，逐步取消国有企业董事会成员和高管层成员的干部级别，避免出现国有独资公司的高管上调政府行政官员的现象，彻底割断董事长等高管人员在政府公务员系列的“仕途”，用心培育公司治理的行家、专家。在政策导向上，国资委要帮助国有独资公司摒弃董事长是董事会“一把手”的旧观念，倡导董事长是董事会的“首席治理官”的新观念，使董事长与总经理各司其职。

当然，干部制度的每一次变革都会遇到很多阻力，需要国资委及相关干部管理部门着眼国有企业改革的大局，展示出创新的勇气和胆略，做好攻坚工作。

（2）在履行出资人职责方面，国资委要改变董事选聘机制，按照董事选聘的相应标准，选聘好国有独资公司的董事会成员，并由指定董事长的行政管理逐步过渡为董事会按选举程序推选、国资委审批的出资人管理。另外，国资委履行出资人职责，应将公司法定代表人的选择权交还董事会，而不应去指定或干涉企业的法定代表人人选。说到底，对国资委负责的是国有独资公司董事会整体，包括外部董事在内的董事会所有成员，因而让董事会自主选择法定代表人不会侵犯出资人的利益。

（3）在建设中国特色的社会主义体制条件下，国有独资公司的党委会作用必须要逐步强化而不能有所削弱。为强化董事会内部制衡和监督，遏制董事长对非规范性权力的过度追逐，国资委履行出资人职责选聘的董事长与组织部门按照党章的相应原则选拔任命的党委书记应由不同的人来担任，以发挥其各自不同的职能和作用。

（4）加强董事会外部制衡，促进董事会成员的选聘来源的多元化，完善和推广外部董事制度，对于有条件的国有独资公司，可以试点选聘有能力的外部董事担当董事长。

（三）企业层面的积极制衡

对于国有企业内部来说，长期以来，国有企业缺乏对董事长的有效监督机制，是董事长权力攫取非规范性权力并导致权力膨胀的重要原因。根据公司治理的相关原则，公司内部要利用各种手段积极制衡，理顺各种关系，构建立体的监控网络。

（1）要积极发挥外派监事会的监督作用，由于外派监事会具有外派、高派、轮换制和利益独立等特征①，其对董事会的监督是有效的和客观的，特别是国资委授权外派监事会对企业领导班子做出的任免奖惩建议（包括对企业领导班子整体做出评价，对企业主要负责人和财务负责人分别评价），强化了对董事长的权力规制。

① 郑海航等：《国有独资及国有控股公司董事会与监事会关系研究》课题报告，2008 年。

（2）国有独资公司的法人治理需要采取外派监事会以强化内部监督机构的监控力度。采取在董事会中选聘外部董事、党组织纪委监督、对董事长的离任审计以及职工民主监督等多种形式，组成防范董事长越权行为的内部监督体系，通过多元、多级、全方位的内部监督，矫治国有独资公司董事长的规范性权力行使过程的异化。

（3）董事会决策职能的高效运行，严格董事会的工作制度、议事规则和合议程序，也可以强化董事会对董事长独立决策或决定公司重大问题的制约和监督。

参考文献

[1] William H. Simon. The Legal Structure of the Chinese "Socialist Market" Enterprises. The Journal of Corporation Law, 1996 .

[2]［美］彼得·德鲁克：《卓有成效的管理者》，机械工业出版社，2005 年版。

[3] 郑海航、吴冬梅：《国有控股公司治理结构研究》，《首都经济贸易大学学报》，2006 年第 2 期。

[4] 郑海航等：《国有独资及国有控股公司董事会与监事会关系研究》课题报告，2008 年。

[5] 邢玲：《论公司法定代表人制度》，《法制与社会》，2007 年第 8 期。

[6] 赵志川、宋榕：《论国有独资公司董事长权力的法律规制》，《商业时代·学术评论》，2006 年第 15 期。

[7] 裘婷珍：《论我国国有独资公司的治理结构的完善》，《技术经济与管理研究》，2005 年第 2 期。

[8] 杨继：《中国股份公司法定代表人制度的存废》，《现代法学》，2004 年第 12 期。

[9] 方流芳：《国企法定代表人的法律地位、权力和利益冲突》，《比较法研究》，1999 年第 3、4 期。

（本章作者：张磊，男，山东省黄县人，管理学博士，高级经济师，中国土木工程集团有限公司企业发展与管理部经营分部经理）

第十五章　中国上市公司治理评价研究

近年来，公司治理已成为全球关注的热点问题。在理论层面，大量对公司治理的实证研究均表明，良好的公司治理机制是现代市场经济和证券市场健康运作的微观基础，对经济和金融的稳定与发展具有重大意义。在实践层面，从20世纪90年代起，全球范围内掀起了公司治理运动，这一运动的核心内容包括两个层面：一是由OECD等国际组织、各国证券监管机构以及证券交易所在宏观层面上完善投资者保护的法律体系、提高信息披露标准；二是由单个上市公司在微观层面上强化公司治理实践，建立公司内部控制和监督机制。

与公司治理运动的发展相一致，标准普尔（Standard & Poor）、戴米诺（Deminor）、里昂证券（CLSA）等机构开始在新兴市场及发达市场推出公司治理评价服务，试图为各国（地区）公司治理水平提供一个可量化的评价指标。本章在借鉴国外经验的基础上结合我国上市公司所处的法律环境、机制环境、市场条件以及上市公司本身的发展状况，试图设置中国特色的上市公司治理评价指标体系，采用科学的方法对上市公司治理状况做出准确、客观的评价。

一、国内外公司治理评价研究综述

公司治理评价伴随着现代公司制度而产生，公司所有权与经营权以及公司所有权与控制权相分离，资本所有者基于强化公司控制权以及投资者为了正确投资决策而提出来的。公司治理评价萌芽于1950年杰克逊·马丁德尔提出的董事会业绩分析，最早的规范的公司治理评价研究是由美国机构投资者协会在1952年颁布的《优秀经理人员手册》中设计的第一个正式评价董事会的程序。随后出现了公司治理诊断与评价的系列研究成果。1976年9月，英国学者米勒在美国管理协会《管理评论》上发表了"Are Directors Board Worthy? —A Report Card for Board Members"，从能力、道德、代表性、独立性、准备程度、实践经验、发展潜力、任职经历、任职时间保证程度、任职资格、特殊服务能力十一个方面对董事人员素质进行评价；1990年12月，美国学者托马斯在《欧洲管理》发表了"Developing Directors"一文，对董事应具备的技能和素质做了研究。最早的较为完善的公司治理评价系统是创立于1998年的标准普尔公司治理服务系统。目前比较有影响的公司治理评价体系有：

（一）标准普尔公司治理服务系统

国外最早的公司治理评价系统是1998年美国标准普尔所建立的公司治理服务系统。标准普尔以《OECD公司治理准则》、美国CALPERS等提出的公司治理原则以及国际上公认的对公司治理要求的指引、规则制定评价指标体系，把公司治理评价分为国家评分与公司评分两部分。前者主要评估一个公司所处的外部环境，侧重于关注宏观层次上的外部力量如何影响一个公司治理的质量，侧重于外部治理机制，从法律基础、监管、信息披露制度以及市场基础四个方面予以考核；后者则主要分析公司管理层、董事会、股东及相关人互动的有效性，主要集中于内部治理结构和运作，侧重于内部治理机制，包括所有权结构及其影响、金融相关者关系、财务透明与信息披露、董事会的结构与运作四个维度的评价内容。评价结果采用公司治理分值（Corporate Governance Scores，CGS）表示，10 分为最高，0 分为最低。综合考虑内部治理机制和外部治理机制是该体系的特色之一。

（二）戴米诺公司治理评价体系

戴米诺则以《OECD 公司治理准则》以及世界银行的公司治理指引为依据来制定指标体系，从股东权利与义务、接管防御范围、公司治理披露以及董事会结构与功能四个维度衡量公司治理的状况，重视公司治理环境对公司治理质量的影响。戴米诺评价体系特别强调了接管防御措施对公司治理的影响，也十分重视国家分析的作用，国家分析提供了一个分析公司的基准。国家分析侧重于对公司治理有关的法律方面的分析，以及对各国公司治理的分析，反映了各国的公司治理实践。其评价体系包括 70 多个指标，并不断更新。该体系在欧洲机构投资者中得到了较广泛的认同，拥有众多机构投资者用户。

（三）里昂证券（亚洲）公司治理评价体系

里昂评价系统从公司透明度、管理层约束、董事会的独立性与问责性、小股东保护、核心业务、债务控制、股东的现金回报以及公司的社会责任八个方面来评价公司治理的状况，它注重公司透明度、董事会的独立性以及对小股东的保护，强调公司的社会责任。里昂证券（亚洲）的评价体系包括 57 个指标，评价结果给予 0 ~ 100 分的评分，评分越高说明公司治理质量越高。

（四）中国台湾学者叶银华制定的公司治理评价系统

中国台湾学者叶银华从董（监）事会组成、股权结构、管理性能、超额关联交易、大股东介入股市程度五个方面设置了17个变量考核台湾地区上市公司治理状况。评价结果参照了国际上认定的公司治理标准与评等惯例，依据各样本的总评得分将治理绩效评为AAA～C七个级别。该系统较为详细地分析了上市公司治理评价的意义、原则、理论基础，重点强调了公司治理中的财务危机预警评价以及对资讯透明度与上市公司网站的评价。

（五）连城国际的中国上市公司董事会治理考核指标体系

2002年，北京连城国际理财顾问公司推出中国上市公司董事会治理考核指标体系，涉及经营效果、独立董事制度、信息披露、诚信与过失、决策效果五个方面，它主要从董事会治理效果的角度对董事会治理进行评价，未考虑董事会自身的状况。连城国际以披露的2001年年报的深沪两市1135家A股上市公司为样本，运用该体系进行了董事会治理评价和排名。除了政府部门对企业的考核，连城国际是首家进行企业评价的国内商业性评价机构。

（六）大鹏证券裴武威的中国上市公司评价体系

2001年，大鹏证券公司的裴武威建立了一个中国上市公司的评价体系，涉及所有权结构及影响、股东权利、财务透明性和信息披露、董事会结构和运作四个方面的内容，包含第一大股东股权比例、独立董事所占比例、净资产收益率等18个指标。该体系的最大特色是高度结合中国市场环境和上市公司治理实际，将法人控股公司或民营企业控股公司股权结构的透明性、控股股东本身的所有权与控制权结构、国有股在上市公司的地位及其影响等诸多中国市场特有的治理问题通过严密而详细的问题设计，包含到评价内容之中，具有对被评价对象认识上的深刻性和针对性。该体系的核心内容和结构反映出中国上市公司治理评价体系应具有的基本特色。

（七）海通证券研究所吴淑琨推出的评价体系

吴淑琨和李有根参考 SP 关于公司治理评价体系中的国家系统性评价指标，针对我国上市公司治理的环境情况，建立了中国上市公司治理环境指数，用以对我国的公司治理环境进行评价，这也是观察投资者和了解上市公司治理环境的重要参数。

吴淑琨提出的公司评价体系包括股权结构、股东权利、财务及治理信息披露、治理结构、治理与管理的匹配性五个方面，对每个方面都建立了全面详细的评价标准，设计了 60 个问题，通过被评价公司对问题的回答情况进行评价，并计算上市公司治理指数作为评价结论的直观量化反映。

（八）香港大学的公司治理水平的指标——G 指标

香港大学中国金融研究中心，以《OECD 公司治理准则》和公司治理理论，勾勒了在中国一个良好的公司治理所必须具备的内部机制与外部机制，通过实证分析归纳了在中国的市场环境条件下一套变量来描述公司治理机制，该治理结构将内部机制通过董事会（CEO 是否是董事会的主席或者副主席、外部董事的比例、经理薪酬、公司的 5 位最高层管理者的持股情况）、股权结构（最大股东的持股情况、企业是否有母公司）、财务透明度、高管薪酬表示；外部机制通过企业控制权的竞争市场（第二大股东到第十大股东的股权集中程度）、法律体制和对中小股东的保护、产品市场竞争度等多个因素综合分析与公司市场价值的关系表示，提出了一个衡量公司治理水平的指标——G 指标。

（九）中国上市公司治理评价指标体系——南开治理指数

南开大学李维安教授主持的公司治理研究中心 2003 年在借鉴国外著名公司治理评价系统的基础上，充分考虑我国公司治理的环境，根据公司治理评价系统指标体系设计的原则，以《上市公司治理准则》为基准，综合考虑《公司法》、《证券法》、《上市公司章程指引》等有关上市公司的法律法规及其相应的文件，精心设计了中国上市公司治理评价指标体系，设置股东权益与控股股东、董事以及董事会、监事以及监事会、经理层、信息披露以及利益相关者六个方面的评价内容，注重公司内部的治理机制。在指标体系的设计上，与标准普尔、戴米诺以及里昂评价系统相比，上市公司的独立性、股东权益的保护、监事会以及利益相关者参与治理等得以充分考虑。每一评价内容由 80 多个评价指标组成，以期对我国上市公司治理的状况做出全面、系统的评价。

（十）上证公司治理指数

早在 2002 年，上证所内部就开始研究国际经验，酝酿推出公司治理板块。2005 年，对公司治理板块的设立形成了完整的设想，2007 年年底正式设立上证公司治理板块。上证公司治理板块的评价指标体系主要由四大类共计 20 个指标组成，主要考察了上市公司经营合规性、股东行为、董事与高管行为和信息披露等。20 个指标中，至少 10 个指标是针对控股股东行为的规范和关键人的约束和激励这两个突出问题的，这个评价体系指标完全是针对中国上市公司在公司治理上的特点而设计的，这些指标同时也正是市场投资者最关心的。因此，上证所推出的这套具有针对性的公司治理评价指标一方面为上市公司积极主动改善治理结构指明了方向，另一方面也为投资者提供了更多的投资分析指标，从而从市场角度促使上市公司进一步改善治理结构。

二、上市公司治理评价内容

公司治理评价就是由独立、中立的法人评价机构，根据委托方的委托，以评价事项的法律、法规、制度和有关标准化的规定为依据，采用规范的程序和科学的方法，对评价对象公司治理的合理性、有效性进行调查、审核和测定，以简单、直观的符号表示其评价结果并予以公开发布的一种评价行为。初期的公司治理评价涉及较为简单的指标体系，大多采用定性描述的方法；后期的公司治理评价无论在指标体系设计上还是在评价方法上均有较大完善。

公司治理评价指标体系的设置，必须考虑我国上市公司所处的制度环境。公司治理的产生及其变迁具有“路径依赖”性，一国的历史文化、政治制度、法律以及企业的实践等在公司治理结构与治理机制的确立与演进中起着重要的影响。我国上市公司是在受着悠久的儒家文化传统以及长期计划经济制度遗产的环境下成长起来的。上市公司的出现不是古典企业制度发展的自然结果，而主要是在否定、改造计划经济企业制度的过程中被嫁接到企业中去的，并被赋予改革国有企业的使命。由于其成长环境的特殊性，决定了我国上市公司无论是在股权结构安排上还是在上市公司的人事安排以及关联交易上均表现出强烈的“路径依赖”性。为了不动摇公有制的主导地位，政策设计者在股权结构安排上引入了国有股、法人股和公众流通股，其中国有股处于绝对控股的地位。传统体制遗留下来的计划权力配置使得上市公司的股权结构表现为明显的“股权双轨制”与国有股“一股独大”；同时长期的儒家伦理观念与关系网络的影响，使得上市公司出现显著的连锁董事与关联交易等现象。转轨时期法律的空缺以及市场纠错功能的限制，使得中国上市公司的治理模式表现为既不同于英美的一元制模式又不同于日德的二元制模式。因此，中国现行的上市公司治理结构主要有两种模式，即控股股东模式和内部人控制模式。这两种模式常常在一个企业中复杂地重叠在一起。在控股股东模式中，当控股股东为私人或私人企业时，往往出现家族企业的现象；而当控股股东为国家时，往往出现政企不分的现象，国家对企业进行的大量直接干预和政治控制往往与公司价值最大化的要求相悖。

中国上市公司治理评价体系基于中国上市公司面临的治理环境特点，依据中国国家证券监督委员会颁发的《中国上市公司治理准则》对公司治理提出的要求。侧重于公司内部治理机制，强调公司股权结构、公司规范运作、上市公司独立性、公司内部控制、治理的信息披露、利益相关者等。

上市公司治理评价的衡量指标包括以下几个方面：

（一）股权结构

股权结构是我国上市公司目前治理方面面临的主要问题之一，因此在现有股权结构难以发生根本转变的情况下，向投资者全面详细地披露有关股权结构的信息是非常重要的。它不仅包含上市公司本身的股权结构，而且还应考虑到事实上的控制关系、交叉持股和间接持股等。针对股权结构的问题设置有：

（1）国家是否是控股股东。

（2）是否有三个以上的持股（包括间接持股）均在10%以上的股东。

（3）前十大股东之间是否存在关联关系。

（4）前十大股东与上市公司之间是否存在关联交易。

（5）是否详细披露了控股股东的股权结构。

（6）公司前十大股东尤其是控股股东的变化是否得到了及时详细披露。

（7）机构投资者是否对公司有影响。

（8）控股股东是否利用其控制地位与上市公司发生过有失公允的交易如转移资产、利润分配、不合理的关联价格等。

（9）是否发生过前十大股东侵害上市公司和中小股东合法权益的事件。

（二）公司规范运作情况

股东会、董事会、监事会、经理层的治理是公司规范运作的基础，因此对于“三会”及经理层设置问题如下：

1．股东大会

股东大会应满足股东知情权和股东投票权两个方面的要求，股东大会的程序和运作应保证能向所有股东提供同等参加条件，获得同样足够和及时的信息。符合一定条件的股东能够要求召开临时股东大会并向董事会提出议案；对公司重大问题做出决策时要保障所有股东参与。针对股东大会的问题设置有：

股东大会的召集、召开程序是否符合相关规定。

股东大会的通知时间、授权委托等是否符合相关规定。

股东大会提案审议是否符合程序，是否能够确保中小股东的话语权。

有无应单独或合并持有公司有表决权股份总数10%以上的股东请求召开的临时股东大会，有无应监事会提议召开股东大会。

是否有单独或合计持有3%以上股份的股东提出临时提案的情况。

股东大会会议记录是否完整、保存是否安全；决议是否充分及时披露。

公司是否有重大事项绕过股东大会的情况，是否有先实施后审议的情况。

公司召开股东大会是否存在违反《上市公司股东大会规则》的情形。

公司召开股东大会时，是否采取过网络投票形式，其参与程度如何。

公司召开股东大会时，是否发生过征集投票权的情形。

公司在选举董事、监事时是否采用了累积投票制。

2. 董事会

董事会评价从董事会结构、董事会独立性和董事会运作三个角度设置问题如下：

公司是否制定有《董事会议事规则》、《独立董事制度》等相关内部规则。

公司董事会构成中股东（代表）董事是否在董事会中占多数。

董事长是否存在兼职情况，是否存在缺乏制约监督的情形。

各董事的任职资格、任免情况是否符合法定规定、程序。

各董事的勤勉尽责情况，缺席参加董事会会议是否超过 3 次/年。

各董事在公司重大决策以及投资方面是否发挥专业作用。

董事与公司是否存在利益冲突，存在利益冲突时其处理方式是否恰当。

董事会的召集、召开程序、时间、授权委托是否符合相关规定。

董事会的议决事项关注重点是否是公司的经营战略和财务安排同时兼顾的公司制度建设。

董事会决议是否存在他人代为签字的情况。

董事会会议记录是否完整、是否存在篡改表决结果的情况。

董事会是否设立了下属委员会，如提名委员会、薪酬委员会、审计委员会、投资战略委员会等专门委员会。

独立董事在董事会下设的专门委员会是否占多数，委员会主席是否是独立董事。

独立董事对公司重大生产经营决策、对外投资、高管人员的提名及其薪酬与考核、内部审计等方面是否起到了监督咨询作用。

独立董事是否由中小股东提名。

独立董事履行职责是否能得到充分保障，是否得到公司相关机构、人员的配合。

是否存在独立董事任期届满前，无正当理由被免职的情形。

董事会秘书是否为公司高管人员。

股东大会是否对董事会有授权投资权限，该授权是否合理合法，是否得到有效监督。

3. 监事会

监事会评价从监事会结构和监事会运作设置问题如下：

公司是否制定有《监事会议事规则》或类似制度。

监事会的构成与来源，职工监事是否符合有关规定。

监事的任职资格及任免是否符合规定。

监事会的召集、召开程序、通知时间、授权委托是否符合相关规定。

是否发现并纠正了董事、总经理履行职务时的违法违规行为。

监事会近3年是否有对董事会决议否决的情况，是否发现并纠正了公司财务报告的不实之处。

监事会会议记录是否完整、保存是否安全，会议决议是否充分及时披露。

在日常工作中，监事会是否勤勉尽责行使其监督职责。

4. 经理层

主要围绕经理层特别是总经理的任免机制、激励机制设计问题如下：

公司是否制定有《经理议事规则》或类似制度。

经理层特别是总经理人选的产生、招聘，是否通过竞争方式选出，是否形成合理的选聘机制。

总经理是否来自控股股东单位。

经理层是否能够对公司日常生产经营实施有效控制。

经理层在任期内是否保持稳定性。

经理层是否建立了合理的以业绩为导向的经理人员激励计划。

董事会与监事会是否能对公司经理层实施有效的监督和制约，是否存在“内部人控制”倾向。

经理层是否建立内部问责机制，管理人员的责权是否明确。

经理层等高级管理人员是否忠实履行职务，维护公司和全体股东的最大利益。

过去3年是否存在董事、监事、高管人员违规买卖本公司股票的情况。

（三）公司独立性情况

独立性是上市公司的灵魂，也是提高上市公司质量的基础，上市公司独立性如何，关系到上市公司和证券市场能否持续健康发展，关系到广大投资者利益能否得到有效保护，问题设计从规范控股股东与上市公司关系入手，涉及五分开、同业竞争、关联交易等多项内容：

公司董事长、经理、副经理、董事会秘书、财务负责人等在股东会及其关联企业中有无兼职；

上市公司业务是否正常运行，是否独立于大股东；

公司的生产经营管理部门、采购销售部门、人事等机构是否具有独立性，是否存在与控股股东人员任职重叠的情形；

公司的资产权属是否明确，是否独立于大股东；

公司财务会计部门、公司财务核算是否独立；

公司与控股股东或其控股的其他关联单位是否存在同业竞争；

公司与控股股东或其控股的其他关联单位是否有关联交易，关联交易是否履行必要的决策程序；

关联交易所带来利润占利润总额的比例是否重大；

公司业务是否存在对主要交易对象即重大经营伙伴的依赖；

公司内部各项决策是否独立于控股股东。

（四）公司内部控制情况

2008 年 5 月 20 日财政部等五部委联合发布的我国第一部《企业内部控制基本规范》，是我国资本市场发展的重要里程碑。内控系统评价主要从内部管理制度健全以及内部控制程序有效等方面设计问题如下：

公司内部管理制度是否完善和健全，是否得到有效的贯彻执行。

公司会计核算体系是否按照有关规定建立健全。

公司财务管理是否符合有关规定，授权、签章等内部控制环节是否有效执行。

公司公章、印鉴管理制度是否完善，是否得到执行。

公司内部管理制度是否与控股股东保持独立性。

公司是否存在注册地、主要资产地和办公地不在同一地区的情况。

公司对分支机构是否存在失控风险。

公司是否建立了有效的风险防范机制，是否能抵御突发性风险。

公司是否设立了审计部门，内部稽核、内控体制是否完备、有效。

公司是否设立了专职法律事务部门，所有合同是否经过内部法律审查。

审计师是否出具过《管理建议书》，对公司内部管理控制制度评价是否正面，公司是否整改。

公司是否制定了募集资金的管理制度。

公司的前次募集资金的使用效果是否达到计划效益。

公司的前次募集资金是否有投向变更的情况，程序是否符合相关规定，理由是否合理、恰当。

公司是否建立防止大股东及其附属企业占用上市公司资金、侵害上市公司利益的长效机制。

(五) 公司信息披露情况

从公众投资者来看，真实、及时、完整地披露信息可以使投资者做出理性的投资决策；从资本市场来看，及时披露信息使公司股价得以及时调整，保证交易的连续和有效，减少市场盲动。现实经济生活中，上市公司为达到各种目的，更多的是采取不披露的方式来隐瞒重大信息。可以说，信息披露质量是目前我国上市公司最为严重的问题之一。针对信息披露的问题设置有：

公司是否按照《上市公司信息披露管理办法》建立信息披露事务管理制度，是否得到了执行。

公司是否制定了定期报告的编制、审议、披露程序，执行情况，公司近年来定期报告是否及时披露，有无推迟的情况，年度财务报告是否有被出具非标准无保留意见，其涉及事项影响是否消除。

上市公司是否制定了重大事件的报告、传递、审核、披露程序，落实情况如何。

董事会秘书的权限、知情权和信息披露建议权是否得到保障。

信息披露工作保密机制是否完善，是否发生泄露事件或发现内幕交易行为。

是否发生过信息披露“打补丁”情况。

公司近年来是否存在因信息披露不规范而被监管部门处理的情形，公司是否按整改意见进行了相应的整改。

公司是否存在因信息披露问题被交易所实施批评、谴责等惩戒措施。

公司是否积极开展投资者关系管理工作。

(六) 利益相关者情况

根据利益相关者在公司治理中的地位与作用，并且考虑到问题的科学性、可行性，从利益相关者参与公司治理和利益相关者关系协调方面设置利益相关者评价问题如下：

职工监事占全体监事的比例是否超过了1/3。

职工是否持有股份。

公益性捐赠支出占利润总额的比例是否达到3%。

公司环境保护措施是否达标。

公司网站是否建立并及时更新。

公司是否能够保障客户使用本公司产品的安全。

公司对供应商是否诚信履约，是否未发生过违约事件。

是否因重大违法被政府部门处罚。

公司有无重大诉讼、仲裁事项。

综上所述，公司治理评价系统共提出了100个评价的问题，其中公司股权结构9个、公司规范运作48个、公司独立性10个、公司内部控制15个、信息披露9个、利益相关者9个。

三、上市公司治理指数的计算方法

为了客观、定量地评价我国上市公司的治理水平，在上述问题的基础上构建一个公司治理指数（Corporate Governance Index，CGI），该指数以百分制计算，具体计算方法如下：

（一）计算上述每个问题的得分

公司治理评价问题的答案有三种选择："是"、"否"和"不确定"，根据情况分别赋值"1"、"0.5"和"0"。赋值是对公司治理评价的具体项目即指标在不同状态下的人为赋值。这种赋值方法忽略了众多的中间态和状态值，将指标划归为三种状态中的一种。虽然个别状态赋值会存在偏差，但对基于人类思想意识和行为特征的状态识别，在理论上和实践中也难以寻求更为精确的量化工具。而对于大量数据的专家评价法，其高成本使得该方法在现实中不可行，即使不考虑成本因素，结论的置信水平和实践意义也无从验证。因此，固定状态赋值成为现实的理想选择。

（二）计算每个项目的得分

对于公司股权结构、公司规范运作、公司独立性、公司内部控制、信息披露、利益相关者这六个项目的公司治理数据的收集主要通过以下途径取得：①向上市公司发出公司治理调查问卷；②参阅了上市公司通过交易所公开披露的有关公司治理信息；根据治理数据分别计算得分总和，然后除以该项目下的问题个数，再乘以100，作为该项目的最后得分。因此，每个项目的总分为100分。

（三）运用专家调查法构造中国上市公司治理评价体系评价要素之间相对重要性的评价权重

以公司治理指数作为总体目标，相对于总体目标，六大子目标即公司治理评价要素之间的权重通过专家评判法获得。为保证专家问卷调查的全面性、客观性和专业性，选择与上市公司治理评价研究有密切关联的各方人士作为本调查的对象，其人员构成为高校教授10人，证券公司行业研究员10人，上市公司董事长、总经理、董事会秘书15人，投资基金经理10人，监管机构5人，共选择有效样本50个发出问卷。

专家评判法获取的数据经分析后，按照数据收敛程度多次发出德尔菲调查问卷，获取经专家修正后的评判数据，进行多次统计分析。如此反复，直至得到满意的结果。

（四）按照各个项目的相应权重，计算公司治理指数的总体得分

根据运用专家调查法得出的中国上市公司治理评价体系评价要素即公司股权结构、公司规范运作、公司独立性、公司内部控制、信息披露、利益相关者之间相对重要性的评价权重，然后计算公司治理指数的加权平均值：

公司治理指数＝评价权重×公司股权结构＋评价权重×公司规范运作＋评价权重×公司独立性＋评价权重×公司内部控制＋评价权重×信息披露＋评价权重×利益相关者

根据计算出的公司治理指数（CGI）分值，形成四种基本等级评价意见，即治理指数在80分以上为优秀公司治理、70～80分为良好公司治理、60～70分为及格公司治理、60分以下为劣等公司治理（在2009年1234家沪深两市上市公司评价样本中，南开上市公司治理指数平均值为56.89，最大值为69.52）。

四、公司治理评价的现实意义

（一）公司治理评价为投资者正确决策提供了有效依据

根据麦肯锡公司对全球基金经理的调查，基金经理认为良好的公司治理状况与良好的财务状况同等重要，在美国基金经理付出的溢价达16%～17%，而在东南亚基金经理付出的溢价高达60%～70%。拉美地区的投资者认为董事会行为的重要性超过了财务指标，80%以上的投资者认为他们

愿意为公司治理良好的公司股票支付更高的价格。在许多项目评估工作中，公司治理状况的好坏成为衡量项目风险的重要依据。对于战略投资者和机构投资者而言，公司治理评价更具有重要的参考意义。机构投资者多是长期投资，更加关注公司的经营稳定性，而一般来讲公司治理良好的公司，其稳定性较强，公司业绩较好。机构投资者资产组合中占多数的股票都是流通市值较大的公司，因此机构投资者对公司治理格外重视，甚至积极参与公司治理改革。公司治理评价系统的建立，可以使投资者能够对不同公司的治理水平进行比较，以掌握拟投资对象在公司治理方面可能存在的风险，以正确决策。

（二）公司治理评价可以促使上市公司注重提高公司治理的质量

公司的市场价值表现为公司的股权价值和债权价值之和。如果公司治理状况较差，表现在股票市场上则是投资者不愿意购买或持有公司股票，甚至抛售公司股票，因而造成股票交易低迷不振，公司的股票价格下跌。同样地，公司治理状况较差的公司其债权的价值也会受到影响。另外，由于公司高管人员的激励中有许多是股票或股票期权，对于那些治理状况较差的公司，公司业绩必然较差，因而造成公司股票价格下跌，高管人员的积极性受挫。同时若公司治理状况过差，则有可能导致公司控制权发生转移，难以保证其为公司的长期稳定发展而努力。另外，上市公司的治理评价记录作为一种反映公司治理方面的信号，对于企业拓展主营业务、投资合作以及融资都会产生重要的影响。无论是业务伙伴、投资合作对象，还是银行等金融机构，都不愿意与一个缺乏良好治理评价的公司打交道。上市公司治理评价系统的建立可以使上市公司及时地了解其公司治理的状况，对出现的问题采取有效措施加以解决，最终确保公司价值的增加。

(三)对监管机构和证券交易机构的作用

证券监督机构和证券交易机构需要对公司治理水准做出客观的判断来决定对公司的监管和指导。公司治理评价，为监管机构提供了重要的监管依据。对于监管机构而言，客观真实地了解和掌握上市公司信息是非常重要的。而公司治理评价一般是由社会中介机构进行的，其评价不会受到权力干扰和关系、利益等因素的影响，评价的结果更具有客观性和公正性。公司治理评价，为监管机构提供了一个统一的、可以量化的客观标准，有利于监管机构采取相应的措施，加强对上市公司的监管和指导。特别是对那些治理评价较低的公司，更应该作为监督管理的重点对象。

(四)有助于企业建立和实施公司治理战略

所谓公司治理战略就是公司在治理结构方面在中远期内所要达到的目标和为此采取的相关行动，一个公司之所以需要治理战略是基于对公司治理和公司作用的深刻认识。公司治理战略的目标包括公司准备在近期和远期所要达到的公司治理水平以及为实现这些目标在各个方面所采取的措施。公司治理评价体系，通过对公司治理水平的现状与理想水平的差距的分析，为公司制定和实施战略提供了重要的参照，不仅有总体的目标，还有各个方面的细致内容。公司治理评价同时也是公司自身改进治理水平的需要，通过客观的公司治理评价，不仅使公司自身从总体上把握公司治理的水平，还能够从公司治理评价的分析报告中详细了解影响本公司治理水平的因素及主要问题，从而明确建立公司治理战略。

参考文献

[1] 李维安：《中国公司治理原则与国际比较》，中国财政经济出版社，2001年版。

［2］裴武威：《公司治理评价体系研究》，《证券市场导报》，2001 年第 9 期。

［3］叶银华、李存修、柯承恩：《公司治理与评价系统》，商智文化出版社，2002 年版。

［4］南开大学公司治理研究中心课题组（李维安主持）：《中国上市公司治理评价系统研究》，《南开管理评论》，2003 年第 3 期。

［5］吴淑琨、李有根：《中国上市公司治理评价系统研究》，《中国软科学》，2003 年第 5 期。

［6］李维安、程新生：《公司治理评价及其数据库建设》，《中国会计评论》，2005 年第 2 期。

［7］《福建建立公司治理评价体系》，《上海证券报》，2002－08－15。

［8］施东晖、司徒大年：《值得企业家关注的公司治理评价体系》，《国际经济评论》，2003 年第 5～6 期。

［9］中国证监会：《关于开展加强上市公司治理专项活动有关事项的通知》，2007－11－7。

［10］彭成武：《中国公司治理评价体系设计》，《新疆社会科学》，2003 年第 3 期。

［11］张运生、曾德明、欧阳慧、张利飞：《中国上市公司高层管理团队治理评价研究》，《财经研究 》，2005 年第 3 期。

［12］周娜：《浅析公司治理评价的现实意义》，《商业时代》，2007 年第 9 期。

［13］周繁：《公司治理评价模式的探讨》，《中山大学研究生学刊》（社会科学版），2004 年第 3 期。

［14］李亚静：《国内外公司治理评价体系综述》，《西南民族大学学报》，2005 年第 3 期。

［15］《上证公司治理板块》，《上海证券报》，2008－01－23。

［16］《2009年中国上市公司百强公司治理评价》，《首席财务官》，2009年第 5 期。

［17］欧阳慧：《上市公司高层管理团队治理绩效评价系统及其实证研究》，湖南大学博士学位论文，2004 年。

［18］何红渠：《中国上市公司治理评价研究》，中南大学博士学位论文，2003 年。

（本章作者：齐涛，北京市石景山区国有资产经营公司财务总监）

第四篇
国有资产管理体制与国有控股公司

第十六章　国有资产管理体制模式的国际比较[①]

世界各国基本上都有一定数量的国有资产，国有资产的管理是一个世界性的问题，尽管世界各国由于制度环境、文化背景的差异，国有资产形成与发展呈现多样化趋势，在各国的行业分布、规模、比重等方面差别较大，在国有资产管理体系上也不尽相同，但在管理的思路、方法上存在许多共同之处。本章试图对世界上具有代表性的美国、英国、法国、日本、新加坡五国，以企业资产为主的经营性国有资产管理体制模式进行综合比较研究，在此基础上剖析、借鉴国外的经验，为完善我国国有资产管理体制提供参考依据。

一、美国国有资产管理体制

（一）美国国有资产管理的方式

美国国有企业可以分为纯国有企业和官私合营企业两种。纯国有企业是企业资本所有权完全由联邦政府或州、地方政府所拥有的企业。这类企业约占国有企业总数量的85%，在国有企业中占有主导地位，主要通过政

---

① 本章系首都经济贸易大学研究生科技创新资助项目。

府直接投资兴建和收购私有企业两种途径形成。官私合营企业是由政府和私人资本家共同投资而组成的企业，主要是美国政府对一些有关整个经济运行的行业及战略性经济行业中的企业进行参股而形成的，在国有企业中的比重约占15%，企业经营权掌握在私人企业主手中①。纯国有企业的资本所有权虽然完全归美国政府所有，但由政府直接经营的很少，大多数采取两权分离的经营方式，政府保留所有权，企业经营权交给私人企业经营，政府对企业的规范和约束，主要通过合同契约实现。

美国国有资产在法律上属于中央和地方政府分级所有，实行分级所有管理体制，形成了以国会立法为核心的监管体系。体现为：美国国会是国有资产的所有者，主要通过立法、授权和审批行使所有者职能。国会通过立法明确财政及专业主管部门的监管职责，财政部主要通过财政预算执行实施财产、财务监管，美国审计署对国有企业的经营状况、财务收支和债务进行监控，而各专业主管部门则根据国会的相关决议，设置常设委员会通过人事控制、合同制等方式进行监管。政府对国有企业监管总的原则是，在坚持财产所有权政府所有的前提下，按私营企业方式进行经营，企业自负盈亏。其中，对于投资公益行业的国有企业，经过严格的审计、监督程度，可申请国有预算补贴。而对于竞争行业的国有企业，则通过将国有企业租赁给私有企业经营，具体的租让条件和租金由双方谈判确定。

（二）美国国有资产管理机构的主要职责

1. 美国国会的监管职责

所有国有企业组建、撤销或企业内部管理体制的改革都必须经过国会的审议和立法批准，美国的国有企业主要有40家公司，每个企业均由国会单行列法，这些法律对企业设立宗旨、经营方式、人事与财务制度、业务

① 毛程连：《国有企业的性质与中国国有企业改革的分析》，中国财政经济出版社，2008年版。

范围与方法、投资范围和数量、产品价格与服务收费等方面都作了详细的规定，明确了公司的独立法人地位，企业、政府、国会各自的权利和义务。国会监管的主要方式是听证会，国有企业要想得到拨款支持，必须向国会听证会作出详细的报告，接受质询。此外，国会还通过设立常设委员会、临时委员会、审计署对国有资产进行监管。

2. 美国政府的监管职责

美国政府对国有企业的管理以 1945 年国会通过的《政府公司控制法》为基础。该法首次将美国国有企业划为完全由政府所有的国有企业即纯国有企业和公私混合所有制的国有企业即公私合营国有企业两种类型。完全由政府所有的国有企业包括：田纳西水利管理局、进出口银行、联邦存款保险公司和宾夕法尼亚道路发展公司，上述四个公司直接对总统负责，每年应提交商业性年度预算报告，总审计长每年应对其进行年度审计。

3. 美国国有企业内部的监管职责

在美国，国有企业内部的监管主要是通过董事会领导下经理负责制来体现的，相关法规明确了国有企业内部治理的实施原则，在公平的市场秩序与法律框架下高度自治。美国国有企业的董事会构成上包括：全部由政府官员组成、由政府官员和企业界人士共同组成、全部由企业界人士组成三种类别。政府官员董事代表国家利益，董事会的权限受到了严格的界定，不享有任何特权，如果董事会讨论议题涉及其在政府中所负责的工作，本人必须主动回避，美国国有企业董事会均实行记名投票决策制，企业的重大决策需经董事会投票通过。

4. 美国社会的监督

美国社会监督的形式比较多样，最主要的有三个方面：一是社会舆论监督。在新闻自由原则及强大的新闻媒体下，美国国有企业特别是公共资金的运营经常成为社会较为关注的话题，成为新闻媒体关注的焦点。二是民间审计的监督。美国政府或美国审计署普遍采取委托民间审计机构对国有企业进行财务审计，强化了国有企业的社会监督。三是公民的监督。美国法律明确规定，企业对政府财产的使用，要对纳税人负责，纳税人有权进行监督和举报。

二、英国国有资产管理体制

（一）英国国有资产管理的方式

英国国有企业基本上可以分为三种类型：政府直接管理的国营企业、具有独立法人地位的国有公司、以股份形式建立起来的国有控股公司。国营企业，是一种完全处于政府和国家银行控制下的企业，是不具有独立法人地位的国有企业，生产经营活动往往由政府相关机构直接管理，主要是一些涉及国计民生的重要企业。国有公司，是根据议会专门法律建立的、资产完全由国家占有和控制、具有独立法人地位的公司，国家对其管理主要是以控股、提供贷款、法律手段进行管控。国有控股公司，是国家和私人共同出资建立的企业，其法律地位和经营自主权类似于私营企业，独立参与市场竞争，主要经营的目标在于营利，1975 年，英国政府建立了国有企业局，专门对国家持有股份的公司进行监管。英国没有设立统一的管理国有企业的专门机构，主要是通过政府各主管部门、财政部和议会、企业内部对国有企业进行管理、监督和指导，有所分工，有所侧重，各司其职。议会为最高管理机构，财政部为管理组织的核心，各主管部门分类负责具体管理。

（二）英国国有资产管理机构的主要职责

1. 英国议会的监管职责

英国国有资产的最终所有者，可以以所有者的身份对国有企业进行监管。议会主要通过立法来行使国有资产管理权，如早期颁布的《示范公司章程》，国有企业的建立、改组、废除等重大问题必须由议会通过的专门法律决定，否则无效。国有企业的建立、改组、撤销以及国有企业私有化等重大问题，必须由国会通过专门的法令来决定，某个国有企业的机构、职责和权利，由议会立法确立，如要改变就必须征得议会的同意。同时，议会授权各主管部门大臣、委托其对国有企业进行监管并向议会负责。

2. 英国政府的监管职责

（1）财政部的监管职责。财政部从财务方面以价值化手段监管国有企业，负责审批由各主管部门提交的投资报告，确立对国有企业资助额的大小，通过财政预算、监督预算执行情况，并对财政拨款的执行情况进行监督，有权对企业储备、剩余物品和董事会成员的薪金提出建议。

（2）行业主管部门的监管职责。行业主管部门根据议会的授权，对国有企业进行直接、具体的监管，如行使所属国有企业的人事权和决定企业经营方面的权力。另外，政府内阁及其下设委员会，由各部门成员组成，对国有资产的监管也起重要作用，许多与国有企业相关的重大决策就是通过内阁下设委员会讨论后由内阁批准的。

3. 英国国有企业内部的监管职责

英国国有企业内部实行董事会领导下的总经理负责制，将董事会作为连接政府和国有企业的桥梁，使政府的政策意图通过董事会得以贯彻执行。董事会的职责是：根据议会和政府批准的经营目标、长远规划和行动准则，制定企业发展战略、评估债权、任免企业经营管理人员。其中，国营企业、国有公司和国有控股公司的董事会人事任免存在一些差异。国营企业和国有公司的董事会成员均由主管部门派出，并经股东大会认可，年薪较高，主要国有企业董事长的年薪甚至达到内阁大臣的水平。

三、法国国有资产管理体制

（一）法国国有资产管理的方式

法国国有企业按其法律形式可分为三种类型：①主要从事工商业活动的行政性公共事业机构、国有化企业。②工商业性质的公共事业机构和国有化企业，这些国有企业具有独立的法人地位，资产和补助金全部由国家或地方政府占有。③国家掌握部分股票的混合股份公司，控股的方式有直接控股和间接控股①。直接控股由财政部和预算部代表国家持股，间接控股由国家银行和金融机构持股。对于垄断性国有企业直接管控性较强，而对于竞争性国有企业，在接受国家监督的基础上，基本上与私人企业处于同等竞争地位。

法国没有建立一个全国统一的国有企业管理机构，也没有一个统一的管理章程。因此，国家与国有企业之间保持着十分复杂的管理关系，并由议会、政府部门、国家参股局、审计院、企业内部共同实施监管。大致分工是控股企业行政和业务领域领导权归对口的主管部，2003 年 7 月成立的国家参股局，将原来分散在能源、交通、财政等部门的国有资产管理职能集中起来，代表政府行使参股国有企业出资人的权利。财政管理和监督权归经济、财政和预算部及国家审计法院。在国有资产的管理上主要采取中

① 王大庆：《国有资产出资人制度研究》，中央党校博士学位论文，2004 年。

央财政部和各主管部相结合，推行计划合同制管理，并以财政部为主的双重监管方式。

（二）法国国有资产管理机构的主要职责

1. 法国议会的监管职责

法国议会设有公共部门最高委员会，其任务是审查每年国有企业的经营报告。议会还设有账目法庭，每两年对国有企业进行一次审计，向审计法庭提出调查建议。国民议会和参议院的财政委员会和生产委员会都可以对各部部长提出质疑，议员有权进行相关的调查，对查出的问题有权责令有关部门和人员纠正和赔偿，直至追究刑事责任。审计院负责每年对国有企业的账目进行事后稽核，审计后要写一份综合报告和每个企业的专门报告，分别呈送议会、总理和经济财政部长，议会有权组成专门小组，对国有企业经营状况进行评估。

2. 法国政府的监管职责

（1）任命国有企业领导人。一般情况下，法国政府通过任命国有企业领导人来行使对国有企业的管理权。在法国，大多数国有企业均是按照责任有限公司的形式管理，董事长和总经理由政府总理或主管部门、共和国总统提名，并通过政府颁布法令正式任命。部属或一级国有大企业的董事长和总经理均由政府任命，次一级的由总理任命，再次一级由主管部长任命。董事会中的国家代表和专家、知名人士代表均由国家任命，且国家代表一般是财政部和其他各部门的代表，这样国家可以通过董事会来贯彻自己的意图，影响企业的发展方向。

（2）政府双重委派员的监管。双重委派员制度是法国加强国有资产监管的重要举措，它是指财政部和主管部门都向企业派驻常驻稽查员的制度。财政经济和预算部的常驻企业代表为稽查员，主管部门的常驻代表，负责了解检查企业日常生产经营情况，国家特派员对国有企业的监督权限很大，有权参加行政委员会，并有举足轻重的表决权。

3. 法国国有企业内部的监管职责

自20世纪80年代以来，法国对国有企业的决策和监督体制进行了改革，建立了体现现代企业制度特征的内部治理结构和制衡机制。法国国有企业的领导体制为董事会制，即董事会下的经理负责制，国有企业的日常事务由国有企业董事会负责，在董事会成员中，实行“三方代表制”，即国家代表，职工代表和企业有关专家、知名人士代表各占1/3。法国法律规定了政企分开的原则，政府的部长或议员不得参加董事会，政府官员一旦被任命为国有企业的董事长或总经理，就不再担任政府职务。董事长在对公司业务作出重大决策时，要接受政府有关部门的领导和监督，一般都要同政府有关部长磋商，以实现预期的宏观目标和社会目标。

四、日本国有资产管理体制

（一）日本国有资产的管理方式

日本的国有企业也称为公共企业或公营企业，主要分布在私人企业无法有效发挥作用的经济指导部门和经济指导领域，按照经营方式大致可分为直营企业、特殊法人事业、第三部门、国有民营企业。直营企业由国家和地方公共团体直接经营的国家所有的企业，又称“现业”企业，在经营上由政府直接领导，在经营上采取独立核算，拥有独立的会计制度，在追求社会效益的基础上争取企业效益。特殊法人事业根据专门法律设立，这类企业具有经营自主权，但因其依特别法律设立、执行特殊职能，要受国家的监督并承担一定的社会责任。第三部门由国家和地方公共团体、民间企业共同投资设立的事业体，此类企业一般采取股份公司或有限公司形式，政府部门在这些企业中的股份一般都超过25%。国有民营企业是从公共福利出发由国家委托民间企业提供服务和管理，政府加以监管的公益企业。日本是较典型的政府主导型市场经济国家，国有资产管理体制是靠中央计划和市场机制共同协调发挥作用，基本上采取政企合一、高度集权的监管方式。国家对实施公益事业的国有企业规定了具体特权和义务。日本政府通过有关制度干预企业财务活动，决定企业最高负责人的任命和劳工制度，同时对企业经营活动实行监督。

（二）日本国有资产管理机构的主要职责

1. 日本国会的监管职责

日本国有资产管理的法律体系较为完备，针对不同类型的国有企业，采取不同的治理方法，制定有所差异的法律文件。日本早在1922年就制定了《国有资产法》，1948年又颁布了新的《国有资产法》，该法主要是规范政府机关管理和处置国有资产的行为。另外，对于竞争领域的国有企业一般采取股份公司的形式，受《民法》、《公司法》调整；对于政府功能类的国有企业一般采取特殊法人形式，国会制定专门的法律进行规范，主要包括针对103个特殊法人企业制定的103部特殊法。中央政府直接监管企业的经营范围、承担的义务及责任都以法律的形式予以固定，既不能随意变更经营范围，更不允许转产。

2. 日本政府的监管职责

中央直接经营由中央政府直接管理，每一个企业都是由各个政府主管部门和大藏省直接执行国有资产管理事务。大藏省是国有资产管理的总辖机构，内设的理财局是主管国有资产事务的专职机构，大藏大臣是大藏省最高领导人，有权对国有资产进行管理、处置和调整。在人事管理方面，国有制企业领导成员的任命权大都掌握在政府手中，大部分国有企业的工作人员是国家公务员，受到国家公务员法的约束，企业工资制度大多也由国会或政府直接决定。

3. 日本国有企业内部的监管职责

日本国有企业实行董事会领导下的行政首脑负责制，董事会是公司的最高决策机构，真正发挥决策作用的是由经营者和专家组成的内部董事会，董事会成员主要来自公司内部。董事会下设常委会负责筹划经营，总经理是最高负责人，委员从社会各界代表人士中选拔，委员和各企业最高负责人的任免，须经国会或主管部门批准。董事会成员一般都兼任各职能部门的负责人，国有企业内部的决策机构和执行机构一体化，并通过委员会协商机制进行管理。

五、新加坡国有资产管理体制

（一）新加坡国有资产的管理方式

根据功能和运作方式的不同，新加坡国有企业分为两大类：一类是公益性较强和自然垄断部门中的国有企业，由于法定机构的管理职能、运营方式及社会目标各有特点，因此议会为每一个法定机构专门立法，确保法定机构能按照立法规定而自主运作。法定机构是独立的法人，隶属于政府某部，该部拨付其创立资金和必要的流动资金，法定机构拓展业务所需资金通过由财政部担保的贷款方式筹集。法定机构承担一定的社会职能，由政府部门直接管理，涉足基础设施和社会服务领域的经济发展局、港务局、公共水务局、电讯局、新加坡广播局等属于此类企业。另一类是处于竞争领域的政府控股公司，依据公司法成立运作，采取财政部—国有控股公司—国连企业三层组织架构，财政部下属的控股公司有淡马锡控股公司、政府投资有限公司、新加坡科技控股公司、国家发展部控股公司等。国连公司是政府控股公司投资并拥有其部分股权的企业，国连公司依据公司法成立及运作，完全围绕经济目标经营与发展、参与市场竞争。

新加坡国有资产实行分类管理与分层管理相结合的管理方式，采取三个层次：政府部门、法定机构和政府控股公司、国连公司即政府控股公司控股、参股的企业。政府作为第一层次，主要是制定正确的经济发展战略，贯彻所有者的意愿，控制公司的发展方向，保证国家利益的实现①。成立法定机构和政府控股公司分别监管国有资产，实现了政府部门与法定机构、控股公司相分离，并通过强化立法、实施公共监管等政策措施，确保不同职能定位企业经营目标的实现。

（二）新加坡国有资产管理机构的主要职责

（1）新加坡国会的监管职责。新加坡议会针对不同类型的国有企业，制定了不同的法律。对于政府功能类的国有企业，议会进行专门的立法，为美国法定机构制定一部专门的法律，详尽规定其组织结构、领导人的任免制度、职责等，以规范法定机构与有关政府部门的权责关系。新加坡国会通过立法间接管理国有资产，并通过审计长、审计员具体实施。法定机构的预算需要由国会批准。其初始资本可以是继承的，也可以是财政部统一拨款。资金不足时，可以由国家发展基金再拨款，但需国会批准。接受向国会负责的国家审计署的审计，并向国会公布审计报告。而对于竞争领域的国有企业，国会要求严格执行公司法。

（2）新加坡政府的监管职责。新加坡政府主要运用法律手段而不是行政手段管理国有企业，通过政府控股公司和某几个法定机构这一中间管理层实现。政府监管法定机构的方式主要有：一是直接控制。如内阁部长有

① 毛程连：《国有企业的性质与中国国有企业改革的分析》，中国财政经济出版社，2008 年版。

权任命法定机构的董事会成员、董事长、总经理，批准法定机构的投资计划，特殊情况下可对法定机构下指令。二是间接控制。法定机构成立时需要经财政部批准，举债时需政府担保。对控股公司的监管则主要是通过外派官员直接参加公司董事会，进而影响公司的重大决策，通过财务报告和项目审批制度，对公司重大决策进行监督。

（3）新加坡国有控股公司内部的监管职责。对于政府控股公司，有政府设立的董事委任与咨询会议任命其董事会成员，并可根据需要，随时罢免其中的不称职者。董事可以是政府公务员，也可以从社会及私营企业招聘，公务员只能以普通董事身份表达意见，董事长由股东大会选举产生，经理人员由董事会任免。新加坡国有企业的董事会由独立董事、非独立董事共同组成，独立董事在整个董事会成员中的比例达到或超过 50%，专业委员会中的审计、薪酬委员会主席通常要求由独立董事来担任，董事会的主要职责是促进企业的长期可持续发展。作为新加坡最大的国有控股公司——淡马锡投资控股公司的董事及总经理任命需经总统同意。而控股公司对国连公司主要通过股权控制、人事控制等方式进行监管，若子公司发生亏损以致资不抵债，则会被关闭。如表 16 - 1 所示。

表 16 - 1　　各国国有资产管理体制模式的对比

国别	国企类型	管理方式	管理机构	管理职责
美国	纯国有企业 公私合营企业	部分政府直接监管 租赁制、系统工程承包	国会 财政部 行业主管部门 企业董事会 社会群体	立法监管 财产、财务监管 人事、合同监管 董事会领导下的总经理负责制 媒体、民间审计、公民监督
英国	国营企业 国有公司 国有控股公司	政府直接管理 按专门法管理 政府间接控制	议会 财政部 国有企业局 行业主管部门 企业董事会	立法监管 财务、价值化监管 管理、运作股权 直接、具体的监管 董事会领导下的总经理负责制

续表

国别	国企类型	管理方式	管理机构	管理职责
法国	行政性、商业性 公共事业企业 混合股份公司	计划合同管理 政府直接或间接控股	议会 财政部 主管部门 企业董事会	审查经营报告、账目 监督企业财务 任命企业领导人、 检查生产经营 董事会领导下 的总经理负责制
日本	直营企业 特殊法人事业 第三部门 国有民营企业	政府直接领导 政府监督承担社会责任 有限公司制 政府从公共福利出发监管	国会 大藏省 政府主管部门 企业董事会	立法、预算监督 直接执行监管 受国会委托直接经营 通过协商机制进行管理
新加坡	法定机构 政府控股公司 国连公司	专门法监管 人事委派、财务、 项目审批 股权、人事控制	国会 财政部 控股公司 国连公司	立法、审计监督 人事控制、政府担保 促进公司持续 成长的治理 董事会领导下 的总经理负责制

六、经验与启示

（一）各国监管的经营性国有资产主要分布在基础设施与公益服务领域

从以上考察的五个国家的情况来看，尽管经营性国有资产在国民经济中所占比例不同，但在各国经济发展中占有重要地位，主要分布在对国家经济有重要影响的经济命脉基础产业，或是对国民福利、生活影响较大的公益事业领域。在美国，邮政、公路全部国有，电力、铁路运输的25%国有；法国100多家企业国家直接控股，集中在电信、能源、交通及军工等国民经济命脉和战略部门；英国国有企业大多属于基础设施、基础产业、高技术产业和尖端技术产业，而日本的国有企业主要分布在政策业务和公益事业领域或产业，其中不少是独占垄断企业；新加坡国有企业主要分布在工业区开发、交通运输、广播电信、公用事业等基础设施和社会服务领域，国有经济控制着基础设施和基础行业等关键部门。因此，我国在国有企业改革中，也须坚持国有经济在关系国家经济命脉基础产业领域与公益服务领域国家的支配控制地位，纠正不加区分的国退民进、一卖了之的片面做法，切实维护国家与民众的根本利益。

（二）重视国有资产监管的立法工作，完善制度环境

美、英、法、日、新五国，在国有资产的监管上都有比较完备的法律制度，从企业分类，国有资产管理机构的设立，各利益相关方职责，权力的分工和行使，国有资产的投资、经营、处置以及违法处罚都有明确的法律规定，各利益主体严格依法办事，依法管理国有资产是上述国家的共同特征，为国有资产的高效运作提供了可靠的制度环境。我国国有企业无论是承担公益服务、垄断经营性还是市场竞争性，均主要遵循《公司法》、《企业法》、《企业国有资产法》运行，与不同国有企业差异性的职能定位明显不符，迫切需要加快针对承担特殊职能国有企业的专门立法，为不同国有企业目标的实现提供可靠的制度保障。

（三）应依据不同类别国有企业职能定位、经营目标，采取分类监管模式

从国有企业的经营目标上看，可以分为社会目标和利润目标。国有企业的双重目标，即社会效益最大化目标和利润最大化目标客观上存在着矛盾，若交织在一起，国有企业自身无所适从，西方发达国家普遍对国有企业实行分类管理，实践证明是行之有效的。我国借鉴国际上的成功经验，根据不同国有企业的职能定位，实施分类经营、监管。我国国有企业从职

能定位上可以分为公共服务性、自然垄断性、市场竞争性三类，职能定位不同，监管中对其经营绩效的评价指标在经济目标与非经济目标上也应有所差异。目前，我国对各国有企业均以市场竞争性企业的经营业绩为监管评价标准，与差异化的国企职能定位不相符，亟待采取分类监管、分类评价。

（四）我国国有资产管理体制应是多样化与普遍性的有机结合

判断一国国有资产管理体制合理与否，要与特定制度环境、文化背景联系在一起。制度环境决定制度安排，世界国家根据本国的经济状况和历史传统创造了多样化的国有资产管理体制模式，如美国的承包、租赁方式、法国的计划合同制、新加坡的国有控股公司经营方式等。因此，在借鉴先进国家成功经验时，必须深刻领悟模式形成的背景、适用的条件，切不可照搬照抄。同时，多样化的背后都遵循国有资产管理体制模式及其演进必须符合不同企业的职能定位，有利于国有企业自身经营目标的实现，并通过透明化管理，法律、行政、社会多方位监督等普遍性的监管规则，提升国有企业的效率。根据我国国情，对不同职能定位的国有企业采取多样化与普遍性有机结合的监管模式，充分考虑监管模式改革中各利益群体可接受性，循序渐进稳步推进，并通过强化独立监管、加大信息披露等机制，平衡各方利益，监管模式与国有企业职能定位相匹配，谋求我国国有资产管理体制的和谐转型。

参考文献

［1］陈蛇、姜建民、王慧：《国有资产管理的国际比较及其启示》，《软科学》，2002 年第 5 期。

［2］黄雷、叶勇：《国有资产管理的国际比较研究》，《西南交通大学学报》（社会科学版），2004 年第 5 期。

［3］李俊江、史本叶：《美国国有企业发展及其近期私有化改革研究》，《吉林大

学社会科学学报》，2006 年第 1 期。

[4] 李志祥、张应语、薄晓东：《法国国有企业的改革实践及成效》，《经济与管理研究》，2007 年第 7 期。

[5] 罗建纲：《委托代理：国有资产管理体制创新》，中国财政经济出版社，2004 年版。

[6] 王冀宁、朱玲：《美英法德日芬的国有资产管理体制的国际比较》，《求索》，2007 年第 6 期。

[7] 王彤：《世界各国国有资产管理体制比较》，《经济与管理研究》，2006 年第 6 期。

[8] 张恩众、张永强：《西方国家国有资产管理的几种模式》，《改革》，2003 年第 6 期。

（本章作者：李东升，男，山西怀仁人，首都经济贸易大学工商管理学院博士研究生，山东工商学院副教授）

第十七章　国有控股公司：界定、经验与借鉴

在国有资产监督管理体系中，国有控股公司属于中间层，处于一个较特殊的位置。对上即国资委而言，国有控股公司是国有资产的授权投资机构，对授予其经营的国有资产负保值增值责任；对下即一般的国有企业而言，国有控股公司又是子公司的出资者，行使《公司法》赋予的股东权利。由于国有控股公司处于一个承上启下的位置，起着相当关键的作用，因此，在国有资产监督管理体制改革中必须加强对国有控股公司的研究与设计。

一、国有控股公司的界定

（一）我国国有控股公司的形成

当前，在国有资产管理体制改革中再次提出国有控股公司问题给人的感觉是老生常谈。但是，在国有企业及国有资产管理体制处于改革的关键时期，我们认为应该重新认识国有控股公司在其中所应发挥的作用。20 世纪 90 年代中后期，我国的理论工作者与改革者曾经对国有资产的管理体制进行众多有益的研究与探索，其中，对西方国有控股公司的研究及实施就是当时的重要成果。在实践中的直接表现就是，深圳、上海、珠海、武汉

等地都大力发展了各种形式的国有控股公司。

我们把当前我国国有控股公司的形成途径总结为以下四种方式：

（1）把政府行业主管部门改组为国有控股公司。即将计划经济体制下的分类归口管理国有企业的行业主管部门改造成国有控股公司，政府授权昔日的主管部门以出资人的身份，把下属企业改造成被控股的子公司，经营管理国有资产，从而将主管部门与企业的行政隶属关系转变为出资者与被投资者的经济关系。

（2）将行业性总公司改组为控股公司。我国在20世纪80年代开始陆续在石化、船舶、航空、航天等产业中组建了一批全国性的行业总公司。当时，行业总公司与下属企业之间并未形成以产权、股权为纽带的母子关系体制，更多体现的仍是行政隶属关系，而行业总公司本身也承担着大量政府的管理职能。从建设社会主义市场经济以来，经过现代企业制度的建设，开始逐步把这些具有浓厚行政色彩的行业性总公司改造为国有控股公司，从而形成中国石油化工总公司、中国有色金属工业总公司等国有控股公司。

（3）将企业集团的核心企业即集团公司实行国有资产授权经营，改组为控股公司。随着我国企业集团的不断发展壮大，国家和地方政府部门选择一些企业集团实行国有资产授权经营，将一部分国有企业授权给集团公司统一经营，形成东风汽车集团等国有控股公司。

（4）新设立的国有控股公司。为了便于国有股权的集中、统一管理，新建了一批国有控股公司。例如，中央组建了专业性的投资公司，作为国家出资者代表对一些建设项目实施国有股权的管理，地方政府组建专职从事国有股权管理的国有资产经营公司，把一部分国有企业股权划转到新成立的国有资产经营公司中，方便了国有股权的集中统一管理。

在国有资产管理体制改革过程中各种组建方式都发挥了重要作用，在新时期改革中仍然可以进行不断的探索。第一种方式，把主管部门改组为国有控股公司最大问题的是各专业局与企业之间的行政隶属关系难以及时扭转，政企不分的问题依然严重。第二种方式，将行业性总公司改组为控股公司，最主要的问题是容易导致行业垄断。第三种方式，通过划转国有企业新组建国有控股公司，由于新建的国有资产经营公司与下属企业之间缺乏内在的资本纽带，容易形成下属企业直接对政府负责，而国有资产经营公司功能虚置。因此，我们认为继续以集团公司为授权主体，把已有的集团公司改造为控股公司应该是新时期实施国有资产管理体制创新的主要方式。

（二）国有控股公司的一般理解

在明确国有控股公司的定义之前，我们首先要从控股公司的定义出发。对于控股公司的理解，存在着大量的观点，既有众多学者的不同观点，也有各国不同法律的规定。

一个公司持有另一个或几个公司的全部或大部分股票，目的在于获得控制权和进行投资，这个公司就叫控股公司①。

控股公司一般是指持有其他公司的股票或股权，对其他公司进行控制的公司②。

控股公司是指一公司拥有其他公司的决定性表决权的股份，从而行使控制权或经营管理权的公司③。

美国学者 Robert W. Hamilton 将控股公司定义为“持有其他公司大多数股票的公司，而控股公司除持有股份外，并不经营其他业务”。

英国学者 Garnsey 认为控股公司是以持有其他公司股权，控制其他公司营运活动为主要功能而存在的公司组织。

还有的国外学者认为无论何种形式的公司，只要至少持有其他公司一部分证券，可支配或实质左右该公司重大决策，就是控股公司。

---

① 倪吉祥：《国有控股公司的运作》，经济科学出版社，1997 年版。

② 刘亚玲：《控股公司的产生、发展及其运作特点》，《财经论丛》，1998 年第 2 期。

③ 芮明杰、袁安照：《试论国有纯粹型产业控股公司的特性及功能》，《管理科学学报》，2000 年第 1 期。

除了众多学者的定义，各国的法律也做出了明文规定。

根据 1935 年美国公用事业控股公司法案的规定：

控股公司是指通过拥有被控股公司大部分有选举权的股票，以控制这些公司为直接目的而建立的公司。控股公司一般可以指任何一个事实上控制被称为子公司的其他公司的公司。

德国《股份法》规定：一个控制公司与一个或数个从属公司在控制公司统一管理下形成联合，即形成控股公司。

按照日本《关于禁止私人企业的独占及确保公正交易的法律》的定义，“所谓控股公司，是以支配国内的公司的事业活动为主要事业的公司”①。

综上所述，控股公司尽管对其定义有差别，但这些定义中是有两点共性的：一是控股公司拥有其他公司的全部或大部分有选举权的股票；二是对被控股的公司的生产经营活动具有控制权利。因此，控股公司一般可理解为：通过拥有其他公司的全部或大部分有选举权的股票，能够控制其董事会、经理阶层，从而最终控制该公司经营活动的公司。

这是一个相对较为广义的定义。它没有对控股公司所从事的活动加以限制，既可以从事产权、股权经营，也可以从事具体的生产经营活动。

相对狭义的理解是对控股公司自身的经营活动加以限制，即通过拥有其他公司全部或大部分有选举选的股票，能够控制其董事会、经理阶层，从而最终控制该公司经营活动，从事产权、股权经营，以管理各被控股公司而存在的公司。这样，狭义的控股公司就不包括自身从事具体的生产经营活动的公司。本章所研究的控股公司主要是指广义的控股公司。

控股公司可以按照不同的标准加以划分。在美国的法案中提到两种控股公司：投资控股公司和管理控股公司，这两种控股公司是根据收益的来源差异划分的，投资控股公司的利润来源于投资子公司的证券收益，而管理控股公司利润除了来源于证券收益外，还来自各子公司间的各种交易。

---

① 程恩富：《国有控股公司：成因、产权关系与治理结构——国有制实现形式和国有资本营运模式分析》，《上海社会科学院学术季刊》，1998 年第 1 期。

在我国通常根据控股公司的功能，把控股公司分为纯粹型和混合型两种。纯粹型控股公司经营具体业务，只从事产权、股权运作；混合型控股公司既从事生产经营，又进行资本运作等业务。

同时，根据控股公司的控股股东的性质不同，可以把控股公司分为私人控股公司和国有控股公司。简单来讲，当控股公司出资者是政府时，就形成国有控股公司。因此，当控股公司的全部或大部分的股份属于国家所有时，控股公司就成为国有控股公司。

从国外国有控股公司的具体形式来看：

（1）多是政府以国家的名义出资。国有控股公司在其他国家，特别是意大利、法国等欧洲国家，多是“中央”政府出资，为实现国家的社会目标及商业目标而组建的，因此，也多称为国家控股公司。

（2）除从事资本经营、管理活动外，也有从事生产经营型的控股公司。像意大利的工业复兴公司、英国国家企业局、新加坡淡马锡公司就是一种我们经常提到的纯粹型的控股公司，母公司只是从事资本经营，并不从事具体的生产经营活动。但也有的国有控股公司在从事资本经营同时，母公司本身也从事大量的具体的生产经营活动。

（3）国有控股公司一般都具有特定的功能。除了极个别国有控股公司（如淡马锡）具有明确的经济目标，即以利润最大化为目标外，大多数国外的国有控股公司都有广泛社会目标，具有特定功能。例如，实现就业，避免企业破产、国有企业的重组等。

（4）国有控股公司本身既可以是国家独资的也可以是国家控股的。国外国有控股公司多是国家独资设立的公司，但也有国家在国有控股公司中外于控股地位的。

（三）本章对我国国有控股公司的理解与界定

本章对中国国有控股公司的一般理解与上一章有少许差异，这种差异我们认为是由现在所处的国情及当前改革的阶段决定的，因此，本章中的国有控股公司应该是国有资产管理体制改革中的国有控股公司。我们认为国有控股公司就是政府以独资或多元化投资形式建立的旨在控制其他公司，从事产权、股权经营、生产经营以管理各被控股公司而存在的国有公司。

我们现在正处于国有资产管理体制的攻坚阶段。我们认为大力加强国有控股公司的建设，是国有资产管理体制改革的关键环节。

本章对国有控股公司的界定是在对国有控股公司的一般理解基础上，根据我国国有企业改革环境做了进一步的发展与补充，因此，本章中的国有控股公司可以从以下方面来理解：

（1）要把国有控股公司与“国有控股的公司”区别开来。“国有控股的公司”是指国有股在该公司中处于控股地位，它也只是表明了国有股在该公司中处于控股地位，但是，“国有控股的公司”与其他公司的关系，是否存在控制与被控制关系该定义并没有涉及。而我们所指的“国有控股公司”的概念主要是揭示该公司与其他公司之间存在控制与被控制的关系，即主要通过持有其他公司的多数股权，而实际控制着其他公司。

（2）国有控股公司可以是资本经营或生产经营。我们所指的国有控股公司既可以是一种类似于纯粹型的控股公司，也可以是类似于混合型的控股公司。国有控股公司从事产权资本经营、生产经营，以国有资产的增值为出发点，以整个控股集团战略为核心管理各被控股公司，并寻求整个国有控股公司集团的利益最大化。这一特点是与我国当前国有控股公司所肩负的功能紧密相连的。

（3）我国当前建立的国有控股公司应具有特定功能。国有控股公司从产生开始，就表明了它的特殊功能。在我国当前国有资产管理体制改革过程中，其具有的特定功能就应更加明显。从党的十四届三中全会一直到党的“十六大”、十六届四中全会，改革国有企业战略思想是十分明确的，即对国有企业实施战略重组，国有企业在各行各业中，要实现有步骤、有次序的退出，在战略重组过程中，要不断提升国有企业的竞争力。我们认为，实施国有企业战略重组的一个主要工具，可以是建立国有控股公司。国有控股公司担负着具体实施国有企业的战略重组，提升国有企业竞争力的功能。

（4）鉴于我国各省市具有大量国有企业，因此，除中央建立的国有控股公司之外，各省市也可以建立一定数量的国有控股公司，可称为市属或省属国有控股公司。因此，我国国有控股公司不仅指中央政府所建的国有控股公司，还指一定数量的地方政府所建的国有控股公司。

（5）处于改革中的国有控股公司既可以是国有独资，也可以发展股权多元化，但是在短期内，应以国有独资控股公司为主。国有控股公司以独资的形式存在，有利于实施以政府为主导的企业改革，降低改革成本。

二、国外国有控股公司的治理经验

国有控股公司的建立与改革任重而道远，国有控股公司的治理问题又是其中的关键问题。国外的国有控股公司在时间上建立较早，已经有一些比较成熟的经验，对国外的国有控股公司治理经验的总结，无疑对我国完善国有控股公司制度有着直接而重要的帮助。

（一）从国有控股公司的设立目标来看

国外设立国有控股公司主要有以下四个目标：

1. 弥补市场失灵，为实现政府的政策目标服务

国外的绝大多数国有控股公司都具有明确的社会目标，国有控股公司成为政府实施政策、弥补市场失灵的重要工具。20 世纪 30 年代大危机时，意大利政府为了挽救大量的濒临破产的企业、倒闭的银行，扭转国民经济即将崩溃的局面，开始组建国有控股公司，从而实现了满足就业、调控经济的政府目标。20 世纪 60 年代初，比利时政府组建国家投资公司时，在

公司章程中规定其经营目标是：通过对私营企业临时参股，刺激工商业的复苏和发展。英国国家企业局目标就是要努力创造和维持就业机会，促进和发展英国各地区经济。

2. 管理国有企业，增强国有资本的控制力，并多采取纯粹型的国有控股公司形式

当一个国家国有企业众多，政府就很难对众多国有企业进行有效的管理，因此，控股公司成为实施有效管理的手段。一方面，控股公司在政府与企业之间起到了一种缓冲作用，避免了政府直接过多插手企业的经营活动；另一方面，控股公司通过有效的治理结构，也实现以少量资本有效控制大量资本的目的。例如，意大利的工业复兴公司（IRI）曾经拥有14个次级控股公司，直接或间接控制着近300家企业，拥有40多万名职工；再如，20世纪70年代，新加坡政府各部门出资兴办了大量的国有企业，随着企业数量的增加，如何管理好这些国有企业成为一个重大难题。为了做到政企分开，又能保证国有企业资产的保值增值，新加坡政府决定由财政部投资司负责组建一家专门经营和管理国有企业资本的国有控股公司，于是形成了我们所共知的淡马锡等国有控股公司。国外国有控股公司为了更好地管理国有企业，增强国有资本的控制力，多采用了纯粹型控股公司的形式，如表17－1所示。

表17－1 国别控股公司类型

国别及控股公司名称	公司类型	下属子公司的数量及间接控制公司总数
意大利工业复兴公司（伊里）公司	纯粹型	14个次级控股公司、直接或间接控制着近300家企业
英国国家企业局	纯粹型	50家以上的子公司及关联公司
奥地利工业控股股份公司	纯粹型	下设5个行业性控股公司，间接控制了400多家公司
比利时国家投资公司	纯粹型	处于变动之中
新加坡淡马锡公司	纯粹型	其成员有600家公司，直接投资的公司有52家，并有20多家上市公司

3. 推动企业的改革重组，增强企业竞争力

国外国有控股公司的形成，都与国有企业的改革重组有着紧密的联系。英国国家企业局的职能中就包括推动或协助工业企业进行重组，即促进各行业中的企业合并，增强企业竞争力。比利时国家投资公司也负有落后企业进行重组的目标。新加坡的国有控股公司一经产生，其对国有企业改革重组，提升国有企业竞争力的作用就显示出来。淡马锡控股公司是新加坡政府最大的国有控股公司，它接管了所有原来财政部拥有的企业股份，经过企业重组后，其成员有 600 家公司，直接投资的公司有 52 家，并有 20 多家上市公司，经营领域涉及金融、炼油、运输、船舶修制造、地产、娱乐、咨询等行业。20 世纪 90 年代初，意大利撤并了埃费姆（EFM）公司，将其机械行业的多数企业转为私营，而意大利另一家控股公司 ENI，对其产品和经营结构进行了较大调整，舍弃了一些非战略产业，从冶金、矿业、机械制造等行业中逐步退出，关闭了化肥厂、精细化工和专用化学品厂，以集中精力从事烃类业务。通过国有控股公司的组织调整实现企业重组，以期望提升企业特别是国有企业的竞争力。

4. 增强国有企业的盈利能力，提高国有企业的效益

国外国有控股在实现其政府赋予的社会职能的同时，利用国有控股公司这一企业组织形式也力图提高国有企业的经济效益，特别是在新加坡表现得更加明确，在新加坡依法建立的国有控股公司就是代表政府实施对国有企业股权的管理，并且以营利为目的，追求企业的经济效益最大化。

（二）从国家对国有控股公司的管理来看

1. 建立了专门实施对国有控股公司管理的机构，明确了管理职责、内容，并依法管理

各国政府都建立过专门对国有控股公司实施管理的机构，在设立专门机构的同时，都明确规定了各机构的管理职责、内容，政府作为股东在行使股权的方式上和其他出资人是一样的，必须依法行事。如表 17－2 所示：

表 17－2　　各国管理机构及职责

国别	管理机构	管理职责
意大利	前期国家参与部、工业部和部际委员会；后期主要由国库部和工业部负责管理	提出控股公司的发展方针、目标并监督实施；参与制订和审批控股公司的中长期发展计划；审批公司预算和决算；修订企业章程；任命各控股公司的领导人等
英国	工业部（工业大臣）	为国家企业局制定财务目标；对企业局的经营方针发布指示；决定企业局的领导机构的人事任免
奥地利	公共经济与交通部（交通部长）	行使资产所有权，批准国有工业企业资产所有权的变动事项；向国民议会提议任命或撤换控股公司监事会成员；召开公司股东大会，审查公司年终经营报告和财务决算
新加坡	财政部等	派员影响和监督公司的重大决策；以审查财务报告，审批项目等监督公司重大决策

2. 通过对国有控股公司董事或监事的管理，从而实施以董事会或监事会[①]为中心的控制

对国有控股公司的管理往往都是以控股公司的董事会、监事会为中心而展开的，之所以能够实施以董事会或监事会为中心的控制，这是与公司

① 德国、奥地利等国的公司治理结构由监事会、理事会等机构组成，实质上，监事会行使的很大一部分职能就是董事会的职能，因此，德、奥等国的监事与监事会与我国的监事、监事会具有不同的机能，德、奥等国的监事会功能上更接近于董事会。

章程所赋予的董事会与监事会的权利，董事与监事的职责分不开的，通过对董事、监事任命，确保实现对董事会、监事会的控制，从而进一步保证对国有控股公司的有效管理。表 17－3 是国外国有控股公司董事会治理中董事的来源及董事会的职责情况：

表 17－3　国外国有控股公司董事会治理中董事的来源及董事会的职责情况

国别及控股公司名称	公司最高领导机构	最高领导机构成员的选任及身份	最高领导机构的职责
意大利工业复兴公司（伊里）公司	董事会	由国家管理机构推荐，董事会成员由来自政府各部门的人员，及政府主管机构所指定专家组成	董事会提名总经理人选
奥地利工业控股股份公司	监事会	监事会成员由政府公共经济和交通部长提名。监事会成员由政府代表、奥地利工会代表、经济技术管理专家、国有企业的经理和私营企业的管理者构成，并均为兼职	监事会任命控股公司的总经理、副总经理；审查和批准公司的重大经营决策、资产的产权管理、人事任免及其报酬福利制度的确立等
比利时国家投资公司	董事会	董事长由政府任命，成员中有6名从财政部长和经济事务部长所列的名单中挑选	由董事会决定公司总的经营方针，并控制管理委员会的日常经营活动
新加坡淡马锡公司	董事会	淡马锡公司的董事大部分是政府有关部门的代表，少数来自私人企业，董事长由财政部常务秘书担任	淡马锡控股公司经营的方针、股息分配、配股等都是由公司董事会决定

3．利用严格的审计制度掌握国有控股公司的经营情况和财务状况

各国政府都通过严格的审计制度掌握国有控股公司的经营情况和财务情况。国有控股公司和其他企业一样，必须由独立的审计机构来审计。此外，国有控股公司的审计还受到国家审计机构的严格监控。

4．政府对控股公司的管理，一般不与控股公司的子公司、分公司发生直接关系

政府在实施以董事会、监事会为中心的管理体系时，不与控股司的子公司与分公司发生直接关系。形成对控股公司董事会治理及控股公司内部母子关系治理的分离。

（三）从国有控股公司对子公司管理来看

国有控股公司这一组织形式要发挥其应有的功能，一方面要在政府与控股公司之间建立起治理机制，另一方面控股公司与子公司之间产权关系的处理机制的建立也是十分重要的。控股公司对子公司的管理和控制，是基于股权关系，主要是通过以下方式实施对子公司的控制。

1. 明确控股公司对子公司的职责，明确子公司董事会的决策权，做到集权与分权的有机结合

以是否涉及公司产权变动为标准，合理界定控股公司产权与子公司董事会的决策权边界。作为子公司的股东，国有控股公司既要保证有效的产权约束，使子公司的经营行为符合股东利益需要，又要尊重子公司的相对独立性，充分发挥其自主性。控股公司与其子公司的集权与分权存在着很大的可调空间，一般认为把是否涉及公司产权变动作为经营决策权力的分界线。

因此，在明确控股公司与子公司各自职责的基础上，控股公司各子公司相对独立的自主开展经营活动，子公司在控股公司审定的决策范围内，独立核算，自负盈亏，对自己的投资、生产、销售、分配享有法律规定的自主权。表17－4是国外国有控股公司与子公司的职责内容。

表17－4　国外国有控股公司与子公司的职责内容

国有控股公司	控股公司的职责	子公司的职责
意大利工业复兴公司（伊里）公司	制定下属子公司的投资和生产计划的方针；提供并分配必要的资金；任命其下属公司的最高管理层和选择有效的组织机构和管理制度；批准部分子公司和直属企业的年度和财务状况草案	子公司在控股公司审定的决策范围内，独立核算，自负盈亏，对自己的投资、生产、销售、分配享有自主权

续表

国有控股公司	控股公司的职责	子公司的职责
英国国家企业局	除特殊情况，国家企业局不直接干预其子公司的日常生产和经营；向子公司派出董事；对子公司的财务状况、经营状况通过各种报告制度进行审查	子公司在控股公司审定的决策范围内，独立核算，自负盈亏
奥地利工业控股股份公司	制订整个企业集团的战略计划；主管人事与法律事务，各子公司经理人员的任免；主管财务核算、年度决算和税收事务	子公司在控股公司审定的决策范围内，独立核算，自负盈亏
新加坡淡马锡公司	根据公司法拥有子公司的重大问题的决策权；股本变更、公司重组、年度预决算、委任董事等；对子公司的财务状况、经营状况利用各种报告制度进行审查；审查子公司的投资和贷款方面的计划；除非出现重大问题，淡马锡公司不过问直属子公司的日常经营活动	直属子公司都独立经营、自负盈亏

2. 建立集权与分权有机结合的控股公司组织结构

控股公司与子公司关系的处理离不开良好的运行机构的设立。各控股公司在建立完善组织结构方面都有很多举措。

奥地利工业控股公司下设秘书、经理事务、战略研究、计划与控制、投资管理、人事、财务、法律、审计9个部门。

伊里集团总部目前下设十个部，它们分别是：计划和经济研究部、审计部、财务部、法律部、国际事务部、人事和劳动问题部、公共关系部、EDP制度部、总会计和行政部。伊里公司对子公司和孙公司的管理通过以上十个部门进行。

在建立与完善总部的职能部门的同时，还应建立各子公司之间的协调机构，加强国有控股公司对子公司之间关系的协调和处理。例如，伊里公司组成由公司总经理、部门控股公司和直属企业董事长和常务董事参加的集团政策和协调委员会，至少每三个月举行一次会议。

3. 加强对各子公司的财务监督，并建立相关的报告制度

各国有控股公司都十分重视对子公司的财务监督。子公司必须定期向控股公司提交本公司的财务报告书；呈报本公司有关投资和贷款方面的计划。此外，为了对子公司的经营状况保持动态的监控，还建立了各项报告制度，例如，向控股公司呈报本公司董事会会议备忘录，呈报各时期的管理报告书等。除审查批准年度经营报告、财务决算和下年度投资，经营和财务计划外，为了及时掌握信息，进行分析、考核、指导，还规定了月报告、季报告制度。

例如，英国国家企业局规定了适用于所有子公司和关联公司的一系列报告制度。它要求所有参股企业必须向其提交公司月报告、年度计划、3年或5年计划。有的公司还需要向国家企业局提交每月董事会会议的备忘录或定期向企业局汇报情况。国家企业局对这些报告进行仔细审查，从中了解各子公司或关联公司的经营实绩。

4. 国有控股公司拥有子公司主要管理人员的人事控制权

国有控股公司可以委派子公司董事会成员，推荐或任命子公司的董事和总裁，子公司重要领导者的任免由控股公司审批，子公司的董事长、总经理等必须报控股公司批准。例如，新加坡淡马锡控股公司章程中明确规定：公司董事和主要经理人员的任命都必须经过共和国总统同意。不仅如此，对于淡马锡控股公司直接控股的第一层次子公司，其董事会成员的任免，也要由控股公司提名，报政府董事委任委员会批准。这种以选任产权代表来保证产权控制管理方式应该说在市场经济条件下的企业集团中是通用的。

5. 建立业绩考核、奖惩制度

建立企业考核制度。业绩考核指标因行业不同，具体由子公司提出一个基本比率，然后与总公司协商确定。开展定期业绩分析制度，淡马锡公司根据企业的财务报告，每年至少进行两次业绩分析，并要实地审查。对

业绩好的企业，对经营者进行奖励；业绩差的，帮助他们分析原因，提出对策等。

三、完善国有控股公司制度的政策建议

（一）国有控股公司的建立与完善是国有资产管理体制改革的核心环节

国资委成立后，面对上百家的市属国有企业如何履行出资人职责，对所出资企业国有资产的保值增值进行监督，加强企业国有资产的管理工作成为国资委的工作难点。国有控股公司在国资委与国有企业之间的桥梁作用是不可低估的，我们认为大力建设与发展国有控股公司能够做到事半功倍，实现国资委的工作目标。

1. 建立国有控股公司的过程就是一个国有企业改革的过程

企业改革始终是我国经济改革的关键环节，党的“十六大”以后，国有资产管理体制的改革成为国有企业改革的重中之重，然而在国有资产管理体制改革中其突破口在什么地方，如何抓住问题的关键，以取得突破性进展？国资委的建立，职能的确立，对于完善国有资产管理体制具有重要意义，但我们认为把国有控股公司建立好是完善国有资产管理体制的关键环节，能够起到纲举目张的作用。

国资委的建立与完善对于国有资产管理体制的建设当然重要，虽然国资委作为政府机关的特设机构而存在，但在短期内，其具有的政府色彩，实施的政府职能很难改变，这是与我国整个政府管理体制分不开的，各级国资委面对几十万家国有企业，如何让国资委既扮演一个国有企业改革的推进者，又成为一个合格的出资者，既要充分实施国有资产出资者权利，又要避免直

接干预企业的正常生产经营活动，既要实现国有资产的保值增值，又要实现国有企业的战略重组，仅靠国资委显然是不行的，我们必须利用一种经济组织形式来承担一部分国有资产出资人的职责，而这一组织又能够直接对国有企业的经营活动实施管理控制，我们认为可以利用国有控股公司这一组织形式来实现国有资产管理体制改革和国有企业改革的目标。

建立国有控股公司的过程，也就是国有企业改制、企业改组，实现国有企业战略重组的过程，也就是一个提升国有企业竞争力，壮大国有企业实力的过程，也就是一个国有企业改革的过程。

2. 利用控股公司这一组织形式缩小国有资产管理的控制幅度

国有资产管理体制的改革者们对国有资产管理的控制幅度还是有清醒的认识的，正是因为中央国资委无力直接面对几十万家国有企业的改革及国有资产的管理，因此，才进行了一种主要基于“块块的分割”，来减少国资委的控制幅度。中央国资委管理 187 家大型企业，各省市区都组建各级国资委，来实施国有企业的改革及对国有企业资产的监管，也分别监管着 100 多家省属或市属国有大企业，利用这种块块式分割，尽管减少了各级国资委的控制幅度，但是存在着两方面的问题：

（1）有可能把问题留在基层的国资部门。因为大量的中小型国有企业并没有纳入中央、省、市国资委的监管体系中，中小企业数量众多，就业人数多，影响面广，改革成败直接影响着社会的稳定，事关重大，这些企业的改革都由缺少资源的最基层的政府组织和国资委实施，这样有可能降低基层政府、国资委改革国有企业的积极性。

（2）这种切块之后，国有资产监管控制幅度仍然过宽。从各国国有企业的监管经验来看，没有任何一个国家的中央政府和地方政府能够直接管理 100 家以上的国有企业。

我们认为，在利用中央、省、市国资委的块块分割式划分方法，减少控制幅度的同时，还应利用中央及地方国有控股公司的形式进一步减少国有企业的监管控制幅度。而且应当注意，在设立国资委时，应设立到市一级，一般不要设立区县一级的国资委，这样，既能够缩减国资委的控制幅度，又能便于国资委在一定高度统一实施国有企业改革。

3. 国资委可以通过有效监管国有控股公司而实现国有资产的保值增值

国有控股公司建立与完善的过程，也就是企业改革、建立有效国有资产管理体制的过程，一旦各级国有控股公司体系建成，各级国资委无论从理论上还是从实践上都会相对容易实施对十几家乃至几家大型国有控股集团监管，通过国有控股公司的治理机制有效地监管数量有限的国有控股集团，而控股公司利用自身的母子关系体制实施对国有独资、控股及参股企业的有效管理，通过国有控股公司，形成一个连续授权制度，从而有利于降低国有资产管理体制的运行成本，有利于实现国有资产的保值增值。

（二）加大力度加快建立国有控股公司

1. 在组建控股公司时，要按照国有控股公司的种类，分类组建国有控股公司

在组建国有控股公司时，必须坚持分类组建的原则，当然划分的标准可以有多种多样，我们认为可以简单地分为两大类：一类是竞争性产业的国有控股公司；另一类是非竞争性产业的国有控股公司。两类控股公司组建与发展的指导思想是有差异的。

竞争性产业的国有控股公司可根据北京市的竞争性产业的具体状况又分为两种：一种是优势产业，需要大力发展的产业。这类竞争性产业中的国有控股公司应该是在长期或一定时期内做大做强的。另一种是从属于已经没有优势的产业，需要逐步退出的产业，这类竞争性产业中的国有控股公司应该是在短期内做大，中长期逐步减小，实现股权多元化，最终国有控股公司退出的情况。

对于非竞争性产业的国有控股公司，短期内主要以改制、重组、整合为主要目标，建立符合现代企业制度要求的现代公司制企业。在这些非竞争性产业中，逐步引入竞争机制，提升非竞争性产业国有控股公司的竞争力。

2. 以企业集团为主体实施国有控股公司的改造

在20世纪90年代各地方国有资产管理体制的改革中，出现了国有资产经营公司，它是一种在原有企业的基础之上，新建一个纯粹控股公司，由于新组建的国有资产经营公司与原有企业之间缺乏“血缘”与“感情”纽带，而其自身政企不分，行政色彩浓厚。其主要表现是：资产管理职能与行政管理职能混在一起，公司仍通过行政干预手段对下属企业发号施令。控股公司的机构设置、工作作风与思维方式仍是行政机构式的，并没有突出其资产管理职能。政府及其他经济管理部门容易把资产经营机构视为实施行政和社会管理职能的机构，过多地插手和干预企业具体的生产经营活动。这种国有资产经营机构具有强化的行政色彩，而从事产权经营和资本运作的职能弱化的现象，是同其形成的方式有关。这些国有资产经营机构是我们在国有企业改革的过程中人为设计的结果，是行使行政手段的结果，而不是企业不断发展壮大自然形成的结果。因此，通过人为设计、利用行政命令形成的国有资产经营机构在监管下属的国有企业方面需要从零开始，需要设计一套对国有企业的运行监督体系及国有企业的运行机制，当新的监控体系、运行机制没有真正发挥作用时，政府利用国有资产经营机构行使政府的职能来监督控制国有企业也就不可避免。

我们认为在组建国有控股公司时，尽可能利用企业集团进行改造，构建国有控股公司。

企业集团公司经过市场竞争中的搏击，已经有了管理子公司的经验，特别是一些有竞争力的集团公司，已经形成一套良好的母子关系的运行体制，因此，把这种具有竞争力的集团公司改造成国有控股公司应是一种顺理成章、降低改革成本的方式。

3. 以纯粹与混合控股并行，以纯粹型国有控股公司为方向建立与完善国有控股公司

以纯粹与混合控股并行，即在建立与完善国有控股公司制度时，应采取纯粹与混合国有控股公司并行的方式，也就是既要建设纯粹型的国有控股公司，也要建立混合型的国有控股公司。国外国有控股公司尽管有混合型的，但绝大多数是纯粹型的。我们认为在建立我国国有控股公司制度时，短期内不宜以纯粹型控股公司为主，而要以纯粹与混合并行，初期以混合型国有控股公司为主构建国有控股公司制度。

在建立国有控股公司制度的初期阶段，我们的主要目标就是以企业集团公司为核心把国有控股公司的架构搭建起来，建立起能够管理国有企业的组织体系。因此，在建立国有控股公司制度时，集团公司无疑发挥着关键作用。在建立国有控股公司制度的过程中，集团公司需要有自身的经营业务加强对子公司、参股企业的控制力，也需要大量的资源包括人力、物力、财力、信息等来实施控股公司制度的建设，集团公司能够直接进行生产经营对于实现国有控股公司制度的建设初期的目标是分不开的。

以纯粹型国有控股公司为方向，也就是说应以纯粹型国有控股公司为我国国有控股公司制度完善的长期目标。之所以以纯粹型为国有控股公司的发展方向，我们认为是由纯粹型国有控股公司的功能与建立国有控股公司的目的双方之间的一致性决定的。

建立国有控股公司的一个重要目的就是利用这一企业组织形式管理众多的国有企业增强国有资本的控制力，将来我们要组建的是横跨多个行业、拥有众多企业的大型控股公司，如果控股公司兼营经营业务，有可能妨碍其发挥管理好国有企业的功能，也不利于控股公司对所有企业实施的战略管理与控制，当控股公司自身经营业务与其他被控股企业的业务，出现冲突时，不利于其他业务的开展，不利于控股公司的多元化经营。因此，本着充分发挥国有控股公司功能的目的，应以纯粹型国有控股公司为我国国有控股公司制度完善的长期目标。

4. 要做到集团公司的扩张意愿及政府改革思路相结合来指导控股公司的组建

建立国有控股公司是政府实施国有企业、国有资产管理体制改革的思路与举措，在这一过程中，不能完全以国资委、各级政府的意图只是把国有企业简单撮合在一起，这种情况已经在我国组建企业集团的过程中出现过，其危害性是严重的。尽管，国有控股公司制度的建立是政府实施的一项重大改革举措，在改革中企业的集团公司应是实施的主体，企业的并购重组离不开对于企业集团的经营分析，不能背离其经营的核心优势，要充分考虑企业自身的扩张意愿。

实施国有控股公司的重建也不是仅靠并购重组就可以实现的，应该综合运用各种改革措施。继续进行国有企业的改制、主辅分离、辅业改制，当然也包括企业的破产清算等方式。

（三）对于国有控股公司要实施以董事会为中心的治理

国资委对国有企业的管理主要应通过对董事会成员的人员管理来实现的。通过向国有企业选派股权代表，由股权代表在企业董事会中参与决策，发挥作用，体现股东权利的约束。因此，政府的意图主要通过董事会决议在企业日常经营活动中得到体现和贯彻；公司的经营方针和决策又通过董事会成员反映到政府部门，因此，董事会实际上就成为连接政府与国有企业产权关系的中介。

1. 建立与健全董事会

调研中的国有控股公司董事会多由原企业领导班子成员组成，有的董事会成员还不到位，达不到公司规定的董事人数，董事会会议不能够正常召开，董事会的功能得不到发挥。

根据《公司法》的要求：国有独资公司董事会成员为 3 ~9 人，由国家授权投资的机构或者国家授权的部门按照董事会的任期委派或者更换。董事会成员中应当有公司职工代表。因此，我们认为国有控股公司董事会应以 7 ~9 人为宜，之所以董事人数较多，是因为国有控股公司规模庞大，为了便于国有控股公司董事会发挥职能作用，可以适当考虑增加董事数量，这样，一方面有利于提高国有控股公司的决策质量，另一方面也便于组织董事会内部各种委员会，发挥董事会的作用。

董事由国资委委派，董事长由国资委在董事中指定。根据《公司法》，国有控股公司的董事会行使下列职权：决定公司的经营计划和投资方案；制订公司的年度财务预算方案、决算方案；制订公司的利润分配方案和弥补亏损方案；决定公司内部管理机构的设置。对于国有独资公司的资产转让，公司增加或者减少注册资本，公司合并、分立、变更公司形式、解散和清算等重大事项必须由国资委批准。

2. 国资委建立董事选任机构，并建立董事人才库

董事既享有公司的重大经营决策权，又具有监督经理人员减少代理成本的权力，从而保证股东的权益不断得到增长。由于国有独资公司没有股东大会，因此，国资委派出的董事，实质上是一种行政委派，而不像一般公司中董事多经股东大会选举产生的。这就要求国资委在委派国有控股公司董事时，一定要谨慎从事，从国有控股公司的生死存亡的高度重视董事的委派问题。在调研中我们发现，很多改制后的国有独资公司，国资委仍然没有委派董事，在这种情况下，极易出现内部人控制，损害国有股东的利益的现象。

如何做好董事选派工作？我们认为最重要的就是减少董事委派的随意性。从国外的经验来看，国有控股公司的董事多是政府各部门人员、工会代表、经济技术管理专家、国有企业的经理和私营企业的管理者。我们认为可以在国资委内设置一个董事选任机构，由这一机构专门负责国有控股公司董事的任命和委派。国有控股公司的董事人选应出自国资委的董事人才库，董事应是经济、产业、技术专家，特别是国有企业的高层经理人员，让他们行使国有控股公司董事的职权，会更有利于董事会的运行。

在国有控股公司中也要特别注意引入独立董事制度，发挥独立董事监督、决策的功能。由于独立董事自身的独立性、外部性，因而有利于对经理层进行客观评价和进行监督，并有利于企业战略决策的科学化。

3. 建立董事会内部的各专业委员会

董事会的功能的发挥，独立董事职能的行使都与董事会内部各专业委员会的建立有关。董事会内部各专业委员会的设置会依照公司的规模、性质而有所差异，国外公司经常设置下列委员会：执行委员会、审计委员会、提名委员会、报酬委员会、公共政策委员会等。

我们认为国有控股公司应建立起主要由独立董事组成的审计委员会和报酬委员会。审计委员会的职责是负责督察公司的内部审计程序并与外部的合法的审计员一起相互作用，以便保证公司的财富完全顺从法律的要求。报酬委员会的职责是决定对公司的执行董事们和高级经理们的适当的一揽子的补偿方案。

4. 处理好高层经营管理人员对上级组织负责与对股东负责的关系

国有资产管理体制的变革要求党管干部的用人制度也要进行创新，否则的话，管事、管人、管资产的结合就成为一句空话。党管干部具体表现就是组织部门任免干部，在国有企业中表现为组织部门任免企业的主要领导人员。由组织部门任免的直接后果就是企业的主要领导人员只对上级的组织部门负责，不对国有资产的出资者，即国有资产管理或运营机构负责，多头管理往往意味的是无人管理。在计划经济下，国有企业是政府的附属机构，国有企业的主要领导人员属于干部是没有异议的，但是，在市场经济下，企业作为市场经济的主体，其主要目标是寻求经济利益，企业是没有行政级别的，国有企业的主要领导者也是不应该纳入干部系列的，国有企业的主要领导者本身属于职业经理人，由企业家市场或经理人才市场提供，由国资管理部门或国有资产经营机构选聘，仅是一种职业而已。因此，实行国有企业经理人员的职业化改革，国有控股公司的高层经营者都应通过市场公开招聘，由国有资产管理机构或国有资产经营机构行使完全的任免权。

参考文献

[1] 陈永杰:《意大利和奥地利国家控股公司考察》,《中国工业经济》,1998 年第 3 期。

[2] 程恩富:《国有控股公司:成因、产权关系与治理结构——国有制实现形式和国有资本营运模式分析》,《上海社会科学院学术季刊》,1998 年第 1 期。

[3] 刘亚玲:《控股公司的产生、发展及其运作特点》,《财经论丛》,1998 年第 2 期。

[4] 倪吉祥:《国有控股公司的运作》,经济科学出版社,1997 年版。

[5] 芮明杰、袁安照:《试论国有纯粹型产业控股公司的特性及功能》,《管理科学学报》,2000 年第 1 期。

[6] 徐向艺、李霄:《意大利、新加坡、德国国有控股公司的运作与启示》,《山东大学学报》(哲社版),1999 年第 3 期。

[7] 朱志刚、张冀湘:《控股公司组织与管理》,中国社会科学出版社,1994 年版。

(本章作者:徐炜,首都经济贸易大学工商管理学院副教授、系主任)

第十八章　国有控股公司CEO制度建设

一、国有控股公司的性质和特点

国有控股公司的治理是由国有控股公司的特点决定的。国有控股公司的特点主要表现在：

（一）国有控股公司的性质

区别于一般的国有企业，国有控股公司是国家授权的投资机构，对国资委，它是国有资产经营机构；对子公司，它是国有资本的出资人。国有控股公司在国有资产管理体系中处于一个承上启下的地位，一方面接受国有资产管理部门的委托保证国有资产的保值增值，另一方面作为参股企业中国有股权的代表行使国有股东的权利。

从理论上说，国有控股公司可以采取国有独资公司、有限责任公司、股份有限公司的形式，但是作为国有资产管理中的中间环节，通常国有控股公司都采取国有独资公司的法律形式。国有控股公司作为企业运营，股权的多元化当然是十分有利的，如果其他非国有股东能够参与国有控股公司的治理，其监督积极性及监督效率将远远大于国家股东。但问题是各地方国资委都授权国有控股公司代表政府持有企业的国有资产产权，对所有投资企业的国有资本进行管理。如果允许非国有股东参股国有控股公司，那么它在参与其控股企业的运营时就应该考虑其他股东的利益，而不仅仅是国家股东的利益，这实际上就意味着国有控股公司已经不适合作为国家股东的代表。因此笔者认为国有控股公司仍坚持国有独资的形式。

（二）国有控股公司的经营方式和经营范围

国有控股公司承担着国有资本战略重组任务，这决定了国有控股公司特殊的经营方式和经营范围。在经营方式上，它以控股为主，主营资本控制，混合兼营或者不从事其他事业。目前大多数国有控股公司大多为混合经营式，也有少量是纯粹控股的。笔者认为，按照国有控股公司设立的目的，应该以控股经营为主。

在经营范围上，国有控股公司应该重点进入国家重点行业，具体来说，国有控股公司主要经营下列行业和部门：①国民经济的命脉部门，如军工、矿山、铁路、电力、民航等部门。②具有战略意义的能源和原材料开采项目，如稀缺的、不可再生的资源产业。③涉及国家安全、国防尖端技术的行业和其他高、精、尖技术领域，如军火、航天等。④国务院认为有必要的其他行业和部门。

二、国有控股公司治理结构的特点

国有控股公司的治理结构与一般公司治理结构相比，其特点主要表现在以下几个方面：

（1）独特的股东会制度。鉴于国有独资公司只有一个股东，即国资委，国有控股公司不设最高权力机构——股东会，由国资委来代行股东会的职权。

（2）独特的董事会产生机制。国有独资公司的董事产生方式与一般的有限责任公司不同。国有独资公司依法设立董事会，董事会中的非职工成员以及董事长和副董事长由国资委委派和更换。董事会成员中有职工代表。其目的并不主要是加强职工董事在董事会重大决策中的地位，而是由于国有控股公司是国有独资公司，这样做一是为了体现职工作为国有企业主人翁对企业的民主管理的权利；二是为了职工作为内部人的监督作用的发挥。

但是，在董事会的内部结构和董事会的决策机制上，同样可以像一般公司那样引入董事会下的专业委员会制度和董事会集体决策个人负责的制度。

（3）独特的监事会产生机制。这种独特性表现在监事会的组成和其职责上面。在监事会的组成上，一方面，国资委作为股东，对国有控股公司外派监事；另一方面，在职工中产生职工监事。在监事会的职责上，监事会的主要职责一是对国有资产实施监督管理，二是对董事和经理违法及损害公司利益的行为进行监督。

但是，在监事会的运作方式上，同样可以像一般公司那样引入现代审计监督和行为监督等内容。

（4）接近一般公司的经理制度。由于国有控股公司的国有独资性质，只有国家这样一个股东，这就决定了它的董事会和监事会产生机制都很独特。但是，董事会和监事会的运作方式却同样可以参考现代西方的成功模式。特别地，经理属于执行层，承担了公司日常运营的职责，对董事会负责。国有控股公司的经理制度必须是类似于一般的公司。即经理由董事会任免、考核和决定薪酬，可以引入现代西方国家成功的 CEO 模式来构建中国国有控股公司的经理制度。

三、国有控股公司 CEO 制度建设

国有控股公司 CEO 负责国有控股公司的日常运营，通过适当的机制对其进行监督和激励是保证国有控股公司高效运作的基础。我国国有控股公

司与多数国有企业面临着同样的问题，就是对经理人员的激励不足。虽然近年来在国有企业中推行年薪制和持股计划，并进行股票期权试点，但是经理人员收入与其职责不相称。

（一）经理的聘任与解聘

经理的聘任是国有控股公司治理的非常重要的一个环节。根据《公司法》规定，聘任经理是董事会的职权，董事会通过投票，以多数通过的方式决定经理的人选，继而与受聘经理签订聘任合同，从而完成聘任过程。

目前国有控股公司的高管层，同董事一样是由国资委直接任命的。今后要过渡到按照《公司法》，由董事会聘任经理的做法。自我国职业经理人市场出现以来，还要过渡到由董事会向市场聘任经理的做法。

国有控股公司高管层人才的产生从改革的目标看，是建立在职业经理人队伍基础上的市场化选择。通过市场招聘，竞聘上岗。董事会与职业经理人之间是委托—代理关系，职业经理人作为一种特殊的人力资源走市场化之路是为了广泛发掘人才，董事会通过市场招聘选择职业经理人是必然趋势。

在聘任过程中，经理素质应当是董事会所要考虑的关键因素，因为经理素质决定了其执行业务水平的高低，从长远影响公司的未来业绩。经理素质就是指优秀的经理应当具备的各种条件和素养。包括品质素质、知识素质、能力素质、生理与心理素质等几个方面。

经理的解聘也是由董事会进行的。如果董事会认为某经理不适合于本公司，可以依法召开董事会会议，决定解聘该经理。另外，监事会在执行业务监督和财务监督过程中，发现经理人员的行为有违法律法规或公司章程的，有权请求其停止该行为，请求无效时，监事会可以向董事会建议撤换经理（甚至上诉至法院）。

（二）对经理人员的激励与约束

在市场经济条件下，现代公司的根本特征就表现为所有权与控制权的分离，这就自然而然地产生了所谓的“代理问题”。即在现代公司制度中，控制权主体代理所有权主体对公司进行全面的经营管理，从而存在着控制权主体对所有权主体之利益的维护问题，也就是代理问题。代理问题的本质就是，由于经理阶层有自己独立的利益，必须用一定的激励与约束机制使得经理最大限度地维护委托人的利益。

国有控股公司由于国有独资，更存在十分严重的代理问题。为了解决这一代理问题，重要的是建立经理人的现代激励和约束制度。

1. 经理激励机制

对经理的激励机制主要是通过对其报酬收入结构的确定来实现的。其作用机理就是通过高薪和剩余分红来激励经理，使其经营行为能最大限度地符合资本所有者的利益。其形式主要是年薪制和期权制。

（1）年薪制。目前在西方发达国家，经营者的报酬一般通行年薪制。所谓年薪制，就是以年度为计算单位决定工资薪金的制度。实行年薪制的企业，经营者收入基本上由基薪和风险收入两部分构成，基薪主要是根据企业生产经营规模和效益水平，并参考本地区和本企业的职工平均收入水平来确定，其职能是保障经营者的生活需要；风险收入则主要是根据本年度经济效益状况（主要考核指标是销售利润率、资本金利润率）来确定，风险收入的主要职能是激励经营者提高企业经济效益。实行年薪制的企业一般还同时建立了风险基金制度，即由经营者交纳一定的风险抵押金，用于部分抵补由于决策失误和经营不善给企业造成的损失，使经营者真正承担一部分经营风险。

（2）期权制。由于年薪制中，经营者报酬以年度为计算单位，这样，经营者报酬实际上主要取决于当年的经营效益状况，而企业生产经营是一个长期的过程，因此年薪制又往往从另一方面促进了经营者行为的短期化，为了弥补这一缺陷，许多企业又通常辅之以股票期权制，即允诺经营者在若干年后将拥有企业的一部分股权，这部分股权的价值实际上是不确定的，取决于企业未来若干年的经营状况。同时，这部分股权也不能任意带走或变现，只有经营者在本企业任职时才能拥有，退休后方可带走，这种付给经营者股票期权的方式可以激励经营者的长期行为，约束其短期行为。

经理股票期权计划作为一种长期激励机制萌芽于 20 世纪 70 年代的美国，在 90 年代得到长足的发展。从世界发展趋势来看，经理股票期权的规模及比重越来越大。同时，受益面也在扩大，扩展到对技术人员和普通雇员的激励。

经理股票期权是对公司管理者实行的一种长期激励机制。它授予公司管理者（和员工）一定数量的认股权，授予对象可以在某一期限内，以一个固定的执行价，购买一定数量本公司股票的权利。获得激励股票期权的雇员可以按预先确定的买入价（行权价，或称执行价）购买本公司股票，而后在高价位抛出以获得收益。

2．对经理的约束机制：所有者约束、市场竞争约束、法律约束

激励与约束总是相辅相成、密不可分的，企业所有者为了使经营者能维护其利益，在建立一定激励机制的同时必须建立相应的约束机制。对经理的约束机制主要包括来自于企业所有者的约束机制、来自于市场竞争的约束机制和来自于国家法律的约束三个方面。

（1）所有者约束。企业所有者即企业的股东，是经理的最终委托人，所以来自于企业所有者的约束又可称为来自于股东或来自于委托人的约束。来自于企业所有者的约束机制主要表现在公司法人治理结构上。在国有控股公司，这表现为董事会和监事会对经理的约束。

（2）市场竞争约束。市场竞争主要包括产品市场、经营者市场和资本市场三大市场的竞争，所以，对经营者的市场竞争约束也主要包括来自这三种市场的竞争机制的约束。企业在产品市场上的占有率是衡量经营者经营效率的重要依据，同时也是对经营者经营管理能力的重要检验标准。市场占有率越高，说明企业产品在市场上的竞争力越强，说明经营者经营能力强，经营效率高；经营者市场竞争约束的主要精神就是，利用职业经理市场对经理晋升任免的作用机制，给在位的经理施加较强的外部竞争压力，鞭策他们努力工作和自觉地维护企业所有者利益，否则随时都有被人替代的可能；资本市场竞争的实质就是对企业控制权的竞争，其典型形式就是接管。接管是防止经营者损害股东利益的最后武器。

（3）法律约束。市场经济就其实质来说，就是法治经济，是依靠法律来构建经营者活动的外部框架，并同时辅之以一定的政府监管的经济体系。所以，有关的法律特别是经济法律体系就成了规范经理行为的重要约束机制。

完善的法律体系是市场经济正常有序运行的重要保障，也是约束经理行为的强有力的行为规范。约束经理行为的法律主要有：公司法、税收法、合同法、证券法、银行法、会计法、统计法、计量法、专利法、商标法、知识产权法、环境保护法、劳动法等方面。

（三）国有控股公司经理制度的目标模式——CEO 制度

目前，在国有控股公司实行的是总经理负责制。即总经理主持执行董事委员会的工作，负责全面经营管理。设副总经理若干名。这一模式有一个重大缺陷就是副总经理虽然名义上各管一摊，但事实上公司任何重大事务都是总经理领导所有副总共同决策共同负责，没有专业分工制度，责任也不清晰。

CEO（Chief Executive Officer）制度一般被译为首席执行官制度。CEO 制度主要涉及董事会和高管层之间的关系。CEO 是董事会和高管层的接口。在现代公司制度中，不仅股东会并且董事会均日益弱化和外部化，董事会越来越演变成战略审计型董事会。董事会的主要功能是选择、监督、考评高管人员和制定以 CEO 为中心的高管层激励制度，而 CEO 则日益对公司的经营决策有拍板权。当然，CEO 也要受董事会的监督和制约，当公司的 CEO 不能称职地率领企业发展时，董事会有权将其撤换。

CEO 制度有三个优点：第一，解决了大量外部董事条件下，董事决策中的信息不对称问题。事实上，CEO 制度条件下，公司的重大决策是由内部董事作出，而外部董事起的主要是战略审计职能。第二，解决了董事层与高管层的衔接问题，CEO 既参加决策又主导决策执行，是董事会和高管层的接口。第三，通过 CEO 下设若干总监，实行了高层管理的专业化和责任明晰化。CEO 制度下通常设一名副总裁以及若干助理，并实行总监制。总监直接对 CEO 负责。包括财务总监（CFO）、运营总监（COO）、人力总监（CHO）、技术总监（CTO）、市场总监（CMO）等。通常副总裁和重要岗位的总监都由执行董事担任。

CEO 制度下，国有控股公司的治理结构如图 18－1 所示：

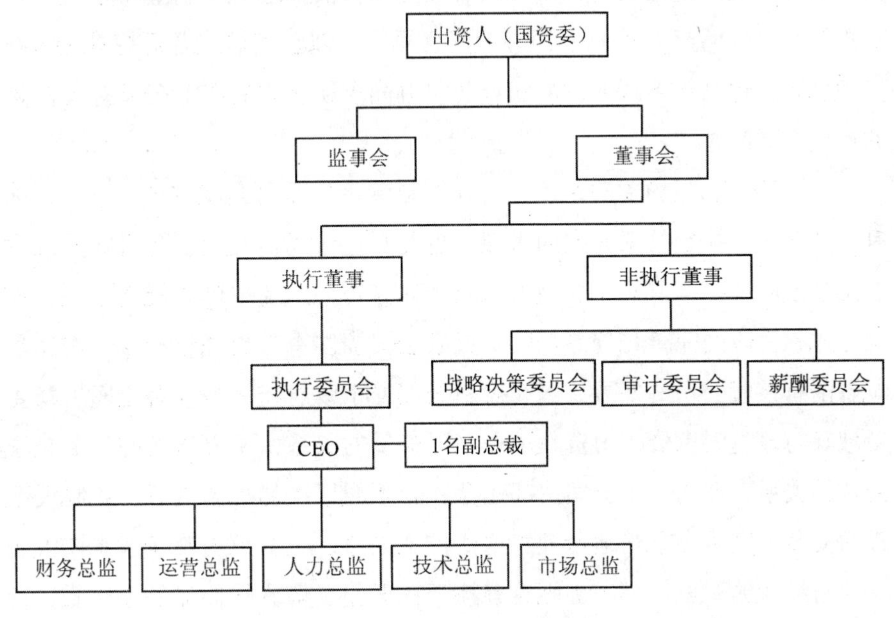

图 18－1　国有控股公司的治理结构

（本章作者：吴冬梅，首都经济贸易大学，教授，博士生导师）

第十九章　论国有控股公司的控制体系

一、国有控股公司的控制体系的含义

就“控股”作为一种公司的财产组织形式和国有企业以公司制为改革目标而言，我国现在的绝大多数国有大型企业集团公司、行业总公司、国有资产经营（管理）公司、国有投资公司等，都已经是或者即将成为国有控股公司。近几年不断曝出的国有公司丑闻表明，国有控股公司存在严峻的控制失效问题。

国有控股公司的本质是控制。其控制体系的重要意义在于：第一，国有控股公司是控制关系存在的表现，也是其存续的前提，更是公司持续发展的基础。第二，显然，控制关系的合理与否，控制主体的能力强弱，控制方式和手段的完善与否等与国有控股公司控制有效性密切相关，进而影响着国有控股公司的发展。国有控制公司处于政府与一般企业之间，既要处理好与政府国有资产出资代表——国资委的关系，又要处理好与下属子公司的关系，在母、子公司内部还存在着不同层次的控制关系，控制关系较为复杂。实践中恰当地处理好这些控制关系，一方面有赖于国有控股公司经营经验的积累，另一方面也有赖于在理论上将这些控制关系性质、特点及其构成要素、控制方式的手段分析清楚。

管理中的控制最初是指管理的控制职能。它包括制定标准、衡量成效、纠正偏差这三个逻辑环节，主要是对任务完成的控制和对员工行为的控制。另一所指源于“内部控制”概念的“管理控制”。按美国注册会计师协会所属的审计程序委员会的解释，内部控制分为“管理控制”与“会计控制”两类。管理控制包括（但不限于）组织计划以及与管理部门授权办理经济业务的决策过程及其记录；会计控制由组织计划以及保护财产安全和保证财务资料可靠性有关的程序和记录构成。会计和审计人员只对后者负责。所以，管理学中控制，不论是控制职能还是管理控制，都强调的是在组织内部运用的一整套确保既定组织目标顺利实现的监督、评估、判断和修正措施体系。

公司经济学中的“控制”是指公司的“控制（权）”。它的本质是指“剩余控制权”（residual right of control）。与其相关的概念是“剩余索取权”。简单地说，公司控制权（corporate control 或者 corporate ownership）就是影响公司董事会组成及其政策制定的能力。在现代公司两权分离的现实中，它是公司外部控制的一种方式，狭义上可称为资本控制。本文使用的控制概念取广义的“管理控制”之意。

国有控股公司作为一种国有企业的组织形式，客观上成为政府与一般国有企业的一个缓冲带，一个中间层次。这使得国有控股公司面临两个层次的控制问题：一是政府对国有控股公司的控制，二是国有控股公司对下属企业（子公司、孙公司）的控制。前者的控制基础在于由政府代表的国家是国有控股公司的全资所有者或主要的资本提供者，后者控制基础是国有控股公司掌握着下属公司的控股权。

政府（国资委）控制国有控股公司的原因在于它是国有控股公司的“老板”，而控制的目的概括起来有两个：一是实现政府的一些社会和经济发展目标，如增加和维持就业，改组或拯救经营不善的国有企业、支持高科技产业、公用事业的投资和地区发展等。在这种情况下，盈利就不是国有控股公司的第一追求。二是确保国有资产的保值增值，壮大国有经济实力或防止国有资产被侵蚀。达到这一目的要以国有控股公司实现盈利为前提。但是，显然同时兼顾两个目标是相当困难的，它往往导致国有控股公司的控制失效。世界各国对国有控股公司所进行的调整多与此有关，总趋势是尽量弱化第一个、强化第二个。

国有控股公司通过接受政府（国资委）的委托或自主投资而拥有对下属企业的控制能力。从企业集团经营的角度来看，其控制的中心问题是母公司对子公司的控制问题，而不是子公司内部的控制问题。所以，国有控股公司之母公司的控制问题相当关键。当然，母公司对子公司的有效控制的前提是母公司本身控制有效。母公司的控股股东是国资委，国资委是母公司的控制者。母公司的有效控制虽然不一定必然意味着母公司对子公司的有效控制，但是，母公司的失控，则必然会导致母公司对子公司的控制失效，整个集团的控制目标就无法实现。所以，母公司的有效控制是国有控股公司控制体系中的关键。

总的说来，国有控股公司的控制体系的首要目标是实现国有资产的保值增值。这个体系存在着在三个控制层次、四种控制关系。它既有内部控制机制，也有外部控制机制；既包括资本控制，也包括非资本控制；有间接控制也有直接控制（见图 19－1）。

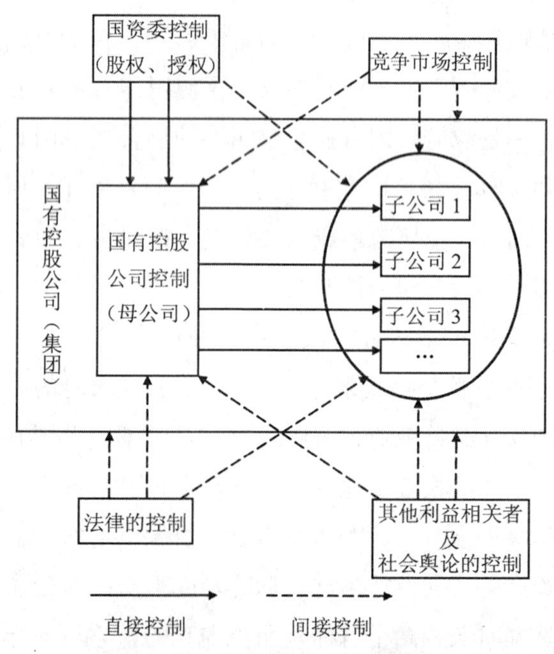

图 19－1　国有控股公司的控制体系

二、我国国有控股公司的控制体系

在整个国有资产管理体系呈现出国资委—国有控股公司—国有企业（公司）三个层次的框架下，国有控股公司则相应存在两方面的控制关系：一是国资委对国有控股公司的控制关系；二是国有控股公司对下属企业（子公司）的控制关系。另外，国有控股公司的母公司与子公司都是公司制企业，依照现代公司两权分离的现实，在它们的内部还存在一个董事会对经理人的控制关系。所以，国有控股公司的控制体系总共存在三个层次。

在第一层次上源于国资委的双重身份而存在两类不同性质的控制关系。第一类是国资委作为国有控股公司的全额出资人或控股股东与国有控股公司（以董事会为代表）之间的控制关系，也就是国资委与母公司董事会之间的控制关系。在这种关系中，国资委实际上是国有控股公司经营风险的最后承担者，因而有效控制对国资委关系重大。第二类是国资委作为国有资产所有者，把一般企业（公司）中的国有产权授予国有控股公司行使，同时收取相对固定的收益以体现所有权。这种关系是以授权合同的形式结成的，控制的目标与手段则在合同条款中体现出来。

在第二层次上是国有控股公司与子公司的控制关系。在这类控制关系中，国有控股公司是代行国有资本的控制权，所掌控的国有资本并不是它的自有资本，但他必须为这些资本的增值负责。在授权充分的条件下，实际上与自有资本仅有的差别是资产经营收益的分享。

在第三层次上是董事会与经理人之间的控制关系。这种控制关系还分别存在于母、子公司内部，是公司制企业普遍存在的一种控制关系。尽管存在于母公司和子公司不同的企业，但本质上，这类关系是相同的，所以把它们归为一类控制关系。

因此，国有控股公司控制体系概括为“三个层次、四类控制关系”的控制体系。在这一垂直分层的控制关系中，由产权关系特点而使控制关系具有单向传导性，即控制意志由上到下层层推进。如果上一层的控制失效，也将导致下一层的控制失效。也就是说，如果国资委不能有效控制国有控股公司（母公司），则母公司对子公司也会失控，反之则不然。

从控制主体、客体和控制手段来看，不同层次的控制关系所涉及的控制主体与客体也各不相同。在第一层次上，控制主体是国资委和国有控股公司，控制的客体和方式则因两类控制关系而各不相同。在第一类控制关系中，作为控制者的国资委是一个机构法人，它需要由具体的人出来代表它行使分布于多个国有控股公司中的股东权利。所以，这个控制者实际上在内部还存在着一层控制关系：国资委对自己派出的充当国有控股公司董事（长）的雇员的控制。而作为被控制者的国有控股公司也是一个公司法人，以董事会为载体，以董事长为法人代表，所以，尽管国有控股公司是一个独立法人，有法人财产权，但国资委以股东身份对国有控股公司的控制，涉及公司的经营行为和业绩；控制的手段主要是国资委通过对股东会、董事（会）、监事（会）的控制以及对雇佣的派出代表的控制而达到对国有控股公司的控制。实际上，这与国资委对受雇董事的控制是无法分开的。此种控制关系的客体就是董事。在第二类控制关系中，控制的主体还是国资委与国有控股公司。由于控制关系是经由授权合同生成的，签约人是各自的法人代表，相对来说较为简单清楚。控制的对象则是签约双方的行为及合同的标的物——企业中的国有产权。国资委利用选择被授权者和签订合同条款作为控制手段。

在第二层次上，即第三类控制关系中，控制的主体是母公司和子公司。母公司以董事会和经理人为代表，子公司以董事会为代表，所以实际上是母公司经营者对子公司董事会的控制。控制的客体是子公司的行为和业绩表现，控制的方式有制度控制、市场控制和文化控制等，控制的手段则类似于国资委以股东身份对国有控股公司的控制，即通过股东会、董事会及监事会贯彻控制者意志。

在第三层次上，即第四类控制关系中，控制的主体是公司董事会、经理人，控制的客体是经理人的行为。控制的手段有聘用和解聘、激励与约束等。控制关系的层次性，使得国有控股公司控制关系中的控制主体往往具有双重身份——既是控制者又是被控制者。如母、子公司的董事会，在上一层次的控制关系中它们都是被控制者，而在下一层次的控制关系中都成了控制者。

此外，国有控股公司和子公司，还会受到市场竞争的制约、法律的标准化规制、民意代表机构和其他政府部门和其他利益相关者的监控。这些都可称为外部控制。外部控制既可针对母公司，也可针对子公司，涉及国有控股公司经营运行的各个方面，具有整体性和全面性的特点。但这些控制都须依法进行，并且是针对既成事实事后控制。

三、我国国有控股公司控制体系的内容

控制首先要有明确的目标，这是任何控制所必需的前提。没有目标与计划，就不可能控制，因为控制过程就是要把实际进展或结果与已规定的标准相比较，才能找出问题所在，并加以解决。在市场经济条件下，不同企业在具体的经营目标上可能有所不同，但它们共同的、最根本的目标则是盈利。人们往往把这归于资本的本性使然。如果一个企业不能获得盈利，那么它本身就没有存在的“正当性”。盈利要求在公司财务中以获取利润来表现，在资本市场上以公司价值（股票价值）上升显示；以资本的视角则是资本的增值。

但是，国有控股公司的控制具有目标唯一性的困难。

国有控股公司是企业，从资本所有者的角度来看，资本的保值、增值必然是其终极目标。然而，国有控股公司又是国有经济中的一个重要环节，其国有的性质则决定了它肯定还要追求资本保值增值之外的其他社会

目标。这些社会目标具体由政府政策和要求体现出来，一般包括增加就业、经济增长、平衡地区发展、环境保护、支持高新产业、公共服务等。国有控股公司于是在最终的控制目标上常常模糊不清。它导致国有控股公司难以建立起目标函数，无法形成明确的公司控制战略，也不能根除政府对国有控股公司的干预冲动，对国有控股公司实际经营效果考核也难以准确、公平，也就无法实现有效控制。国外许多国家在 20 世纪 70 年代前后组建国有控股公司时，曾明确规定了它所要承担的某些社会目标。但理论界和实际部门对其结果的认识并不一致，而且，许多人对此持批评态度。在国内，也有人认为国有控股公司的目标不能仅仅局限于经济方面，还要有广泛的社会目标。这包括实施国家的经济政策如产业政策、区域经济发展政策；发挥政资分开的政治功能；稳定就业、解决环境污染、社会保障等。

实际上，公司经营中目标的唯一性是极为重要的。但是，国有控股公司的性质决定了它不能只强调资本保值增值这个单一目标而放弃其他目标。可以设想的办法是尽可能地把其他目标转换到单一目标中去。也就是说，将社会目标内化成国有控股公司的经济目标。具体地说，就是在国有控股公司需要承担社会目标时，把实现这些目标所需的费用量化、公开，给予承担这些目标的国有控股公司相应的补贴。尽管这样做的成本可能很高，但也只有这样，国有控股公司才能把承担的非商业化目标反映在商业目标（利润目标或资本增值目标）中。或者，政府部门还可以就某些非商业化目标向外公开拍卖或招标，相关商业机构，包括国有控股公司竞价承担，市场化地加以解决，用以防止政府以此为借口对公司的行政干预。

而从国有控股公司控制体系的层次性来看，其具体的控制目标则存在多样性。

第一类控制关系的目标因国有控股公司的类型而不同。纯粹型的国有控股公司，以追求资本增值与多元产业调整为目标，有明确的产业选择，是战略投资者，但以资本运营为主，重在企业重组；混合型的国有控股公司则以追求主导产业市场占有率与资本增值双重目标，有明确的主导产业，既从事生产经营，又从事资本运营，如跨国公司、产业集团公司等。

第二类控制关系的目标相对单一，只要坚持获得“固定比例的总资本收益率下的收益”，实现国有资本的保值增值。所谓“固定比例的总资本收益率”也可以称为“国有资本基准收益率”或“上缴的国有资本收益率”。“固定”的含义是指国有控股公司上缴国资委的资本收益是可预期的；“总资本”是指依国资委授予某国有控股公司经营的全部国有资本而计，其目的在于给国有控股公司提供一个“熨平”不同子公司资本收益率差异的机会。

第三类控制关系的目标因各子公司在集团中发挥的作用和功能不同，所处的产业、地理、经济、社会及政治环境不同而各不相同。但总的来看，母公司控制子公司的目标有两个：一是实现其在子公司的资本收益；二是实现国有控股公司的总体战略目标。母公司控制子公司的具体目标一般包括：①兼顾眼前和长远，实现控股公司的可持续发展。②在各子公司之间提高专业化分工程度，从而提高资源的利用效率，实现组合效应。③通过规模扩大，实现投资和经营成本的节约。④合并财务报表，统一纳税，实现财务协同收益。⑤提高对市场的控制能力和垄断性，获得超额利润。⑥优化资本配置结构，节约交易费用。⑦积聚科技人才，实现科技创新等。

第四类控制关系是一种典型的委托—代理关系，控制目标就是设计一套激励约束机制，使代理成本最小化。

四类控制关系的具体内容各有不同。

第一类控制关系，即国资委（股东）对国有控股公司的控制。按照有关法规，国资委是国有控股公司国家出资的唯一代表，是国有控股公司控股股东。这类控制关系的本质是股东权能的行使。也就是说，国资委有对国有控股公司的资产收益、重大决策和选择管理者的控制权，享有公司法规定的12项股东权利。

国资委对国有控股公司的控制目标是实现股东权益——资本收益最大

化。当然，国资委作为实质上的行政性代理股东[①]，可能会顾及某些社会政治目标和宏观经济调整目标，所以，只能说国资委把资本收益最大化（即所谓保值增值）作为第一目标。

国资委对国有控股公司的控制程度则取决于对国有控股公司股份的占有程度。全资拥有的，则控制程度最高。按我国《公司法》规定，它可以不设股东大会，国资委能直接指派董事会的董事（长）、监事会主席、总经理、财务总监等高级经营人员，对日常经营进行审计等。控股条件下，控制程度则依所持股份比例而定，国资委要和其他股东一起，通过股东大会的形式实现对公司董事会、经理人班子、监事会等的控制。国资委直接或通过股东大会把公司委托给董事会后，董事会有独立经营管理公司的职权。董事会只要不越权对公司的某一事项做出决定，则它可以征求也可以不征求股东会的意见。决定做出以后，股东会不能通过决议将它取消，但股东会有权以董事会玩忽职守、未尽到受托责任为理由而起诉董事会成员，乃至整个董事会，或者通过股东会投票方式，不再选举他们为董事，以表示对他们失去信任。当然，这些都需通过股东大会进行，单个股东（包括国资委）都无权这样做，而只能“用脚投票”方式撤出自己的资本。不过对于国资委这个控股股东，撤资的选择余地不大。

第二类控制关系，即国资委（授权者）对国有控股公司的控制。国资委以出资人代表身份，把企业中的国有产权授予国有控股公司进行商业化经营时，国资委是授权方。这种关系的成立是我国国有控股公司产生的理由之一。产权的权能是可以分解的，但产权的行使是排他性的。所以国资委授予或委托国有控制公司行使的股东权，应该包括占有、使用、收益（风险收益）和处置四权，而保留固定比例的总资本收益率下的收益权。这种保留是国有资产国家所有的体现，更可以免去国资委的直接监督成

①尽管可以假设国资委是一个合格的股东，但还是需要强调国资委作为国有产权股东的代理性质。因为国有财产是全民所有，人人有份的，只是由于全民无法有效行使这个权利，才将它们委托给国家，国家又委托给政府行政系统的国务院，国务院又特设国资委及授权地方政府作为行使所有权的主体。应该说，至此，都属于政治性授权和行政性授权。国资委对国有控股公司授权经营国有产权则是两个民事主体之间的商业性授权，是一种商事关系，类似信托关系。

本。国资委可以会同其他政府部门对国有控股公司的用权行为进行间接监控，还可以通过由国资委所控制的国有控股公司（母公司）对用权方式做出规定和调整，但是不能直接对股权的行使加以干预。也就是说，授权之后的国资委放弃了对这些资本所在企业的控制权，而剩余索取权与控制权则在国有控股公司那里实现了统一，而这种统一正是总收益最大化的一种安排。所以，第二类控制关系更类似于一种信托关系。信托关系与委托—代理关系的区别在于：在委托—代理关系中代理人只是按照委托人的意志来管理或处分财产。信托关系是一种财产的转移行为，受托人可以是自然人，也可以是法人。委托人设立信托（授权）后，便失去了对信托财产的占有、使用和处分的权利。受托人取得信托财产后，可以占有、使用和处分这些财产，但财产处分后或经营管理中获得的利益应交给受益人。如果国有控股公司对获得授权的股权之经营收益，无法完成合同规定的上缴额，国有控股公司应该用法人财产补偿，主要经营者要受到其派出机构——国资委的行政的、经济的、职业资格和声誉的处罚。在这种控制关系中，国资委的控制方式则主要是签订授权契约，以相关的契约条款约束和强力的、最终的法律威慑为控制手段，控制的内容则主要是资产价值和以这一价值为基础的收益指标。

第三类控制关系，即国有控股公司（母公司）对子公司的控制。

母公司对子公司的控制是国有控股公司控制体系的中心问题。资本控制是公司最基本的控制，控股是资本控制的形式表现。债权人本质上也拥有控制权，但是因为取得的是固定收益，不承担未来不确定性的风险，所以在正常情况下不得不放弃了这种权利，只在公司资不抵债时才行使控制权。所以说资本所有权只是享有控制权的充分条件而不是必要条件。对子公司的控制权，首先取决于对子公司的控股权，但更重要的是母公司把这部分资本供子公司长期支配使用，并最终承担经营亏损风险的特征。非控股的中小股东当然也享有控制权，只不过在一股一票的原则下有些“股微言轻”。

这类控制的前提是母子公司关系的建立。国有控股公司的母子公司关系有两种形成方式：一是母公司以自有资产对外投资建立新的子公司，或者采取收购、兼并、股权置换等多种方式取得其他公司的控股地位，将其收编为子公司。一般的控股公司都是这样形成母子公司体制的。国有控股公司当然也可以这样做，这没有什么特别。二是国有控股公司将从国资委授权而来国有资本长期供下属公司支配使用，并承担经营风险和上缴收益的担保责任，同时也就拥有对这些下属企业的控制权。因此，虽然这些授权资本不是国有控股公司的自有资产投资，但国有控股公司（母公司）实际上是以公司法人的名义获得了这些国有企业（公司）的国有产权代表资格，也就是说，它依约有权行使占用资产的下属公司的股东权利。如果能够在股权份额或握有这些企业的决策权，则它们之间就构成了母子公司关系。这才是国有控股公司母子公司关系的特别之处。尽管严格地说，母子公司关系在世界各国都要以相关法律的规定为判断标准。

母公司对子公司的控制程度则随持股种类和比例变化。母公司作为子公司的股东享有法定的股东权，以其对子公司出资额为限承担有限责任，不必承担无限责任；子公司享有母公司及其他股东投资形成的全部法人财产权。被国资委确立为国有资产经营主体的国有控股公司，将享受一些特殊的权利和承担特殊义务，除了遵循《公司法》外，还要有国有资产管理的相关法律、法规的规制。

母公司作为股东对股东权的行使，即表现为对子公司的控制。股东权一般分为自益权和共益权。自益权是股东以从公司获得经济利益为目的而行使的权利，是股东仅为自身利益而行使的权利，包括股利分配请求权、剩余财产分配请求权、新股认购优先权、股份转让权等；共益权是股东以参与公司的经营为目的的权利，也可解释为股东为自身利益的同时兼为公司利益而行使的权利，包括表决权、代表诉讼提起权、股东大会召集请求权、提案权、质询权、会计文件和账簿查阅权、董事、监事和清算人解聘任命请求权、公司解散或重组请求权等。

母公司对子公司控制方式可分为三大类：制度控制、市场控制和文化控制。实际上都是三种方式的混合使用。制度控制，就是一方面通过建立一整套的规章制度，包括公司宗旨、管理制度、技术规范、业务规范等内容，来协调和调节企业集团内部各成员企业的生产经营活动；另一方面通过实施预算，将集团战略目标和战略规划进行分解和转换，落实到各成员企业，从而组织和控制企业集团各成员企业的生产经营活动。市场控制，就是在相对独立的事业部或子公司之间及母子公司之间通过市场交易（或模拟市场交易）和内部转移价格、财务核算的方式实现控制。在市场式控制中，利润或投资报酬率是控制的基础，战略经营单元被视为利润中心或投资中心，只要利润指标或投资报酬率指标符合要求，上一层级基本上不对下一层级进行过多的指挥和约束。文化控制，就是塑造一种文化氛围，通过倡导团队合作精神、充分授权、自我成就、自我约束等组织文化力量来控制各成员企业的经营行为。

母公司控制子公司的手段则包括：①股权控制。股权控制是基础性的控制手段，其他都是衍生的控制手段。股权控制一般分为两类：绝对股权控制和相对股权控制。所谓绝对和相对都是指国有控股公司拥有的、有表决权的股份占该公司的比例。按照一股一票的原则，拥有子公司51%的股权为绝对股权控制。而在股权分散的情况下，只要取得某一公司相对多数的股权就可以实现控制。②人事控制。人事控制是对子公司包括董事、总经理等高级经营职位的控制进而对董事会的控制是控股权的延伸。人事控制主要包括对子公司董事会的构成的控制、对董事会议事规则的以及对子公司董事长、监事长、总经理等高级经营职位人选的控制、通过人力资源政策和措施对子公司的控制等。③财务控制。母公司对子公司的财务控制主要有：一是对子公司财务部门负责人和财务政策直接的控制。二是借助于各种内部关联交易，如转移价格机制、提前或延缓支付、公司内借贷及利息偿还等机制的运用，来实现公司整体目标。三是母公司利用内部资金调剂网对子公司资金供应的控制。④战略控制。战略控制是母公司对子公司的一种总体性、前瞻性和方向性的控制。战略控制的方式和手段通常包括：在控股公司整体战略中，实施内部产业政策倾斜，引导和制约子公司的发展方向；通过资本预算和收益分配政策调整，实现控股公司整体资源的优化配置；通过子公司专业化和协作关系的调整，实现控股公司内部集约化经营；在控股公司内部建立竞争战略结构，将子公司独立、分割的利益整合成为统一的整体利益，增强内部凝聚力，提高外部竞争力。⑤决策控制。决策控制是通过法定权利和程序，对子公司重大决策的控制。首先要明确的是子公司重大决策的范围。这一般包括对外投资、对外担保、资产处置、企业并购、产权变动、大额资金运作等方面。其次是明确重大决策的权限，即在上述各项重大决策上，分别规定股东会、董事会、董事长和总经理的权限。再次是明确重大决策的程序。主要的依据是《公司法》和公司章程规定。最后是明确重大决策的责任。要求所有参与分析、论证、决策的人员都应在相关会议记录和决策文件上签字，董事的投票要有记录，作为事后参与决策的每个人承担相应责任的依据。⑥营销控制。⑦文化控制。

第四类控制关系，即董事会对经理人的控制。董事会通常被认为是股东利益的代表。董事会控制经理人的原因，一是双方的目标函数不一致，二是双方对经理人行为与绩效关系判断的信息不对称。这也是代理问题和公司治理的核心。一般的结论都是要建立一套激励约束机制，将双方各自利益协调起来，降低代理（或控制）成本。董事会控制经理人的关系在母、子公司都存在，尽管具体表现有所不同，但控制的基本原理是一致的，所以本文将二者归为一种控制关系。所谓激励机制就是给经理人确立明确的目标（即考核标准，包括资本增值指标或利润指标或成本指标）、考核办法和薪酬奖励组合（包括实行基本工资、年度奖金、长期奖励和精神鼓励）。相应的约束机制则包括聘用合约、内部监督、在职消费公开、业绩考核等内部手段，及竞争的经理人市场、产品或服务市场、资本市场（特别是股票市场）等外部约束机制。

国有控股公司和各种准国有控股公司在我国经济体系中的存在是不可避免的，并将对整体经济发展产生越来越重要的影响。控制作为国有控股公司运营的本质特点，其有效性是其成败的关键。对国有控制公司控制体系的思考需要关联整个国有资产管理体系的特点。本文在此基础上，依照管理控制的原理，提出了"三个层次、四类控制关系"的控制体系，并对各不同层次和不同类型的控制关系中的控制要素及内容进行了分析，以期对国有控股公司的控制问题有较全面的认识。需要进一步指出的是，本文的探讨只局限在国有控股公司可控的、自主性的控制关系上，对于其他外在的、自动的（如市场竞争、民意代表机构、舆论、法律监管）控制关系则未有涉及。实际上，国有控股公司的控制体系应该是内部和外部控制、自主与自动控制机制的综合。

参考文献

[1] Irwin, M. R., and Stanley, K. B. Regulatory Circumvention and the Holding company. Journal of Economic Issues, 1974, V. Ⅷ No. 2 June.

[2] Kuznetsov, P., and Murav'ev, A. State Holding Companies as a Mechanism for Managing Enterprises in the State Sector. Problems of Economic Transition, 2001, Vol. 44, No. 4 (Aug.): 49-69.

[3] Shleifer, A., and Vishny, R. W. Large Shareholders and Corporate Control. Journal of Political Economy, 1986, 94: 461-88.

[4] 倪吉祥:《国有控股公司的运作》，经济科学出版社，1997年版。

[5] 芮明杰:《国有控股公司运行与管理》，山东人民出版社，1999年版。

[6] 李建伟:《国有独资公司前沿问题研究》，法律出版社，2002年版。

[7] [日] 森田松太郎:《控股公司》，中信出版社，2001年版。

[8] 中国集团公司促进会:《母子公司关系研究——企业集团的组织结构和管理控制》，中国财政经济出版社，2004年版。

[9] 叶祥松:《国有公司产权关系和治理结构》，经济管理出版社，2000年版。

[10] 郑海航、邵宁:《国有资产出资人代表：大型集团公司成为国家授权投资的机构实施研究》，经济管理出版社，1999年版。

[11] 郑德珵、沈华珊、张晓顺:《股权结构的理论、实践与创新》，经济科学出版社，2003年版。

（本章作者：张多中，男，陕西洋县人，中国社会科学院工业经济研究博士，深圳大学管理学院副教授）

第二十章 独资型国有控股公司内涵及其治理的分析

一、关于控股公司及国有控股公司内涵的界定

（一）关于控股公司的含义

控股公司的英文名称为 Holding Company，即“持股公司”、“股权公司”。美国著名企业史学家小艾尔弗雷德·D. 钱德勒曾经从管理学角度将现代企业的组织形式分为三种形式：U 形、H 形和 M 形，其中的 H 形即控股公司。但是，钱德勒讲的是公司内部的组织结构。而现代控股公司作为企业发展的产物，是一种产权管理的制度安排，是企业有效实现规模化扩张和多元化发展的一种组织形式，是一种通过股权的持有来扩大企业规模的制度创新。控股公司通过产权的经营管理，能以有限的资本调动、支配和控制更多的社会资产，控股是母公司有效地控制和影响子公司的依据和法律基础。控股是母子公司的产权链条，组织结构是母公司内部、母子公司之间的管理链条。现代市场经济国家的企业集团、著名的跨国企业无不采用这一组织形式。

目前理论界对控股公司尚无公认一致的定义，人们一般认为，控股公司是指通过持有另一公司多数表决权的股份，从而实现对其实际控制的公司。通常情况下，人们把只凭借掌握所属子公司的股票来控制其重大决策和经营活动，不兼营其他任何事业的控股公司称为纯粹控股公司（Pure holding company)；把母公司本身兼营其他事业，并掌握子公司股票控制其经营活动的控股公司称为混合型控股公司（Mixed holding company）。

（二）关于国有控股公司的含义

为了进一步研究的需要，应对国有控股公司进行一个明确界定。

从国外国有控股公司的具体形式可以看出以下几点：①

（1）多是政府以国家的名义出资。国有控股公司在其他国家，特别是意大利、法国等欧洲国家，多是“中央”政府出资，为实现国家的社会目标及商业目标而组建的，因此，也多称为国家控股公司。

（2）除从事资本经营、管理活动外，也有从事生产经营型的控股公司。像意大利的工业复兴公司、英国国家企业局、新加坡淡马锡公司就是一种我们经常提到的纯粹型的控股公司，母公司只是从事资本经营，并不从事具体的生产经营活动。但也有的国有控股公司在从事资本经营的同时，母公司本身也从事大量的具体的生产经营活动。

（3）国有控股公司一般都具有特定的功能。除了极个别国有控股公司（例如淡马锡）具有明确的经济目标，即以利润最大化为目标外，大多数国外的国有控股公司都有广泛社会目标，具有特定功能。例如，实现就业、避免企业破产、国有企业的重组等。

（4）国有控股公司本身既可以是国家独资的也可以是国家控股的。国外国有控股公司多是国家独资设立的公司，但也有国家在国有控股公司中处于控股地位的。

在国内关于国有控股公司的界定一般有两种说法：一种较为普遍的说法是，国有控股公司是指经过国有资产管理部门（国资委或局）批准设立的授权投资机构，它持有另一公司多数或全部表决权的股份，以股权控制方式实现国有资产保值增值目标的特殊企业法人。这里把国有控股公司界

① 郑海航、徐炜：《完善我国国有控股公司制度》，《经济与管理研究》，2005 年第 5 期。

定为专指经过国资委授权的代表国资委对所控股的子公司中的国有资产和权益进行经营的特殊法人实体。另一种说法是，在一个国有公司中，由两类股东构成，其中国有股处于控股地位，而非国有股处于非控股地位，有人把这样设立的国有公司界定为国有控股公司。

这两种界定方式对国有控股公司的理解角度不同，第一种实际上是指国有的控股公司，第二种实际上是国有控股的公司。这两种说法差异很大，问题的关键在于界定中有没有对该公司是否是控股公司加以明确。按照第二种界定方法，只有国有股和非国有股组成的公司才能被称为国有控股公司，从目前我国国有公司创建实践方面看，显然这一界定其适用面过于狭窄，尤其是在中央企业中，只有整体上市的国有企业才能真正算得上这一类国有控股公司（中央企业中只有一个上海贝尔是国有股与非国有股组成的公司，但国有股并不控股，按照第二种说法，也不能算作是严格意义上的国有控股公司）。在国有控股公司中，还有一类公司，虽然各股东从性质上看都是国有股东，但有着相对独立的利益，层次不同，实际上可以把它们看作是股权多元化了的控股公司。比如南方电网公司就是这样的控股公司。

因此，关于国有控股公司的含义的界定，应该从股东性质和其本身应具有的控股职能两方面综合考虑才能界定清楚。这样，国有控股公司既包括纯国有的控股公司，也包括国有股控股的控股公司两类。不具有控股职能的国有股占据控股地位的单体公司应该不属于我们讨论的国有控股公司范畴。

从经过多年的国有资产管理体制改革实践看，我国大部分城市均已建立起“三层次”和“二层次”的国有资产管理模式。其中“二层次”国有资产管理模式是指政府部门直接授权国有大型企业集团经营国有资产；“三层次”国有资产管理模式，即国资委（国资局）—国有控股公司—所投资的国有企业“三层次”的国有资产管理体制。

二、对独资型国有控股公司内涵的界定

人们在进行国有企业研究时，往往把国有独资公司和国有控股公司作为不同的两类公司分别加以讨论。我国的《公司法》对国有独资公司进行了明确界定，而没有对国有控股公司进行界定。人们往往从公司治理和管理学等不同角度理解国有控股公司，因为视角不同而产生不同理解，对深入研究国有控股公司的组成、性质及公司治理问题产生了不利影响。国有控股公司与国有独资公司两者之间，因为对它们进行界定的角度不同（前者是从其承担的职能上看的，而后者则是从股权结构上看的），有着很大的重合部分；从公司治理的角度看，国有控股公司按照出资人可以分为出资人唯一和多元化两类——独资型国有控股公司和产权多元化了的国有控股公司。

就独资型国有控股公司本身来说，人们的理解也比较混乱。实际上，我国目前存在两类性质不同的独资型的国有控股公司，而《公司法》对国有独资公司的界定只涵盖了一部分比较规范的国有控股公司，并不适用于大量存在的按照《企业法》设立的，从称谓上也称作公司的国有独资企业。实践中这些企业中的大部分也被授权承担出资人职责，控股经营国有资产，是事实上的国有控股公司，它们与国有独资公司有一个共同特点，那就是出资人只有一个——各级政府及国有资产管理机构。

由此可见，出资人唯一的国有控股公司既包括具有控股公司功能的国有独资公司，也包括按《企业法》设立的具有控股公司职能的国有独资企业，这样界定符合目前我国国有资产管理体制的实际情况。为了研究的方便，我们把出资人唯一的国有控股公司统称为独资型国有控股公司。

根据以上分析，可以把独资型国有控股公司界定为，经过国有资产管理部门批准设立的具有授权投资功能，国有资产管理部门作为唯一出资

人，持有其他公司多数或全部表决权的股份，以股权控制方式实现国有资产保值增值目标的特殊企业法人。简单地说，独资型国有控股公司就是指尚未进行股权多元化、由政府及国有资产管理机构单独出资设立的国有控股公司。独资型国有控股公司所管控的子/孙公司则不一定是国家独资的公司，可以包括多种情况，比如，子公司是国家单独出资的；子公司的股东来源多元化，但各个股东都是国有股东；子公司的股东来源多元化，不仅有国有股东，还包括非国有股东，比如，外资或者私人股东。

从以上界定中可以看出，独资型国有控股公司具有三个重要特征：第一，具有国有资产管理部门授权的履行出资人职责的职能，具有所投资企业股东会的职能。第二，通过控股经营管理的方式来进行国有资产经营，以发展壮大国有经济。第三，出资人只有一个那就是国有资产管理机构。第一条是前提，若没有国有资产管理机构授权的履行出资人职责职能，只能按照国有资产管理部门的要求经营好相关的国有资产，称不上是控股公司。理论上，若没有第二条，它本身也不能被称作控股公司，只能是一个单体的国有公司，这样的企业在国有资产管理部门的企业中很少但存在。因此，认为独资型国有控股公司属于国有独资公司至少在目前看是不准确的，有些独资型国有控股公司目前还是按照《企业法》设立的国有独资企业，比如五大发电集团就属于这种情况。

在对独资型国有控股公司进行分析时要分为两类。首先要分析目前大量存在的按照《企业法》设立作为国有控股公司的国有独资企业，虽然这些企业也叫做公司，但却不受《公司法》调整。对于这些独资型国有控股公司而言，在很多方面已基本达成了共识，比如要建立完善的公司治理结构等。对于未来的发展方向，主要意见是：通过改组等手段，把一部分改变为按照《公司法》调整的国有独资公司或股权多元化的国有控股公司，剩下的少部分可以继续保持国有国营的方式存在。对于适合改变为国有控股公司的企业，所存在问题已经比较清楚，改革方向也已经明确，其实就是如何构建完善的公司治理机制问题。所以，这两类公司（受《企业法》调整的国有控股企业和受《公司法》调整的国有控股公司）的发展方向是完全一致的。

从国有控股公司所具有的职能上看，不同类型的母子公司关系，具有不同的特征，管理组织形式的不同，决定了公司治理结构的不同，不宜采用统一的治理规则，需要进一步分类治理。因此，在进行独资型国有控股公司治理结构研究时，母子公司治理结构也必须包含在治理结构研究的范畴之内。

从公司治理的角度看，独资型和股权多元化两类国有控股公司具有明显不同的特征，它们在国有资产管理体制改革过程中有着自己的特性，对它们进行严格的区分十分必要。显然，单纯从国有独资公司或者国有控股公司角度，都无法揭示独资型国有控股公司治理的特殊性，只有把二者结合起来，才能真正揭示独资型国有控股公司治理的特殊规律。

就国务院国资委监管的140家左右中央企业来看，绝大多数母公司由国家单独出资设立，母公司股权多元化了的国有控股公司只有少数几家：中国联通、上海贝尔、南方电网、华侨城、广核电、华诚、国家核电、中国商飞公司等。从这个角度讲，讨论独资型国有控股公司对于我国的国有资产管理体制完善和国有企业改革具有重要的现实意义。

三、独资型国有控股公司治理的特性分析

独资型国有控股公司，是国有资产管理体制改革过程中所产生的一种特殊现象，在法律形式上，独资型国有控股公司中一部分属于《公司法》上所说的国有独资公司，有些还属于按照《企业法》设置的国有独资企业，但因其在国有资产管理体制中的中间层位置，就有着自己的治理特征。

（1）我们注意到，从政府、国资委到国有控股公司的双层授权关系。政府对国资委的授权属于行政性授权，而国资委对独资型国有控股公司的

授权则属于经济性授权（或者叫做企业性授权）。因此，独资型国有控股公司董事会是从行政性委托代理向经济性委托代理关系转化的关键和纽带，在国资委定位清晰与恰当的情况下，对独资型国有控股公司治理最重要的就是董事会的建设问题。可以说，董事会建设的好坏，将直接关系到国有企业的生死存亡。

当然，正如美国的经理革命，经理人员有时会架空董事会，存在内部人控制现象，需要有完善的外部市场环境来进行控制一样，我们采用国有控股的形式，也存在内部人控制问题，因此在架构独资型国有控股公司治理结构时，需要借助外部力量来对独资型国有控股公司进行制约，但是这种外部力量因为国有控股公司所处的特殊位置，就不完全与西方成熟的外部市场环境相同，应该也必须包括国资委。

（2）独资型国有控股公司的股权代表的独特性。这种组织形式有类似于一人公司的一面，但仔细分析又与一人公司有着本质的区别。这是因为国有独资公司一经产生，就意味着终极所有权与控制权的分离，虽然不是所有权与经营权的经济性分离，而是所有权与管理权之间的行政性分离，但这一点与一人公司的所有权与控制权的高度统一很不相同。如果说独资型国有控股公司的所有者是全国人民，国务院代表全国人民来行使所有权，那么从国有资产整体上看，国务院就有点类似于全国人民的“董事会”。只不过全国人民与国务院之间是行政性的委托代理关系，而非经济性的委托代理关系。而国资委不过是政府为了把国有资产监督管理职能划分出来的一种特设机构，它作为唯一的出资人和普通的自然人股东和其他法人股东也具有不同的特性，这个股东是一个特殊的组织，它的特殊性就在于处于政府和国有控股公司之间。它没有单独的自然人股东的局限性，如果定位恰当，在某种程度上具有快速积累资本和快速发展的能力。

（3）独资型国有控股公司的有效治理，离不开国资委的恰当定位。单纯要求国资委应如何去监管国有企业是徒劳的，这是一个系统型的问题，政府对国资委定好位才是首要的问题。与我国的渐进式改革进程相一致，事实上政府对国资委的角色定位一直在不断动态调整中，国资委定位是否清晰恰当，不是其自身能够解决的。但只要国资委定位清晰恰当，国有企业治理问题是完全可以得到较好解决的，不论采用二层次还是三层次国有资产管理体制都是合理的，这只是国资委根据实际相机采用的管理手段而已。

（4）新老三会的关系也是一般控股公司所没有的。独资型国有控股公司董事会建设如何与发挥党组织的政治核心作用、加强企业民主管理有效地结合起来，把国有企业的政治优势转化为核心竞争力，这既是中国特色，也是我国国有企业公司治理的优势，需要在实践中大胆探索。

（5）转轨时期独资型国有控股公司治理实践的特殊性。不管理论上如何分析与评价，鉴于我国特有的政治文化环境和处于转轨时期的国情，我们看到，在实践中国有控股公司治理采用了借鉴各种典型治理模式的混合模式，没有完全照搬这种或那种治理模式，因而取得了很大成效，而且目前还在不断完善之中。在母子公司治理方面，更是没有一定之规，需要在实践中不断探索。这与成熟市场经济国家的公司治理情况也不相同。

总之，独资型国有控股公司治理与一般公司治理相比，其特殊性根源于行政性委托代理和经济性委托代理关系的结合，而一般公司只有经济性委托代理关系。归结起来，国有独资公司治理的特性最根本的表现有两个：①国资委的角色定位是第一位的问题，应该定位准确了再考虑其他。②董事会建设是独资型国有控股公司治理的核心问题。

四、独资型国有控股公司治理结构模型构建

西方市场经济国家也有国有企业，其目的一般是弥补市场缺陷。而我国的国有企业存在的依据不仅包括弥补市场缺陷的需要，还包括巩固社会主义制度的经济基础、发挥在国民经济中的主导作用、提高民族企业竞争力等。因此，党的十五届四中全会《决定》指出：“国有经济要控制的行

业和领域主要包括：涉及国家安全行业、自然垄断行业、重要公共产品和服务行业以及支柱产业和高新技术产业中的重要骨干企业。”

与我国经济体制改革的渐进式相对应，我国的国有企业改革也采取渐进式改革方式。现在人们普遍同意，在进行产权改革的同时，要加紧相关配套措施的完善，要有系统全面推进的观点，那种简单产权改革的观点在实践中已经证明不能成功。未来，对于存量的国有资产，一方面根据中央的战略部署，“抓大放小”，“有退有进”；另一方面明确划分需要国家必须坚持的行业。对于增量资产，可以采取混合所有制的形式继续发展。对独资型国有控股公司治理问题的研究，并不违背混合所有制的改革方向，在未来一段时期内，某些行业的控股公司层面还是要采用独资型，但其所控股公司则可采用多元化方式，重要的是在目前大量存在的独资型国有控股公司内部进一步细分，进行分类治理。

关于整体上市，改革也是逐步进行的，并非所有的国有控股公司都适合上市。其实，在我们的国有资产管理体制改革中，一直也存在几种模式的比较发展，以便于为国有资产管理体制积累多方面的更丰富的经验，这与我国的渐进式改革过程也是相一致的。就算在竞争性的行业领域，也会长期存在股权多元化与独资并存的控股公司的局面。

更具根本性的问题是，为什么非要把原来属于全民的国有财产转化为私有财产？依靠国有企业发展起来的企业家的成长，已经得到了很大的收益，把国有财产的更大份额继续分给他们的依据是什么？问题的关键不是非要把辛辛苦苦培养起来的国有企业家变为私营企业家，而应该是创造让国有企业和私营企业健康成长的环境。当然在未来，我国基本建成较为完善的社会主义市场经济体制之时，一部分国有企业在改革中的历史任务已经完成，必然会从国有企业行列中退出。

我国国有企业改革的过程本身就是一种公共品，只有依靠政府才能完成。东欧和俄罗斯的经验证明，完全的私有化，不能真正解决委托代理关系，相反，目前国际大企业的发展趋势正是朝着增加委托代理链条的方向发展着。正如东欧和前苏联的完全私有化的改革不能真正解决国有企业的问题一样，我国国有企业的治理也同样不存在某种最优的一般原则，必须结合我国的具体实践不断创新。

产生于西方发达市场经济国家的委托—代理理论等治理理论，不足以解释我国目前国有企业公司治理的实际情况。中国的国有控股公司的治理理论，应该建立在历史和动态发展的基础上，随着国有企业改革的实践不断发展而不断完善，才能具有强的生命力、解释力和现实意义。在独资型国有控股公司治理理论创新方面，要按照整合、系统和动态的观点，在公司治理一般理论的指导下，在综合分析已经存在的诸如产权理论、超产权理论等理论的基础上，提出对独资型国有控股公司治理更有解释力和指导作用的理论框架。

在分析已有的公司治理理论与实践经验的基础上，综合产权理论、外部环境论、超产权理论、内外主体动态平衡论，兼顾行政性治理与经济性治理，增加了治理与管理相统一、分类治理的观点后，我们提出如图20－1所示的独资型国有控股公司治理的理论框架。

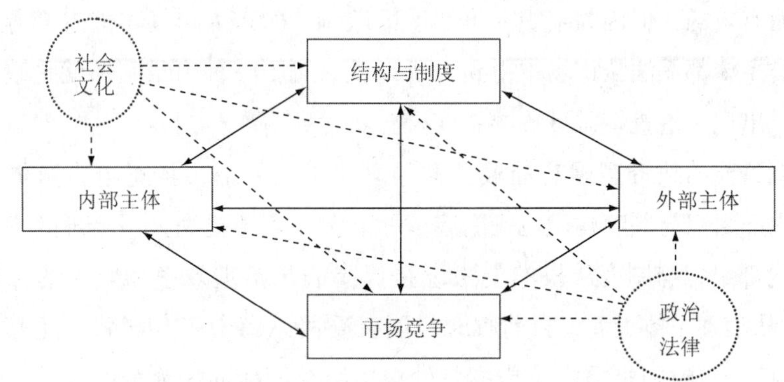

图20－1　独资型国有控股公司治理结构模型

下面对该理论模型作出简要的解释和说明：

该模型是以郑海航教授的内外两类主体平衡论为基础构建的，它指出独资型国有控股公司的治理要考虑四个维度的变量：内部主体、外部主体、内部治理结构与制度以及外部市场竞争情况。其中，内部结构与制度维度和市场竞争维度是描述公司内外部治理的结构和制度体系建设方面，是公司内外两类主体平衡的调节机制。而内部主体与外部主体是在组织体制框架下的各种主要治理力量。对内部主体和外部主体我们更关注的是它们的行为方式，如董事会行为方式等，体现了公司治理不仅要关注治理结构，也要关注行为治理的理念。这一理论模型还有两个重要外生变量（约束条件）：政治法律体制和社会文化条件。政府的干预对企业发展的影响巨大，社会文化对企业组织演变也有很大作用，影响深刻，只不过这种演变的过程比较漫长。它们对独资型国有控股公司治理都有重要影响，比如“一把手”观念的改变需要社会民主政治环境的不断改善和构建良好的董事会文化。

在独资型国有控股公司董事会试点之前，内部人控制现象严重，但是外部治理力量又不能很快产生，所以，人们就较多地提到了产权制度建设的重要性。但是承认独资型国有控股公司为既定事实，在没有进行董事会建设的情况下，那就必须引入外部治理力量，虽然创建合理的竞争环境是重要而有效的，但因为组织人事制度的限制、经理人市场不能发育等，内外两类主体都无法从市场中得到，所以就只剩下一种力量，那就是政府的力量，出现了稽查特派员等的制度。

就目前的独资型国有控股公司治理来说，外部市场竞争力量依然较弱，内部组织与制度建设也刚刚起步，非常不利于提高公司治理效率和效果（内部组织与制度从根本上来说是提高公司治理效率和效果的关键所在）；从治理主体上看，目前政府与国资委关系尚未完全理顺（尤其是各地政府），导致国资委定位模糊，外派监事会职能尚未充分发挥，导致外部治理力不能有效形成合力，使得外部主体治理力量也较弱，外部治理主体力量不如内部主体强大，出现所谓的内部人控制问题。为了维持平衡，需要在内部治理结构和外部市场建设方面进行调节（当然也可以增强外部主体的治理力量，但这就有可能回到以前政企不分的情况，事实证明是不可取的）。因此，现实而可行的办法就是加强独资型国有控股公司董事会建设，借以抵消一部分公司内部力量较强的经营者的力量，从而能够维持内外主体之间的平衡关系。没有进行董事会试点的企业虽然以前也有董事会，但因为形同虚设，并没有达到其应有的效果。所以说，对于独资型国有控股公司治理，董事会建设是决定其成败的关键，目前的独资型国有控股公司董事会试点是完全必要的。可以预见的是，目前采取的一些具体治理方式也一定是过渡性的，随着内外环境的变化将会不断变化，因为有了更多的治理力量和手段，未来就不一定仅仅要求内外主体之间保持平衡了。

因为目前存在的大量的独资型国有控股公司所处行业无法达到市场充分竞争，或多或少存在市场失灵的现象，对于这一类公司仅仅依靠内部产权改革，一种很可能发生的情况就是更加严重的内部人控制问题，因此必须考虑内部治理结构建设和国资委的角色定位问题。对重要的竞争行业中的独资型国有控股公司，随着市场竞争的不断完善，可以对外部治理主体的力量具有替代作用，根据情况可以适当减小其治理力量，比如，可以考虑取消外派监事会，采用类似美国 CEO 制度，作为国务院特殊机构的国资委可能也会相对超脱一些。总之，对于目前存在的独资型国有控股公司必须进行分类治理。

五、总结

仅仅从经济学的理想化的假设模式出发来讨论独资型国有控股公司治理问题，显然是不够的。我国的公司治理和管理问题并非照搬经济学的普遍原理就能解释得了。我们可以借鉴公司治理的基本原理，但完全照搬西方成熟市场经济国家的模式是不能使我国国有企业改革成功的。

在经验分析和理论分析基础上所得到的独资型国有控股公司治理模型，能够解释我国独资型国有控股公司治理结构问题，为完善我国独资型国有控股公司治理结构提供了一个分析框架和思路。完善我国独资型国有控股公司治理结构可以从以下几个方面入手：在内部治理，主要是要考虑董事会、经理层制度、职工队伍建设；在外部治理方面，应主要考虑国资委、外派监事会、市场竞争等因素；然后在内外治理主体动态平衡上下工夫。所谓动态平衡，就是指随着我国国有资产管理体制改革的不断推进，而不断调整对公司治理各个主体的治理力度，以达到各方利益动态均衡。总的原则是：产权与超产权理论相结合，外部市场与内部组织相协调，内外两类治理主体相平衡。

随着外部市场环境的逐步完善，市场治理力量会越来越强，逐步缩小政府、国资委及外派监事会对公司治理的约束应该是大势所趋。因为若不是这样，公司治理的平衡结构就又会被打破，既抑制了公司内部治理主体的积极性，也不符合我国发展社会主义市场经济的目的。从发展趋势上讲，通过产权制度改革，积极推进股权多元化，是国有控股公司发展的必然趋势。

参考文献

[1] 郑海航：《内外主体平衡论》，《中国工业经济》，2008 年第 7 期。

[2] 郑海航、吴冬梅：《国有控股公司治理结构研究》，《首都经济贸易大学学报》，2006 年第 2 期。

[3] 郑海航、徐炜：《完善我国国有控股公司制度》，《经济与管理研究》，2005 年第 5 期。

[4] 郑海航、张多中：《新国有资产管理体系中国有控股公司的定位与运作探讨》，《首都经济贸易大学学报》，2004 年第 2 期。

[5] 郑海航、戚聿东：《企业集团的产权结构与法人治理结构研究》，《经济与管理研究》，2003 年第 5 期。

（本章作者：魏文培，男，山东新泰人，首都经济贸易大学企业管理博士，煤炭工业规划设计研究院企业战略规划和管理咨询项目负责人）

第五篇
企业组织变革与创新

第二十一章　中国家族企业组织创新过程研究

以家族企业为主体的中国民营经济在国民经济中扮演着越来越重要的角色，面临的内外部环境也正在发生急剧变化，使得中国家族企业急需进行组织创新以适应新形势和环境的变化。本文从组织创新过程控制出发，阐述了企业组织创新过程的核心问题及其实质，建立中国家族企业组织创新过程的分析框架，分析中国家族企业组织创新阻力的表现与原因，最后提出中国家族企业组织创新过程的控制策略。

一、企业组织创新过程研究的核心问题

早先的创新过程研究主要是针对技术创新而言，已经过技术、市场、技术和市场交叉、一体化和网络化五代模型的发展，但组织创新过程研究则主要沿着两条路径展开，一条是进行纵向研究，即审视组织创新是怎样发生、怎样发展，以及有些组织创新比其他组织创新更成功的原因；另一条是对组织创新过程进行回溯性研究，它的意义在于探索组织内亚文化和不同群体对组织内所发生的一切持有不同的观点的原因。很明显，组织创新过程研究的前一路径主要依循组织创新的实际发生过程进行分阶段的研究，后一路径则重点研究的是组织创新的阻碍及其管理问题。

（一）过程模型研究的核心问题

Lewin（1951）把组织描述成为一个具有稳定状态或者由相等的反向力量制衡的“平衡体”，提出了这个“三阶段组织变革模型”理论：解冻（Unfreezing）、变革（Change）、再冻结（Refreezing）。后人在此基础之上发展了许多组织创新的过程阶段模型。主要代表有：Schein 的“适应循环”学说；James H. Donnelly 等的组织变革过程模式；Fremont E. Kast 系统变革模型；Kotter 制定了一个指导重大改革的八阶段流程等。

在 Nigel King 等（2002）看来，20 世纪 60 年代以来的组织创新过程研究有三个共同的特征：它们主要建立在理论推测的基础之上，而不是建立在对现实组织创新过程进行观察研究的基础之上；它们是标准化的，寻求描述组织创新是如何“正常”发生的；它们把组织创新过程描述成为一系列发展阶段，每一个发展阶段必须按次序进行。这些不同模型真正争论的焦点在于是否要建立标准化的过程、过程是否可管理这两个核心问题。

（二）阻力研究的核心问题

阻力的特征几乎一直都被看作是一种无理性的、少数雇员参与的、会产生相反结果的行为，必然会对组织产生危害，而且从长远看，对雇员本身也会产生不利影响。任何创新管理都要清醒地认识到组织向创新三个阶段迈进过程中要面对的各种阻力。阻力是一种为了达到一定的目的或目标的普遍行为，也就是说阻力是一种“有意识的行为”，在绝大多数情况下，这种目的是为了最大限度地维持组织或组织次级单位的现状。图 21 - 1 说明了组织阻力在个体、群体和组织各个层面的一些表现形式（Nigel King 和 Neil Anderson，2002）。

阻力的其他不同观点主要有以下四种：将阻力看作是一种在意识到变革所带来的威胁后不可避免地做出的本能的反应行为；将阻力看作是一种

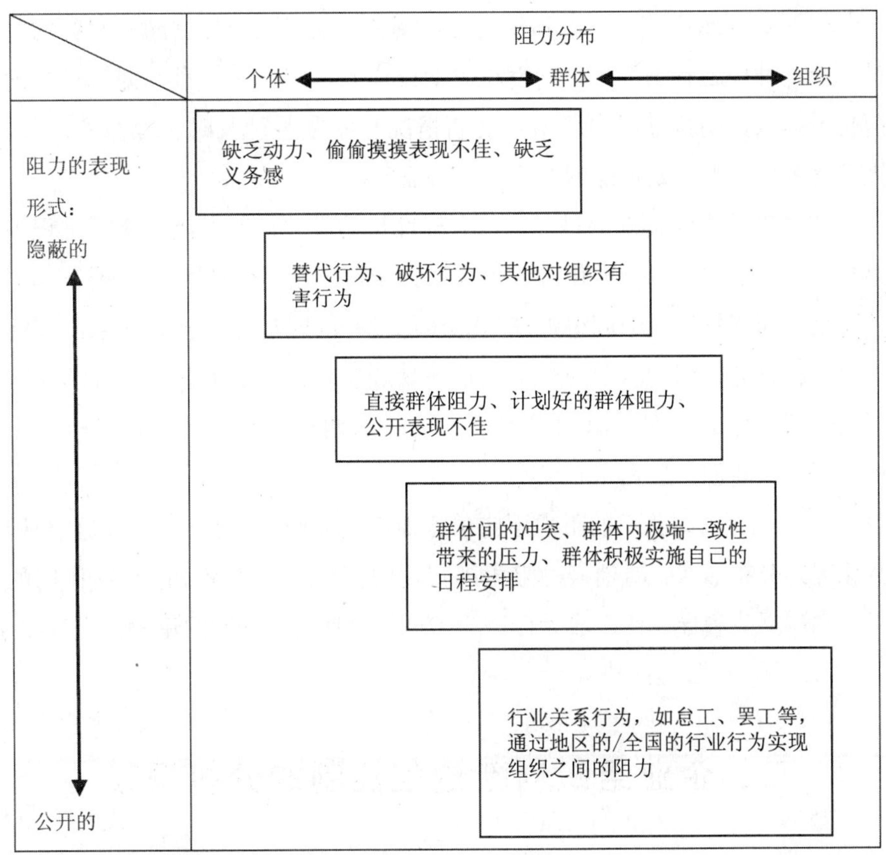

图 21－1　组织阻力在个体、群体和组织各个层面的表现形式

资料来源：Anderson, N. and King, N. Innovation in Organizations in C. L. Cooper and I. T. Roberston (eds.), International Review of Industrial and Organizational Psychology Volume 8, 1993。

有政治动机的、协同一致的造反运动和阶级斗争；将阻力看作是对抗错误地发起的组织变革的一种建设性的反向平衡力；将阻力看作是在变革中重构认知模式、行为规范或组织文化时所面临的困难的体现。

（三）企业组织创新过程研究的核心问题评述

针对上述的核心问题的争论焦点，笔者的基本分析和观点是：

（1）企业组织创新活动不仅是可控制的，而且是要控制的。问题的关键在于这种控制不是遵循原有创新方案设计的窠臼，在不影响创新目标的前提下，根据创新过程中所出现的新情况和问题进行及时、理性的调整。因此这种控制不仅是可能的，而且是必需的。

（2）企业组织创新的过程可以有标准化的设计，但不能在执行过程中生搬硬套。换言之，标准化的过程设计在于对创新过程进行符合创新目标的规划，而创新过程的调整则是对标准化过程的改进与完善。如果没有标准化过程设计，创新活动的组织就是一盘散沙，甚至发生创新过程的执行背离创新目标的情况；而如果不进行灵活的调整，创新过程就会阻力重重，甚至中断创新进程。

（3）企业组织创新的阻力不应单方面强调克服、消除，而要认真分析其原因与分布形式，对消极的阻力进行化解，对起到组织反向平衡作用的阻力则应因势利导，使之成为促进组织创新过程更加理性的建设性力量。

二、企业组织创新过程控制的分析框架

（一）和谐组织过程模式

Kurt Lewins（1951）提出的“力场”模型认为，任何不成熟的、单方面增加的创新驱动力量，都会遇到相等的反向增加的抑制力量的约束。一旦这些抑制力量被最小化，组织创新措施就可以马上实施，组织的均衡状态向组织创新的平衡状态方向转变。力场模型非常简练地描绘了组织创新过程。通过上文关于组织创新过程与阻力研究的回顾与分析，结合力场模型，笔者拟提出中国家族企业组织创新的和谐组织过程模式的分析框架。

组织创新的原因在于组织失衡，组织创新的目的在于通过平衡驱动过程与认同过程的各种力量，达成组织的新平衡，即组织和谐，如图 21 -2 所示。

因此，企业组织的创新过程应由两部分组成，首先是由组织创新活动发起方所形成的驱动过程，其次是由组织创新的接受方所形成的认同过程。

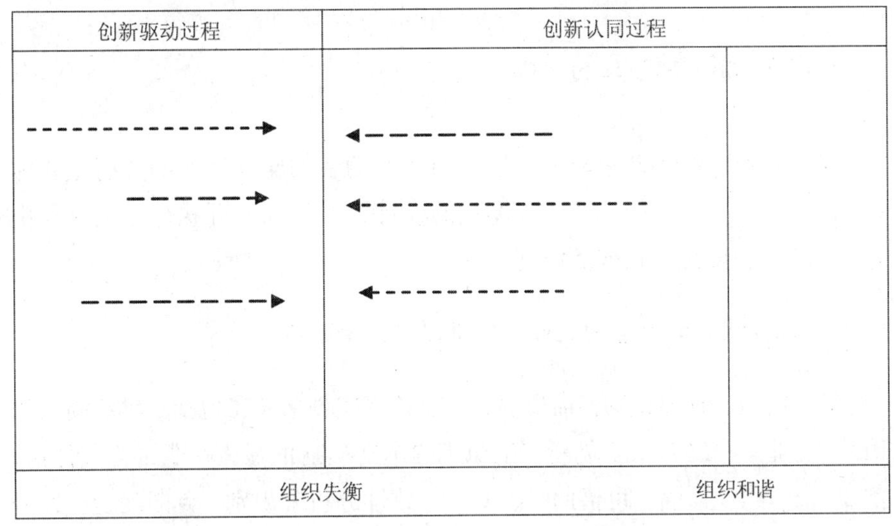

图 21－2　中国家族企业和谐组织过程模式

组织创新的驱动过程的特征有三点：一是驱动过程的主动性，即驱动过程是由组织创新活动的设计者、组织者所主观推动的，是主动的、有意识的行为，这种主观性主要表现在创新方案的设计是针对组织运行过程中出现的问题而展开的，创新活动的评估要以是否达成组织新的平衡即组织和谐为标准。二是驱动过程表现为显性过程，即驱动过程是组织的公开性活动，它要通过一系列文件、会议、交流等由组织主导的活动来落实所设计的创新方案。三是驱动过程是组织推动者的“官方性”活动，体现创新活动的正式的、主流的意识。

与之相对，组织创新的认同过程同样有三个特征：一是认同过程的被动性，即认同过程发生在驱动过程发起之后，它发生的原因是驱动过程的推动，因此，它是对驱动过程的接触、冲突、认同的一种客观的、被动的反映。二是认同过程表现为隐性过程，即它对驱动过程所体现出来的接触震动、抵制性冲突到接受认同，都是通过非公开的语言、行为和情结所表露出来。三是认同过程是接受者的组织创新过程，即它是一种“民间的”非主流行为，是一种对组织主流行为的反映。

（二）驱动过程分析

对于企业组织创新主动的、显性的、推动者的驱动过程的分析主要体现在两个方面：一是标准化过程模式的设计，二是在实际执行运用过程中应遵循动态、系统和权变的原则。

1. 标准化驱动过程模式设计包括以下六个阶段

第一阶段，征兆识别，需要引起注意的组织创新征兆包括：组织绩效的下降、企业生产经营缺乏创新、组织机构本身病症的显露、职工士气低落；第二阶段，组织诊断，可借助组织要素一致性分析来识别、判断问题，即分析构成组织的3个核心要素：结构、流程、文化与环境之间是否相适应及各要素之间是否相互协调一致，从而找出导致绩效差距的原因，即问题的本质，以确定组织创新的切入点和重点；第三阶段，方案制定，一般包括两个方面：组织创新的内容设计和组织创新的步骤设计；第四阶段，创新实施，在组织改革的实行阶段将严重地破坏组织的平衡状态，这种破坏状态在改革基本完成的时候才能又趋于平衡，由于平衡状态被破坏，在这一阶段的抵抗将表现得最为突出，所以，管理阻力的问题占很重要的地位；第五阶段，总结评估，实施创新时要及时收集可以衡量创新效果的指标信息，根据收集到的信息要评估和确定整个改革期间的改革效果的发展趋势，要对实际成果与计划成果进行比较，及时对偏差采取纠正行动；第六阶段，后续行动，纠错或修正活动应该是在预料之中。每一次评价都有可能成为新的创新活动的原因和起点，因此，组织创新过程是一个循环往复的渐进提高过程。中国家族企业标准化驱动过程模式如图21－3所示。

2. 标准化驱动过程模式运用原则

非线性和动态化原则。在运用家族企业组织创新过程模式时，要摒弃

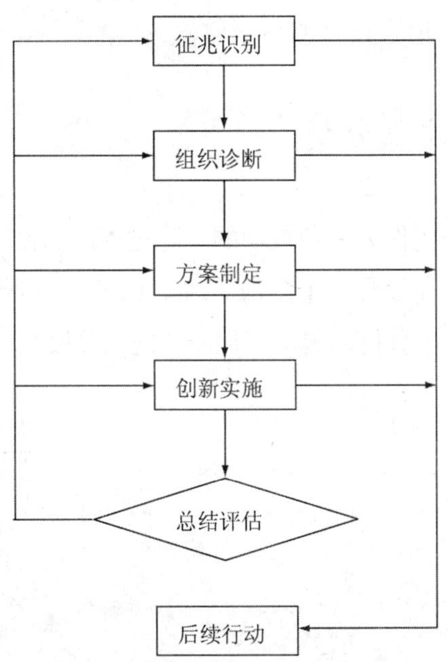

图 21－3 中国家族企业标准化驱动过程模式

静态和机械的想法，尽可能将家族企业和企业家族的意愿和需求调查了解清楚；另外，在运用家族企业创新过程模式时，要有足够的心理准备，对随时出现的问题有正确的认识，既不为困难所吓倒，坚持创新进程，又要积极寻求对策，保证创新的持续进行。

系统化原则。创新过程的组织者要对组织创新的征兆识别、问题诊断、方案制定、创新实施、总结评估和后续行动都要有一个全面的规划和了解，特别是在遇到阻力和障碍后，知道上一步的终点和下一步的起点，明晰整体创新系统是完整性和有机性的统一。

权变化原则。权变就意味着不存在最好的和通过的组织创新过程模式，只有最恰当、最适用的组织创新过程模式。当今家族企业面临的不确定性环境瞬息万变，各个家族企业的实际情况千差万别，因此，家庭企业组织创新的组织者要始终遵循权变的观点，结合本企业所处的环境和企业自身的资源约束、行业选择、战略目标等实际特点，灵活运用家族企业组织创新过程模式，以取得最佳的创新效果。

（三）认同过程分析

组织创新认同过程作为一种被动的、隐过程的、接受者的逻辑环节，一般会经历接触、冲突和接受三个阶段。Daft（2003）对创新获得认同经历的三个阶段进行了深入的分析，提出了创新认同三阶段模型，如图21－4所示。

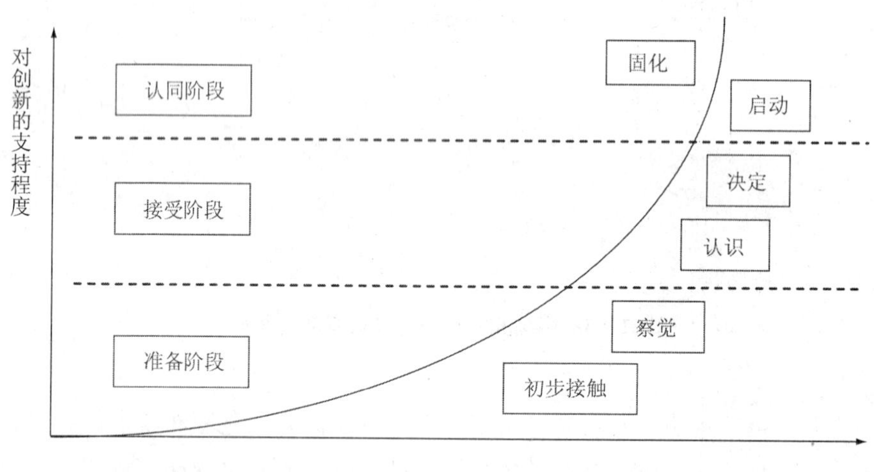

图21－4　创新认同三阶段模型

资料来源：理查德·L．达夫特：《组织理论与设计》（第七版），清华大学出版社，2003年版。

结合实际情况，笔者认为中国家族企业的组织创新认同过程一般经历如下三个阶段：

（1）接触震动。随着创新驱动过程内展开的组织诊断和创新设计，必然引起企业原有的价值观念和行为规范框架的震动。只有经过适度的接触震动才能为企业接受组织创新提供一种共同的心理基础。但过度的震动和过长时间的震动却又是对企业实现组织创新不利的。如家族企业由创业期转入多元化发展期的过程中，这种情形所诱发的企业过度的接触震动可能导致人心涣散，以致在企业内部形成一种对任何创新思想都提不起兴趣的氛围，严重制约组织诊断的准确性和创新设计的现实性与合理性，从而形成组织创新的恶性循环，即不准确的组织诊断→创新设计不合理→组织创新不切实际→失望→人心进一步涣散（张钢，2000）。在组织创新的认同过程中，要注意克服过度接触震动、避免过长时间接触震动。

（2）抵制性冲突。接触震动是导致组织创新抵制性冲突的直接原因。这种冲突可以分为三种类型，即目标性冲突、认识性冲突和情感性冲突。组织抵制性冲突是组织创新过程中不可避免的现象。它既有消极性的一面，也有积极性的一面，这要视冲突的类型而定。只有经过组织抵制性冲突过程，适应组织创新目标模式的新观念体系才能最终自发地而不是人为地确立起来，只有是因为企业文化子系统内的自发的确立过程，新的观念体系才能与创新后的结构和战略融为一体。

（3）接受认同。员工通过备忘录、会议、演讲或个人接触渠道获得组织将要创新的信息，开始察觉到创新可能影响到他们的工作。领导者要帮助员工深刻认识创新对知识面的影响以及创新将带来的积极效果。最后员工不再把创新后的做事方式视为是新的，创新结果得到了制度化、常规化，从而成为组织日常运作中一个不可分割的部分，从而真正接受和认同了组织创新的驱动过程。

三、中国家族企业组织创新阻力原因分析

组织创新的阻力分析既可以从个体、群体和组织整体的角度展开，也可以从心理、社会和经济的层面进行。结合中国家族企业的实际情况，笔者认为阻力主要来自如下几个方面：

1. 家族文化所形成的组织惯性

所谓组织惯性是指一种新制度的产生所遵循的旧制度下人们工作和生

活方面形成的心智模式（包括根深蒂固于人们内心的价值准则、思考方式、行为习惯、经验等）。研究表明，大多数家族企业组织除非处于快速增长或内部动荡的时期，否则其越成熟，就会越保守。这种倾向的形成，主要来自于组织成员特别是家族企业高层领导的认识及态度，他们的价值观、期望等都是早期形成的，希望把已有的经验加于现实及未来，而按部就班、因循守旧会被认为是按常规行事，对创新往往加以拒绝、否定（陈书奇，2004）。

2. 家族成员素质面对新环境的压力

企业的创新活动需要多方面投入，其中既包括资金、信息和物质的投入，又包括人员的投入。我国家族企业在组织创新方面的信息获取明显不足，也缺乏必要的资金和物质投入。但更为突出的问题是：我国家族企业目前严重缺乏具备一定经验、知识结构和技能结构合理的组织创新活动的组织者和参与者。这一现状是我国家族企业组织创新活动的致命弱点之一。当家族成员发现自己的付出不能与绩效相吻合时，容易造成挫败感丧失变革的信心。但是他们往往还拥有家族成员的特权，因此，很容易成为组织进步的制约力量。

3. 组织位移对家族企业既得利益者的威胁

家族企业的组织结构创新往往意味着管理层次的减少，管理职位的减少，中层管理者权限的分解和可追求的直线提升机会的相应减少，从某种意义上讲，这将对一些家族企业中的既得利益者产生威胁。他们面临着个人利益部分丧失与组织整体利益提升的矛盾选择。另外，随着组织创新由家族化转向专业化，使管理人员由亲属化转为专家化，实现“经理革命”，让部分企业功臣让出权力，交由专业人士进行管理，他们本能地会产生抵触，从而增加权力转移的成本与风险。因此，如何运用创造性的机制调动家族企业中既得利益者支持和推动变革的积极性，是中国家族企业组织创新中的一大研究课题。

4. 信用环境中权利让渡的“偷懒激励”问题

新型组织管理运行模式是在一种团队协作环境中实现的，涉及不同知识结构，不同经验和来自不同岗位或部门人员之间的协调关系，按照制度经济学的假设，人是具有机会主义行为的，往往会由于理性的有限性，而产生“偷懒激励”。无论是团体偷懒还是个体偷懒都将导致组织效率的降低，背离团队建设的初衷（邸杨等，1998）。在我国市场经济发育的初级阶段，人才市场，特别是经理市场极不完备，约束机制极不健全，这给家族企业寻找合适职业经理人造成困难，约束机制不完善和“偷懒激励”问题，导致家族企业不敢让出管理权力。

四、中国家族企业组织创新过程控制策略

通过上文对企业组织创新过程模式分析框架的构建和对中国家族企业组织创新阻力的主要原因的揭示，下面将以此为基础，提出中国家族企业组织过程控制的时机选择、方式设计、进程安排和阻力管理等方面的应对策略，以供中国家族企业在组织创新过程控制时参考。

（一）创新时机选择策略

可以考虑在危机来临之前，即在 a 点时就有意识地计划组织创新，即如图 21 -5 所示的变革模式。当企业发展到 a 点时，就应抽出空来对企业的方向、行为作根本性的思考，找出差距，唤起人们的创新意识，促使企业组织创新，使企业进入下一个发展轨道（新的发展曲线）。同样，当企业在 a′点取得成功之时，就需要通过组织创新再一次把企业推到一个新的成长轨道（刘璇华，2003）。这是一种主动思变式的组织创新，其动力来

源于组织内部，而且是在事先预见的基础上做出创新的决策。

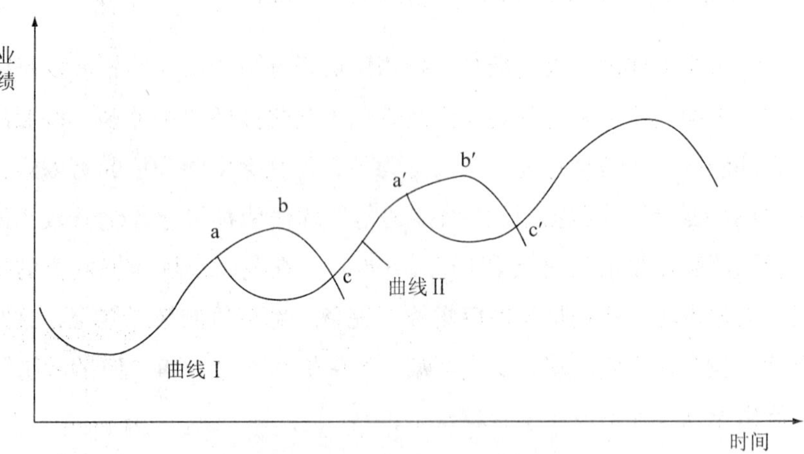

图 21－5　主动性创新模式

另一种组织创新方式是被动式创新，是在迫于外部压力的情况下产生的，如由于经济绩效不佳的压力以及宏观行政干预和政治环境的压力而进行的组织创新，这些都是被动的而不是主动的，是应变的而不是思变的。

因此，对于组织创新时机的选择要根据企业的实际情况分清是战略先导型创新，还是技术诱致型创新，抑或是市场压力型创新，然后权变决定创新的时机选择。错过时机、时机不当都将给企业带来灾难性的影响。

（二）创新方式设计策略

就创新方式而言，则可以从企业主导式、员工或群体自发式、企业和员工结合式三种形式中进行选择。企业主导式是一种自上而下的方式，即先从创新中、上层管理组织入手，再扩展到整个组织。员工或群体自发式是一种自下而上的创新，即先从基层组织的创新入手，再考虑中、上层组织的创新。企业和员工结合式是一种上下结合式创新推进策略，即对组织的上下各方面同时进行组织创新。

（三）创新进程安排策略

创新进程安排可以考虑渐进创新和突破创新两种形式。所谓突破创新，又称激进式进程控制策略。是在短时间内一次性地创新组织。这种创新方式雷厉风行、一次到位，解决问题迅速，但由于涉及面广，速度猛，容易引起社会心理震荡，并招致成员抵制。特别是当其他配套措施未能及时跟上时，容易造成疏漏，甚至半途夭折。渐变式创新，又称渐进式进程控制策略。渐进式创新依靠持续的、小幅度创新来达到目的态，即超小调量，但波动次数多，创新持续的时间长，这样有利于维持组织的稳定性。

（四）创新阻力管理策略

组织创新的阻力管理是创新过程控制方面的一个重要问题。对中国家族企业而言，可以通过转变家族经营观念、树立创新危机共识，与员工及家族成员充分沟通，合理安置企业冗员和合理利用阻力反向平衡力等措施，来对创新阻力进行有效管理。具体策略如下：

1. 转变家族经营观念，树立危机创新文化

家族企业的组织创新要靠企业经营者去推动，因此，应通过有关创新信息的沟通，使之明确创新是大势所趋，产生紧迫感。为此，要着重提高企业经营者和主要从业人员的危机创新文化素质，完善他们的知识结构，转变他们的经营管理观念，更新思想，摆脱狭隘的小生产意识的影响。可以利用集体的动态效应，重视创新信息的良好沟通，造成集体进取向上的气氛；增强集体的团结与吸引力，使创新形成舆论，对个体造成一种无形的压力，同时用组织创新的目标来吸引员工，使大家认同创新。

2. 加强员工及家族成员沟通，共同参与创新过程

最大限度地让员工参与创新，从而使其改变态度。员工参与创新才能

了解创新，逐步消除对创新的恐惧感。让员工对创新发表意见，提供思路，会增强员工的主人翁意识，从而积极地适应创新。应建立沟通渠道，及时发现问题、解决问题，还可以采用问卷、座谈等方式开展调查，将调查情况及时反馈给企业的高层领导及创新涉及的所有人员。

3. 合理安置家族功臣元老，培训提高冗员技能

家族企业组织创新最直接的结果是大量的人员将要离开原有的岗位，或进行重新组合或被撤离。特别是家族企业的创业元老功臣如何安置，是一个十分突出的问题。为了保证组织稳定和新环境适应性，一方面，要使每一成员充分认识到随着技术环境、竞争环境的变化，人的变动是极为普遍和正常的，而且将会越发频繁。岗位的变动可能意味着更好地发挥其潜能的机会，当然这还取决于主管所做出的人员决策是否经过慎重的综合考查。另一方面，要使人们意识到单凭一种技能或一方面专长是难以适应多变环境的要求的，终身教育将成为大势所趋。除了组织制订培训计划外，每一个成员都应根据自己的兴趣、专长、不断塑造自己，完善自己，并选择适合于自己的定位，彻底改革在传统“压力—反应”式驱动下从事工作和处理事物，形成主动应变的良性机制，这是保证个人乃至整个组织生命力的前提。

4. 合理利用阻力平衡作用，促进创新理性推动

无论家族企业创新计划是否有缺陷，都强制所有成员接受，而不考虑家族企业文化的特殊性；以及在需要不同特质人员的地方干涉性地推行团队建设培训，以增强团队的凝聚力和一致性等。在这些情况下，来自组织底层的员工的阻力是有益的和带有良好目的的。因此，正确看待并合理利用阻力来保证组织创新更加合理、有效是组织创新管理的一个十分新颖的话题。只有始终坚持推行那种不合理的变革，才可能导致产生更多令人绝望的感性阻力形式，如缺乏动力、表现不佳甚至故意怠工。

5. 权变运用各种控制策略

最后，上述各种策略的运用应充分考虑各个家族企业自己的实际情况，利用权变的理论来指导家族企业的组织创新过程控制。Kotter 和 Schlesinger（1979）发表在《哈佛商业评论》上的《选择变革的策略》一文既叙述了可供管理人员采用管理阻力的各种策略，又阐述了在特定环境下使用每一项技术，其“权变理论”的全部内容结构如图 21-6 所示。该理论所确定的组织创新管理六种策略——交流、参与、简化、协商、控制和强制按照每一种策略逐渐增加其特征和效力，最终组成一个统一体。越靠右边的策略的干预作用越强，管理者应该根据发起创新时的主要环境和权力准备来选择合适的策略。这个思想非常值得家族企业在创新的过程控制中予以重视。

五、总结

组织过程包括驱动过程和认同过程两个同时存在的对立过程。和谐组织的形成就是这两种对立过程相互作用的结果，组织创新过程控制就是要运用时机选择、方式设计、进程安排和阻力管理等策略，以达到驱动过程和认同过程的对立统一，促成组织的和谐。

结合中国家族企业的实际情况，笔者认为阻力主要来自家族文化所形成的组织惯性、家族成员素质面对新环境的压力、组织位移对家族企业既得利益者的威胁和信用环境中权力让渡的“偷懒激励”等问题。

对中国家族企业组织创新的驱动过程和认同过程的控制可以从以下几方面进行：一是对创新时机进行选择，包括主动式创新被动式创新；二是对创新方式进行设计，包括企业主导、员工自发或企业与员工结合进行等；三是对创新进程进行安排，可以考虑的策略包括渐进创新和突破创新

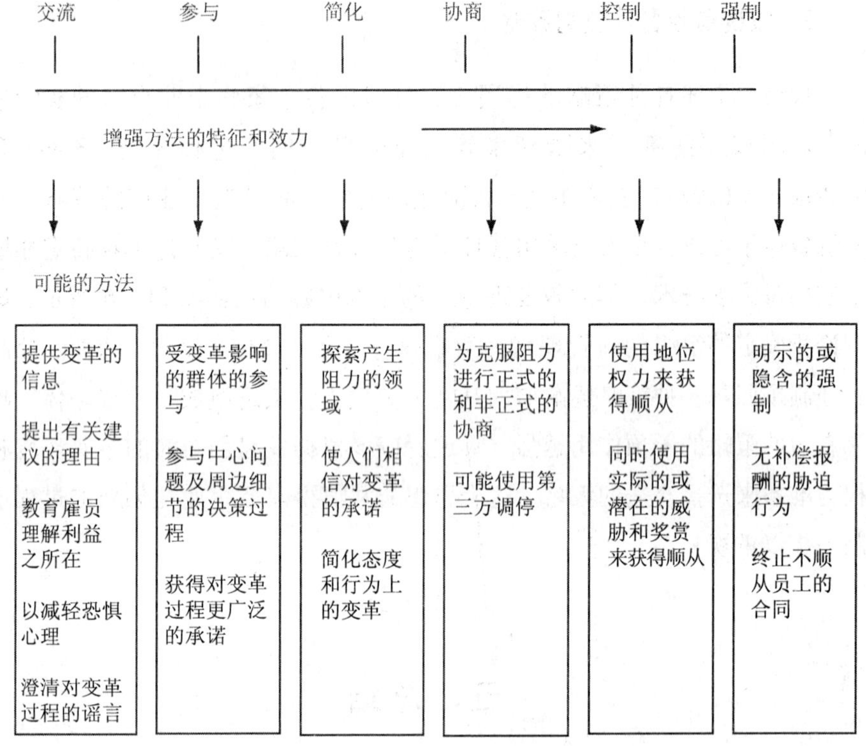

图 21－6　Kotter 和 Schlesinger 的管理变革阻力的权变方法

资料来源：Kotter，J. P. and Schlesinger，L. A.. Choosing strategies for change. Harvard Business Review，March－April，1979：106－114.

等形式。而对中国家族企业组织创新阻力的管理策略则主要集中在五个方面：转变家族经营观念、树立创新危机共识，与员工及家族成员充分沟通，合理安置企业冗员，合理利用阻力反向平衡力，权变运用各种控制策略。

参考文献

［1］Anderson，N. and King，N. Innovation in Organizations in C. L. Cooper and I. T. Roberston（eds.）. International Review of Industrial and Organizational Psychology Volume 8，1993：1－34.

[2] King, N. Modeling the innovation process: An empirical comparison of approaches. Journal of Occupational and Organizational Psychology, 1992, 65: 89 - 100.

[3] Knight, K. A Descriptive Model of the infra - firm Innovation Process. Journal of Business. 40, October, 1967: 478 - 496.

[4] Kotter, J. P. and Schlesinger, L. A.. Choosing strategies for change. Harvard Business Review, March - April, 1979: 106 - 114.

[5] 陈建华:《企业组织创新过程中风险的识别研究》,《商业研究》,2004 年第 23 期。

[6] 陈书奇:《我国家族企业组织创新的障碍及对策探析》,《河南教育学院学报》,2004 年第 4 期。

[7] 邸杨、孙聃:《实现企业组织变革平稳过渡的主要障碍及对策》,《中国软科学》,1998 年第 2 期。

[8] 付锦峰:《民营企业管理创新的动力机制研究》,《郑州经济管理干部学院学报》,2004 年第 1 期。

[9] 理查德·L. 达夫特:《组织理论与设计》(第七版),清华大学出版社,2003 年版。

[10] 刘璇华:《基于核心能力的企业组织创新研究》,暨南大学博士论文,2003 年。

[11] 迈克尔·科伦索:《组织变革改善策略——组织演进与变革》,经济管理出版社,2003 年版。

[12] 曾少军:《家族企业与企业家族——中国家族企业组织创新研究》,经济管理出版社,2008 年版。

[13] 张钢:《企业组织创新的内在逻辑过程研究》,《科学管理研究》,2000 年版。

(本章作者:曾少军,男,湖北天门人,中国国际经济交流中心高级研究员)

第二十二章　企业改革与会计发展

我国的改革开放历经30年，取得了举世瞩目的成就。在30年的改革中，企业改革，特别是国有企业改革（本文研究的内容，仅涉及国有企业），始终是改革整体中极其重要的领域。这是因为我国经济改革的目标是建立社会主义市场经济，而企业是市场经济的主体。企业改革是一项系统工程，包括多方面的内容，企业会计改革是其中之一。企业会计是一种通过收集、处理、利用经济信息，对企业的经济活动进行组织、控制和调节的管理活动，它既与生产力有关，又与生产关系有联系。"会计的作用是生成企业所处环境下因经济活动所引起的经济行为的信息。"①

企业会计总是与特定的企业形态相一致，有什么样的企业，必然会有与之相应的企业会计；同时，会计的演变又影响和推动了企业的改革。30年的企业改革，带动了企业会计30年来的变化，我国企业会计发展到今天，与企业的改革发展息息相关，相互促进。企业发展与会计发展的这种互动关系与生俱有，只不过在社会经济发生重大变化时的表现更为明显。我们经常说，会计的发展取决于环境的影响；影响会计发展的环境包括社会经济、法律、政治、文化等，其中社会经济对会计的影响最大，最直接；而企业是社会经济的一部分，企业的组织形式、经营方式决定着会计的规则与方法。但包括企业在内的经济环境究竟怎样影响着会计，会计怎样在环境的变化与要求中改进，长期以来只有抽象的理论概括，并无具体

① ［美］艾哈迈德·里亚希—贝克奥伊：《会计理论》，钱逢胜等译，上海财经大学出版社，2004年版。

的说明。我国改革开放国策使社会经济发生了巨大变化，这一变化为说明环境对会计的影响提供了极好的机遇，我们完全应该抓住时机，充分研究和总结我国经济环境变化对会计发展的影响和会计对环境的反作用，深化对会计发展规律性的认识，并以此丰富和发展会计的基本理论。

根据部分经济学家、管理学家的意见，可以将国有企业改革历程分为企业改革探索期、企业改革突破期和现代企业制度完善期三个阶段。本章即依据这一分期，对我国企业与企业会计改革的关系进行论述。

一、改革探索期的企业与企业会计改革

国有企业的改革探索期，指的是1978～1992年。这一期间内发生了扩大企业自主权、实行利润留成、推行企业经济责任制、实行利改税、实行承包经营责任制等重大改革措施。该期间的种种改革都是在计划经济体制框架下进行的，改革的主体思想是在保留政府计划管理和控制的前提下，放开搞活国有企业；实质是在计划经济体制内部调整政府与企业的生产管理权限和利益分配关系。

因为改革探索期的企业改革是围绕对企业的扩权让利、企业所有权和经营权的分离进行的，尚未触及企业的产权变动，所以这一时期的企业会计工作也就表现为两个方面：一是恢复在“文化大革命”中被破坏了的正常工作秩序，加强会计管理；二是为适应企业改革的需要，在未触动原有会计框架体系的基础上，更改某些环节的会计核算。

1980年9月，财政部公布了新的《国营工业企业会计制度——会计科目与会计报表》。比起原来的企业会计制度，新会计制度修订的内容主要是调整了部分会计科目和会计报表。1980年的国营工业企业会计制度分别于1985年、1989年做过两次修订，都是根据企业改革与经济形势发展进行会计科目和会计报表的局部调整，与修订1980年企业会计制度的做法

相同。

这一阶段还规范了企业成本管理和折旧方法，制订了《会计法》。

由于这一期间的企业改革是在计划经济体制框架下进行的，改革的主体思想是在保留政府计划管理和控制的前提下，放开搞活国有企业，是在计划经济体制内部调整政府与企业的生产管理权限和利益分配关系，所以企业改革对会计改革的要求并不高，新公布的国有企业会计制度基本保留了旧的框架与模式，其特点是适应计划经济体制下企业管理的需要，维护计划经济体制下国有企业的产权关系。

除了以上重大事项外，这一改革期间特别值得提到的企业会计改革是1985年颁布和执行的《中外合资经营企业会计制度》（以下简称《合资会计制度》）。《合资会计制度》“是新中国成立以后第一部参照国际会计惯例制订的全新的会计核算制度”①，这一制度尽管不是针对多数企业制订的，实行的范围有限，却为以后的企业会计改革迈出了先行的一步，做出了有益的探索，提供了理论与实务上的经验。

当时随着我国对外开放形势的发展，特别是投资环境的不断改善，利用外商投资的工作有了稳定的进展，中外合资经营企业、中外合作经营企业、外商投资企业（合称“三资企业”）出现了蓬勃发展的局面。据统计，1980～1985年，在中外合资企业和外商独资企业中的外商注册资本额和实际投资额，均保持在1000万～2000万美元之间②。

“三资企业”的性质和经营方式与国有企业有着很大的差异，这些差异说到底体现在产权关系上。当时国有企业改革是在没有触动产权关系的前提下进行的，国有企业的特点依然是：管理体制上国家对企业实行“统一领导，分级管理”，国家制定指令性计划决定企业各项经济活动；投资管理上国家对企业基本建设的投资权高度集中；财务管理上国家对企业实

① 杨纪琬：《当代中国的会计改革》，《社会主义市场经济与会计改革》，中国财政经济出版社，1998年版。

② 刘小玄：《奠定中国市场经济的微观基础——企业革命30年》，上海人民出版社，2008年版。

行“统收统支”和“大锅饭”的财务收支管理制度；产品流通上国家对企业的产品和原材料实行“统购包销”和统一定价管理；劳动工资上国家对企业用工和分配实行统一标准。而“三资企业”则产权关系清晰，企业具有独立自主的市场主体身份，投资者、管理者各方的权利、责任、义务明确。“三资企业”清晰、明确的产权关系，需要会计的支持，“三资企业”需要会计做到：界定和维护投资各方的产权，准确表现企业的经营过程与结果，报告企业管理层的经营管理责任。“三资企业”还需要会计采用与国际惯例接近的会计核算方法与会计报告方式，以使外方投资者更能够容易地看懂会计信息，并依据会计信息做出决策。为此，需要根据“三资企业”特殊经营方式和方法制订相应的会计核算规范，以满足其会计核算的需要。

《合资会计制度》针对合资企业制订，是“三资企业”会计制度中最早出台的，它与当时的《国营工业企业会计制度》明显的不同表现在：提出了会计原则；确定了会计要素；采用国际通行的会计要素和会计等式。会计要素体现了深刻的产权关系和产权思想，而会计等式则是对财产结构和产权关系所做出的一种归纳。通过会计等式，还可以直观地了解企业的负债状况，便于确定合理的资产负债率，选择适当的资本结构，做到既降低筹资成本，避免财务风险；又充分发挥财务杠杆的作用，争取企业价值最大化。除了以上基础性的差异外，《合资会计制度》还在若干会计政策上采取了一些与《国营工业企业会计制度》不同的做法，如工业产品生产成本采用制造成本法；经批准可以采用固定资产加速折旧法；规定了汇兑损益的计算方法；规定了无形资产的核算方法；明确了收入确认的一般原则；引入了谨慎性会计信息披露要求；规范了企业终结的核算；增设了国际通用的财务状况变动表等。这些新采用的会计政策比起当时国有企业所采用的会计政策来，更有利于企业财务状况和经营成果的正确表达。

按照当时的考虑，《合资会计制度》采用这些新方法的直接目的是为了与国际会计惯例趋近，赢得外商的接受；而外商之所以要求按照会计国际惯例办事，根本原因在于会计国际惯例能够通过企业财务状况和经营成果的正确表达，起到保护投资者利益的作用。因此说到底，《合资会计制度》是一部基于企业制度变革而产生的、与以往不同的新型企业会计制度。

二、改革突破期的企业与企业会计改革

企业改革的突破期指的是 1992 ~ 2002 年。将这一时期称为企业改革的突破期，是因为这段期间的企业改革突破了计划经济体制的框架，走上了一条全新的、以建立现代企业制度为目标的道路。这一期间的国有企业改革，有两个突出的特征。首先，以建立现代企业制度作为企业改革的目标，使国有企业具有了市场经济体制所要求的组织形式。其次，进行所有制关系的调整，形成了一系列与市场经济体制相适应的制度和布局，包括：形成了多种所有制并存的社会经济制度；以推行股份制为主，探索公有制的多种实现形式；重新确立国有经济的战略定位，进行国有经济的结构调整。

围绕和服务于突破期建立现代企业制度的改革主线，这一期间的企业会计发生了比新中国成立以来任何一次变革都要深刻、广泛的变化。这段时期意义最为重大的企业会计改革是《股份制试点企业会计制度》和《企业会计准则》。

（一）股份制试点企业会计制度

股份制试点企业会计制度是应 20 世纪 80 年代中后期推行股份制试点的需要制订的。股份制企业与计划经济体制下的国有企业不同，从产权的角度看，两者间最大的差别在于：①股份制企业按出资方式（如全部资本是否划分为等额、资本能否抽回等）、债务责任（如出资人承担有限债务

责任还是无限债务责任）等划分，而不是按照所有制划分。②股份制企业的产权是一种商品，具有开放性，可以在不同的投资人之间买卖流通，企业的资本能够不断地重新组合。③股份制企业是独立的法人，对企业的资产拥有法人所有权，对所拥有的资产独立支配，自主经营，自负盈亏。④股东只拥有自己投入企业的那部分资产的所有权，且所有股东只能作为一个整体，观念地、抽象地、间接地支配企业的资产。

股份制企业这些特点，必然使其会计核算与当时的国有企业会计不同，主要表现为要对股东权益有着更为准确、完整的表达，以达到保护股东权益的目的。

1．投资主体多元化与权益的界定

由于股份制企业投资主体多元化、投入资本的性质多元化，不可能再以传统会计制度的"资金来源"笼统地概括不同性质的权益，必须严格区分股东权益和债权人权益，还要严格区分不同股东的权益，以便为企业税后利润在各股东间的分配和确定各股东对企业的控制权提供依据。这就需要清晰地核算股东与债权人各自对企业的投资（首先要建立和依从"股东权益 = 资产 - 负债"的会计等式），清晰地核算各股东对企业的投资额及其变化。

在权益的核算上，《股份制试点企业会计制度》分设负债类、股东权益类科目对两类权益分别反映。在负债类科目中按照负债的种类分别设账核算各种债务的取得、付息和偿还。在股东权益类科目中，分设股本、公积金、集体福利基金、利润、利润分配科目，详细核算企业股票发行（溢价、平价发行）、非现金资产抵股、股票捐赠、股票分割、减资等活动；公积金（包括资本公积、盈余公积）形成、使用的活动；集体福利基金形成和使用等活动；利润分配活动等。

2．两权分离与资金使用

计划经济体制下，为了保证国家经济计划的执行和对企业的行政控制，对企业实行专款专用，在会计中设置了很多相互对应的专门账户，有着特殊的核算方法（如提取固定资产折旧时，一方面减少固定基金或国家基金，另一方面形成更新改造基金），并形成了会计报表中的资金“三段式”。股份制企业实行所有权和经营权两权分离，企业拥有法人所有权和对资产的独立支配权，使得企业有权根据经营的需要调配资产，达到资产结构的最优配置，实现利润最大化；而股东只能通过法定的程序对企业大政方针做出决策，保护和发挥所拥有的权益，不能直接干涉企业资产的具体运用、调配，也不能直接干预企业的生产经营活动。这样，股份制企业会计就不能也没有必要再执行原国有企业会计中的专款专用、资金“三段式”。

3. 权益保护和利润如实反映

股东和债权人向股份制企业投入资金后，企业有责任保护他们权益的安全完整，而利润的准确反映，则是保护双方权益安全完整的重要保证。这是因为利润影响着股东和债权人双方的利益，多计费用或多计利润，都会造成对股东权益和债权人的损害。原国有企业会计制度主要为国家财政服务，不需要清晰表达股东和债权人的利益，在很多方面没有如实反映企业利润的真实情况，股份制会计制度做出了某些纠正。如改变固定资产折旧方法、允许提取坏账准备、实行制造成本法等。

4. 报表体系

《股份制试点企业会计制度》的报表体系与国有企业报表体系主要的差异有三点：①编制财务状况变动表。②编制合并报表。③要求编报报表附注和财务状况说明书。

在计划经济体制下，企业报表的编制主要是为了满足政府部门财政管理部门的要求，重点不在于表达和分析企业的财务状况，因而也就没有编制财务状况变动表的需要。股份制企业不同于国有企业，是投资多元化、独立经营、自负盈亏的市场主体，与投资者和债权人的经济关系发生了根本的变化，投资者和债权人为了了解和掌握企业经营及其资金变动，需要企业编制成为状况变动表。

股份制企业的资本是开发的和流动的，企业为了提高实力、增强竞争能力，经常会对外投资，合并其他企业。如果企业采用控股合并的方式，就要由控股公司（母公司）编制将控股公司和被控股公司（子公司）作为一个会计主体的合并报表。但是由于当时资本市场并不发达，企业合并的情况少，《股份制试点企业会计制度》尚只按照母公司理论，对合并报表的会计事项做出了简单的规定。

报表附注和财务状况说明书是对会计报表的文字说明，是对会计报表数据的补充。股份制企业的投资者来自社会各界，它们不像单一投资者——政府主管部门那样熟悉企业，仅凭借会计报表尚不足以了解企业随时变化的情况，需要有更多、更详细的关于财务状况和经营成果的资料，因此，企业有必要报送会计报表不能说明的其他情况，以满足投资者了解企业，进行决策的需要。

《股份制试点企业会计制度》满足了股份制企业的会计需要，实际上也就代表了我国企业会计改革的发展方向，是我国企业会计改革的先行，“是我国第一部涉及国内企业而有全面借鉴国际会计惯例的会计制度，它的颁布实施为今后的会计改革积累了宝贵的经验”。①

（二）企业会计准则

1992 年财政部颁布的《企业会计准则》（以下简称《1992 年会计准则》）是改革突破期内一项具有历史意义的企业会计改革，它标志着中国的企业会计走入了适应市场经济需要的新阶段。

《1992 年会计准则》与传统会计制度相比的重大变化，主要表现在：采用国际通行的会计平衡公式、会计核算方法、财务报表体系；基本统一

① 杨纪琬：《当代中国的会计改革》，《社会主义市场经济与会计改革》，中国财政经济出版社，1998 年版。

了各行业的会计处理方法和程序等。《1992 年会计准则》对传统会计制度的上述重大变化，概括起来在于实行资本保全要求和谨慎性会计原则。

财政部颁布《1992 年会计准则》的时候，我国国有企业改革处在探索期与突破期之交，在此之前国有企业会计核算按照 1989 年制订的《国营工业企业会计制度》执行。旧会计制度的弊端与局限性，给改革开放造成了障碍：①由于会计管理体制统得过多，统得过死，企业不能根据变化了的新情况和经营中层出不穷的新问题自主地进行会计核算和灵活的反应，打击了企业加强经营管理，加强经济核算的积极性和责任心。②由于会计制度分行业，按部门和所有制制定，造成了不同行业、不同所有制企业之间的会计政策、会计方法和会计报表体系不同，产生了不同的会计信息，给企业之间的横向比较、企业间的联合带来了麻烦。③由于会计核算主要为满足政府部门管理的需要，对企业经营管理、企业间信息流通考虑得少，使得会计信息没有在企业内部加强经营管理、外部吸引投资和开展合作方面发挥应有的作用。④会计制度只适应单一所有制、单一经营的企业，使得会计无法反映改革中出现的跨地区、跨部门、跨所有制的联营企业、企业集团、合资企业的情况，也无法反映企业不断扩大经营范围和经营多元化的情况。⑤会计制度与国际会计惯例有着较大的差异，完全没有考虑会计信息国际交流的需要，妨碍了会计的对外交流，影响了外商投资和向国际金融组织的贷款。

旧会计管理体制给企业改革带来的障碍，引起了社会各界的重视，最终促成了这一轮的企业会计改革。《1992 年会计准则》的制订者对新会计制度的出台，有着这样的说明："在改革开放的新形势下，改革会计管理体系和会计核算制度，已经成为深化改革，转换企业经营机制的一个十分重要的问题，会计改革已经成为财政经济改革的一项十分重要的内容被提上议事日程。近两年来，国务院领导对我国的会计改革十分关心，十分重视。朱镕基副总理就明确指示，为了适应改革开放的发展，要加快会计改革的步伐，改革的最终目的就是同国际会计准则接轨。王丙乾国务委员也多次主持会议研究财务会计改革，要求尽快制订会计准则，变财务会计滞后为先导。实际上，一些地区的领导者，一些经济学家，都把改革的着眼点从着重抓改革的大系统的同时，开始注重了会计改革这个子系统，强烈呼吁要加快会计工作，把会计改革作为改革开放的一项主要工作来抓。这充分说明加快会计改革是适应十四大确定的社会主义市场经济新体制的需要；是适应深化改革，进一步对外开放的需要；是搞活企业，转换企业经营机制的需要。”①

改革突破期的企业改革与探索期的最大不同，在于确立了以现代企业制度为国有企业改革的目标；与此相适应，这一时期的会计改革提出了要建立适应现代企业制度要求的会计体系。这一时期还明确了企业会计改革方向是与国际会计惯例接轨，并以国际会计准则作为改革的参照标准。比起探索期的会计改革，突破期的会计改革在性质、方向力度上有了明显的不同，更加接近代表市场经济会计体系的国际会计准则。

三、改革完善期的企业与企业会计

（一）改革完善期的企业改革

企业改革的完善期指的是 2002 ~ 2008 年。这一期间企业改革呈现了新的特点：企业改革的目标是出资人到位；企业层面的改革重点是完善公司制、股份制；治理层面的改革重点是建立完善的公司治理结构；宏观层面的改革是建立一套新的国有资产管理体制。

企业改革突破期和完善期的改革中心都是将国有企业建设成符合现代企业制要求的新型企业，但两个时期的改革重点不同。企业改革突破期的改革重点是冲破旧体制模式的框架，寻找新的改革方向，即建立现代企业

① 财政部《企业会计制度讲座》编写组：《企业会计制度讲座》，湖南科学技术出版社，1993 年版。

制的改革方向；企业改革完善期的改革重点则是使初步建立起来的现代企业制度得以完善与发展。

（二）改革完善期的企业会计改革

这一时期的企业会计改革仍然是满足现代制企业建设的需要进行的，最突出也是我国企业会计改革最新的措施和成果，当属2006年颁布的新企业会计准则体系（以下简称《2006年会计准则》）。《2006年会计准则》主要在以下方面表现出与前会计制度的不同：会计信息质量要求（会计核算原则）和会计要素计量方面的变化；公允价值的采用；影响企业利润的新规定；改变企业合并会计处理方法；关于金融工具的新规定等。通过这些变化，《2006年会计准则》对企业经营成果、财务状况的调整，使企业经营成果、财务状况的表达更为合理、准确。几年来的实践证明，《2006年会计准则》实施之后的经济效果已初步显现：促进了企业的健康、可持续发展；促进了投资者对企业的可持续投资；促进了企业进入国际资本市场（参见财政部会计司对2007年、2008年执行会计准则情况的分析）。

突破期和完善期的企业改革一脉相传，中心任务都是将国有企业建设成符合现代企业制要求的新型企业。企业改革的这一中心任务，使得两个期间的会计改革有着共同的特点，即建立符合社会主义市场经济和股份公司要求的企业会计体系。但两个期间的企业会计改革所要解决的重点又有所区别：突破期企业会计改革要解决的重点是突破计划经济体制下企业会计的模式，初步建立“与国际会计准则相协调、体现中国国情和社会主义市场经济发展特点的中国会计准则体系”。[①] 这一期间的主要会计改革措施，包括《1992年会计准则》和行业会计制度、《会计法》、《股份公司会计制度》、具体会计准则、2000年《会计制度》，都带有上述会计改革目

---

① 张佑才：《实现中国会计制度改革新的突破——创造部副部长张佑才同志在“新准则”、“新制度”培训班上的讲话》，《企业会计准则及股份公司会计制度讲解》，中国财政经济出版社，1999年版。

标初创的特点。例如，《1992 年会计则》“只是我国财务会计制度改革的第一步”①，存在会计管理体制不适应市场经济发展的要求、会计制度规定的某些会计政策和会计估计不适应实际情况需要、分不同性质和不同行业的会计制度造成企业间会计信息不可比等问题；2000 年《企业会计制度》在计量属性的运用、资产与利润的表达等方面与市场经济下会计的通行处理存在较大差异等。完善期企业会计改革要解决的重点，则是改进当时会计制度的不足，进一步完善与市场经济和现代企业制度相适应的企业会计体系。

将完善期与突破期的会计改革成果相比较，最明显的不同是改革后的会计准则与国际会计准则更为接近，基本实现了 20 世纪 90 年代初期提出的建立“同国际会计准则接轨的新的会计核算体系”。②实际上，在我国企业会计改革的过程中一直将与国际会计惯例接轨作为改革的方向，将国际会计惯例作为改革的参照和希望达到的标准，但各时期的认识和做法有所不同。从历史的发展考察，以国际会计准则作为我国企业会计改革的参照标准，起始于从改革的探索期（1978 ~ 1991 年），实施于改革的突破期（1992 ~ 2002 年），而在改革的完善期（2003 年至今）这一做法达到了新的高度。确立了以国际会计惯例作为我国会计改革的参照的大政方针之后，在我国企业会计改革的不同阶段，人们对怎样处理与国际会计惯例的关系上，前后存在着认识上的差异。改革的突破期，刚刚确定以国际会计惯例为改革的参照标准，对与国际会计惯例的关系表述是：“制订符合我国国情，同国际会计接轨的会计准则，作为制订会计核算制度、组织会计核算的具有约束力的基本规范”③，即在处理与以国际会计准则为代表的会计国际惯例的关系上，要做的是“接轨”。步入改革的完善期后，对待国

① 张佑才：《实现中国会计制度改革新的突破——创造部副部长张佑才同志在“新准则”、“新制度”培训班上的讲话》，《企业会计准则及股份公司会计制度讲解》，中国财政经济出版社，1999 年版。

② 参见财政部《会计改革纲要》。

③ 财政部《企业会计制度讲座》编写组：《企业会计制度讲座》，湖南科学技术出版社，1993 年版。

际会计准则的态度有了不大不小的转变，提法不再是“接轨”，而是改为“趋同”。“趋同”和“接轨”有着不同的内涵：“接轨”具有单向靠拢并最后合拢的意思；而“趋同”则是接近甚至无限接近，但不合二为一，并有双向互动的意思。尽管将“接轨”用于企业会计改革方案的官方文件并不真正代表中国企业会计改革制订机构的本意，只是当时对这一提法没有仔细琢磨，随意使用①，但也表现出中国会计制度制订机构当时对改革的认识不够深入。对国际会计准则认识上的前后不同，也可以认为是突破期企业会计改革不同于完善期的另一个差异。

两个期间会计改革特征的差异，与这两个期间企业改革特征的差异完全吻合：两个期间企业改革和企业会计改革都经历了先确立改革的方向，初步建立新的模式，再在接下来的进程中对新模式予以完善和改进的过程。企业改革和企业会计改革过程的一致性，再次清楚地表现了企业会计改革与企业改革之间天然存在、密不可分的关系。

两个期间会计改革特征与企业改革特征的吻合并非巧合，而是历史的必然。在企业改革的突破期，初步摆脱旧体制的束缚，刚刚提出建立社会主义市场经济体制的目标和现代企业制度的方向，“是在经济体制转轨过程中的改革”②，很多建设现代企业过程中的具体问题尚未暴露出来或刚刚出现，企业对现代企业制度需要有一个逐步认识和适应的过程，企业和社会尚没有形成对现代企业制度的迫切要求，改革不可能在提出目标和方向后，行动马上一步到位。在这种情况下，企业会计制度的制定者很容易缺乏对会计改革进程和方式的准确把握；而诸如怎样扭转企业对刚刚出台的新会计制度的认识，怎样处理新旧制度的矛盾，怎样协调会计改革与其他相关改革的关系等很多亟待解决的棘手问题，又牵扯着人们的注意力，甚至影响了改革的信心。这一期间企业会计改革的尴尬和人们对改革认识上

① “接轨”曾是一段时期内对接受国外思想、方法、制度等所通用的一种提法，并不限于中国企业会计制度与国际会计准则之间的关系。

② 谢鲁江、刘解龙、曹虹剑：《企业改革30年（1978～2008——走向市场经济的中国国有企业)》，湖南人民出版社，2008年版。

的混乱，也部分地反映在会计制度制订者的讲话和报告中。

“1992 年以后，我国着手草拟制订具体会计准则。我们用申请到的世行贷款，请来外国咨询专家，并组织国内的咨询专家做顾问，财政部成立了会计准则组。通过大家共同努力，1996 年完成了 30 项具体会计准则征求意见稿，引发各地征求意见。按照原来的设想，计划于 1997 年 1 月 1 日执行这些准则，但是实践证明这些想法是不现实的。因为当时没有人感到这些准则有什么必要。我们曾请了一些大型企业的总会计师开研讨会，讨论这些准则，他们认为，谈会计准则是讲时髦，现实中没有什么必要性。同时，在财政部门内部不少人认为，‘两则’都超前了，更谈不上制订具体会计准则。会计是一门社会科学，它要紧紧围绕社会经济中存在的问题来解决。会计标准不起导航作用，事情没有发生就告诉你如何做，会计起不到这个作用。会计规则应该是救火队，出了问题着火了，要熄火灭火，这时候才找会计，需要会计来规范。”① “这种‘救火式’的会计准则制订方式是存在弊端的。发现哪里失火了，才去救火，显得很被动。随着资本市场迅速发展，新的经济现象层出不穷，被动地跟在后面跑，不是一个好的准则制订方法。这样制订会计准则，在逻辑体系上也容易出现缺陷。”②

以上对我国企业与企业会计改革的关系的论述，目的在于探求会计与其重要的环境因素——企业之间的关系，准确认识会计发展的规律，进一步稳妥地推进会计改革。毫无疑问，这是会计理论工作者一项具有历史意义的长期任务。

参考文献

[1] 财政部会计司：《我国上市公司 2008 年执行企业会计准则情况分析报告》，《会计研究》，2009 年第 2 期。

[2] 财政部会计司：《关于我国上市公司 2007 年执行新会计准则情况的分析报

---

① 冯淑萍：《适应市场经济要求，制订会计准则，完善会计制度——财政部会计司司长冯淑萍同志在“新准则”、“新制度”培训班开幕式上的讲话》，《企业会计准则及股份有限公司会计制度讲解（1988）》，中国财政经济出版社，1999 年版。

② 冯淑萍、乔彦军：《现代企业制度与现代企业会计》，经济管理出版社，1999 年版。

告》,《会计研究》, 2008 年第 6 期。

[3] 财政部会计司编写组:《会计准则讲解》, 人民出版社, 2007 年版。

[4] 刘玉廷:《中国会计改革理论与实践》, 民主与建设出版社, 2003 年版。

[5] 财政部会计司:《全国会计人员继续教育系列教材(之四), 企业会计制度讲解》, 中国财政经济出版社, 2001 年版。

[6] 项怀诚等:《新中国会计 50 年》, 中国财政经济出版社, 1999 年版。

[7] 财政部全国会计人员继续教育教材编审委员会:《全国会计人员继续教育系列教材(之一), 企业会计准则及股份有限公司会计制度讲解(1998)》, 中国财政经济出版社, 1999 年版。

[8] 财政部编写组:《企业会计制度讲座》, 湖南科学技术出版社, 1993 年版。

(本章作者:付磊,首都经济贸易大学会计学院院长,教授,博士)

第二十三章 中国煤、电企业纵向整合分析

煤炭与电力产业投资均具有相当强的资产专用性，从而使得上下游均可能具有严重的机会主义行为的动力，煤电之争的实质在于同一产业链中上下游产业的利润分配之争，而且作为该产业链的最终产品，电力的价格受到政府管制，电力价格不能根据市场供求状况调整。2005 年 5 月 1 日后煤电价格联动方案的实施并没有触及我国煤、电矛盾的实质，不能从根本上解决煤、电之争。本章利用企业组织的相关理论，从煤电供求的现实矛盾出发，探究驱动煤电企业纵向整合的动力机制，分析煤、电市场结构对煤炭企业纵向整合的影响，并提出煤、电企业纵向综合的模式选择。

一、中国煤、电企业利益冲突的现实表现

中国的电力结构中，超过 70% 是靠煤发电的火电，煤炭产量中，超过 60% 用来发电。由于煤炭业改革先行一步，市场化程度较高，煤炭企业拥有相对自由的定价权，而电价的升降依然受国家有关部门的指导，导致业界所称的“市场煤”与“计划电”的矛盾愈演愈烈①。理论上，电价随煤价上涨是市场经济运行的规律，但是我国煤价与电价长期以来是割裂的。

① 于立、刘劲松：《中国煤、电关系的产业组织学分析》，《中国工业经济》，2004 年第 9 期。

在煤电问题上，虽说煤价上涨了一些，但还没有涨到让电力企业发不了电的程度，只是利润率没有原来高了。在电厂发电成本提高呼声不断提高的情况下，政府就得提高上网电价，并导致政府决定提高销售电价，增强了通货膨胀的压力，政府在处理这个问题上陷入了两难境地。

尽管，政府多次出台政策缓解这一矛盾，但收效甚微，2004 年，国家取消煤电价格临时干预措施，并鼓励大型煤炭供求企业签订长期合同，煤电企业之间拉锯战持续了两个多月，仍然难以达成一致。究其原因，一方面，面对供不应求的现状，煤炭企业具有强烈的涨价欲望，但电煤价格低造成煤炭企业盈利水平下降。与其他用煤行业比较，电煤价格最低，电煤消耗约占全国煤炭消耗的一半以上，据中煤联合销售公司统计，2004 年，我国重点煤炭企业商品煤售价为 192. 03 元/吨，但同期销售给电力行业的平均价格只有 152. 05 元/吨，价差达 39. 98 元/吨，这就是说全国有近一半的煤炭销售价格比全国平均价格低近 40 元/吨，电煤价格过低造成行业利润的丢失，造血功能的减弱，是煤炭企业整体盈利水平低的重要原因，各重点煤炭企业在电煤销售上有着强烈的涨价愿望。另一方面，由于燃料费用的大幅度增长，2005 年各发电集团公司火电机组利润比 2004 年同期出现了大幅度降低，部分地区电厂出现了大面积亏损现象。煤电价格联动方案的实施并没有触及我国煤电矛盾的实质，不能从根本上解决煤电之争，面对电煤价格大幅攀升，众多电力企业宁可选择停机也不愿意按照市场价格来采购煤炭，煤电关系因此陷入僵局。由国民经济快速增长带来对电力的庞大需求，使得近年煤炭生产企业和电力企业的矛盾日渐突出，我国煤炭与电力企业之间的矛盾趋于激化，并给国民经济带来显著的负面影响。

中国煤炭企业和电力企业之间的纵向关系主要表现为煤炭企业和电力企业之间的纵向生产和交易关系，煤炭企业和电力企业之间的纵向生产关系主要体现在它们之间形成的纵向产业链关系。煤炭与电力产业投资均具有相当强的资产专用性，从而使得上下游均可能具有严重的机会主义行为的动力，如上游企业临时涨价，下游企业则尽量压低价格，矛盾明显。另外，煤炭企业遵循市场化原则要求提高煤价，而电力行业表示成本压力大难以消化则反对提价，一时电煤供需矛盾突出，已对正常的煤炭、电力安全生产和经营构成了严重威胁。这种局面如果得不到彻底改变，将对我国实现未来经济和社会的和谐发展目标造成重大影响。

二、煤、电企业纵向整合的动力机制

（一）经济利益关系是纵向整合的内在动因

按照产业轮动理论，煤炭采掘业可归为典型的周期性产业，受经济周期影响较大。而我国的电力产业，其消费结构以工业为主，65%以上的电力为工业用电，由于工业增长速度波动是经济周期性的主要原因，而这种波动直接导致对电力需求的波动。因此，电力产业也具有很强的周期性。当经济处于复苏与繁荣阶段，工业产能利用率大大提高，并可能引致工业产能的大规模扩张，因而对电力的需求幅度上升，此时的电力市场处于过度需求状态，而当经济处于衰退与萧条阶段，对电力的需求大幅度下降，则电力市场处于过度供给状态。因此，对电力的需求与经济周期具有同步波动的特性。电力产业的周期性又引发对煤炭需求的周期性①。20世纪末，由于煤炭产业长期低水平重复建设，小煤矿无序发展，加之国内经济结构调整和1997年东南亚金融危机等原因，导致煤炭需求不足，产量过剩，煤炭企业大面积亏损，1998年、1999年亏损面占80%以上，企业货款被拖欠严重。1998年全国国有煤矿企业被拖欠煤款296亿元，1999年330亿元，其中有9家企业被拖欠煤款超过10亿元，且没有一家下游企业与煤炭企业结成战略联盟。

但从2002年开始，煤炭行业开始复苏，到2003年，全国规模以上煤

① 于立宏、郁义鸿：《需求波动下的煤电纵向关系安排与政府规制》，《管理世界》，2006年第4期。

炭企业产销率达到98.2%，实现销售收入2449.6亿元，实现利润137.7亿元。2004年煤炭产量同比增长15.68%，虽然火电产量同比增幅为较低的13.62%，但由于同年钢铁产量同比增长32.64%，煤炭市场总体的供不应求矛盾依然存在。到了2005年，由于煤炭产量增幅快速降至10.69%，而火电产量增幅升至14.02%，加上钢铁产量继续以18.12%的速度在增长，电煤供给不足的矛盾开始加剧。2006年的煤炭产量增幅进一步降至8.03%，而当年火电产量增幅再升至15.14%，2006年动力煤价格上涨46.86%。平均价格上涨47%，煤、电产量增长失衡问题变得十分突出。2007年煤炭产量25.36亿吨，比2006年增长1.9亿吨，增长率仅为8.2%，但价格上涨49%。自2008年以来，在高需求状态下，我国经济社会对电力需求的大幅增长沿着产业链向上传递到煤炭产业，导致煤炭价格随之大幅上升。而国际电煤价格大幅上涨，比2007年同期上涨50%，助推了国内电煤价格的上涨。2008年6月24日《京华时报》的相关报道显示：今年以来，电煤供应紧张，且价格平均比去年暴涨100元/吨左右而电价未动。

由于电价的政府管制、合同电煤的存在，煤炭市场并不能通过价格的及时变动实现供给和需求的均衡，发电企业也就并不是总能买到它们想要的煤炭数量。在电煤需求旺盛的情况下，同样的煤炭既可以卖给电厂，也可以卖给钢铁厂、冶炼厂，或者出口，而目前卖给电厂的价格是上述销路中最便宜的，众多的煤炭企业特别是地方中小煤炭企业要求重新谈判以提高价格，如果发电企业不同意重新谈判，煤炭企业就会单方面终止关系，这类机会主义行为所导致的要挟问题普遍存在，在国家下令限制电煤价格上涨后，部分煤企出现了停售情况。目前，我国每年电力用煤占煤炭总产量的50%以上，是煤炭的第一大用户，而煤炭企业却无法获得因煤炭就地转化为电而形成的高附加值。面对旺盛的煤炭需求，煤炭企业与发电企业均期望通过向对方产业的延伸降低风险，增加收益，这为煤、电企业实现纵向整合提供了契机。

（二）价格传导压力是纵向整合的外在动力

我国煤炭分布与电力需求的特征，导致我国煤炭产量的70%需要通过铁路运输，运量占铁路货运总量的45%左右，运输成本基本由铁路运费、港口使用费和海运费三部分组成，运输成本在煤炭的到岸价格中，占有相当的比例。在铁路运输方面，煤炭铁路建设基金从计划经济时期的七五开始，从最初的每吨公里0.3分提高到目前的每吨公里3.3分，征收标准已经上调过4次，煤炭行业承担了全国铁路建设基金的一半左右。以作为煤炭调出大省的山西为例，2006年全省铁路外运煤4.66亿吨，按外运平均运距700公里计算，每吨煤支付铁路建设基金23.1元，仅2006年全省煤炭企业支付的铁路建设基金就可达百亿元。晋煤外运的大秦线、京原线、京秦线、丰沙大线四线运煤铁路建设基金为每吨每公里7.51分，比同类线运输的其他货物的统一运价每吨每公里4.35分高出3.16分，仅大同煤矿集团按运量9000万吨和运距560公里计算，每年多支出16亿元。铁路运价从2006年至今已经调整了两次。2006年4月铁路运价平均每吨公里提高0.44分，2007年11月起，运价再次提高0.2分钱，达到每吨公里9.25分。目前，山西煤到秦皇岛港口铁路建设基金需要每吨30多元，运价是每吨120元左右，导致无论合同煤还是市场煤，山西外调煤炭的出矿价格占调入最终用户价格的比重不到50%，中间环节费用成为煤炭价格上涨的主要因素。另外，从山西大同到上海港，2004年4月份计划内煤炭出矿含税价为164.42元/吨，比1997年的163.84元/吨仅上涨0.58元，涨幅为0.35%，可是煤炭实际到港价高达334元/吨，其中流通费用占煤炭到港价的52%，比1997年高出104元，涨幅高达45%，最终运到企业的价格竟高达500元/吨，其中仅海运费就上涨了1倍多，而计划外煤炭价格则更高，以煤炭坑口价格计算，各项非煤费用的总和，更是占到了最终用户煤炭价格总成本的75%左右，高价高昂的运输费用制约了煤、电企业的发展①。

同时，由于铁路货运发展滞后，运力有限，我国绝大多数国有重点煤炭企业都受制于铁路运力而难以增加外运量。2007 年国家发改委安排的跨省区煤炭运力配置框架方案总量是 7. 38 亿吨，而实际上，2007 年全国煤炭流通对铁路运输的需求达到 14 亿吨左右，两者之间差距很大，对煤炭供求关系带来不确定因素。运输“瓶颈”长期影响我国煤炭市场有效供给，一些煤炭企业不敢多生产，害怕运不出去，造成煤炭供应偏紧。加之，多数煤矿的储运系统不适应铁路装运快速的需求，煤炭库存费用居高不下，增加了成本支出。另外，铁路煤炭运输及其增长具有集中化趋势，忽视了内陆地区铁路运输的增长和平衡，以及不同地区不同用户在煤炭供求的品种、质量上的差异，导致运输需求上的增长和差异，使得晋北地区—大秦线—秦皇岛港这—煤炭供应链中的任何一个环节一旦出现问题，其对沿海地区和全国煤炭市场的影响程度将被放大。

发电企业与煤炭企业长期的交易中，交易频率较高，交易发生的费用折合到每一次交易过程中是相对较少的，但由于煤炭市场价格的剧烈波动，煤炭与发电企业之间更为普遍的是签订现货与短期合同，双方更换交易对象较为普遍，频繁的重新谈判导致更频繁的契约被破坏和生产成本的提高。如果交易是连续生产过程中的一部分，而且各生产阶段的精确同步又特别关键时，问题就会特别严重。加之，电价上涨存在较大争议，产生争议是因为在我国的发电价格监管规则中，未将发电企业的成本作可控与不可控区分，从而未能建立完整的价格调整机制。因此，煤、电稳定纵向生产关系的建立有利于煤、电供应稳定，又能控制燃煤成本，无论煤、电企业产业链的产业链延伸与延伸可以节约、降低运输成本，减少信息收集以及交易，提高产品附加值，弱化价格传导机制所造成的冲击，通过纵向整合，煤、电企业可以提高生产过程效率，保证上下游企业的供应与需求，纵向整合是煤、电企业持续发展的外在动力。

① 蔡玺玉：《影响我国电煤供给的主要量化因素分析》，《中国煤炭》，2007 年第 5 期。

三、市场结构与煤电企业纵向整合模式选择

从理论上讲煤电交易中存在多种市场结构，但现实，就发电环节来说，在电力改革之前，发电企业确实具有买方垄断的地位，而在电力改革之后，发电环节的主体已经被拆分为五大发电集团，中国行业发展年度报告（电力）显示，2005 年大发电集团的装机容量占总装机容量的 42.5%，而其余 340 家发电企业占有剩余份额。另外，在进行“厂网分开”的电力体制改革时，从地域分布上限定 5 大发电集团在各区域电力市场中的份额原则上不超过 20%，导致中国发电市场以 5 大发电集团为主导，市场集中度较高，是寡头垄断的市场结构。而对于上游煤炭产业，从产量来看，2004 年全国原煤产量为 19.56 亿吨，其中 100 强企业原煤产量 10.20 亿吨，占全国原煤产量的 52.15%，位列 100 强前 10 位的企业原煤产量为 4.35 亿吨，占 100 强企业原煤产量的 42.65%，占全国原煤产量的 22.24%，最大 4 家企业的市场占有率只有 15% 左右，远低于世界主要产煤国家的水平（澳大利亚 46%、美国 51%、南非 87%，印度 89%）。2005～2007 年间，全国一共关闭了 11000 多个小煤矿，淘汰落后生产能力 2.5 亿吨，同时，经改造的小煤矿新增产能 2.95 亿吨，小煤矿对全国煤炭产量的贡献基本没有太大变化，竞争性相当强，但不能准确地反映区域市场特征。事实上，在大量中小煤炭企业的围绕下，存在着少量巨型的煤炭集团企业，而且其规模还在进一步扩张，2007 年我国年销售收入 3 亿元以上的煤炭企业产量达到 12.9 亿吨，超过全国原煤产量的一半，通过提高集中度增强垄断势力。

以整合为特征的煤电纵向生产关系，表现为投资者同时投资经营煤矿和发电厂，实现煤矿电厂上、下游有机衔接，以减少中间环节交易成本的投资经营方式。煤电联营改变了传统的煤与电分开经营的模式，实行煤电

合一、综合经营，能够充分发挥煤电整体优势真正实现了煤电一体、统一规划、统一设计、同步建设、统一核算，做到了煤生产紧密衔接，一次能源就地转化为二次能源，变输煤为输电，经济效益远远大于输煤。并且真正使煤矿与电厂优势互补。遵循的原则是长期靠煤炭发电的企业要往煤炭企业投资，产煤主要用于发电的公司要向电力企业投资。具体到煤、电企业纵向整合模式的选择就是使治理安排的组织形态与交易性质相互匹配，具体模式有以下几种：

（一）煤电一体化模式

煤、电企业进行的投资多数是具有特殊用途的资产，资产安置完毕，相关资产就是高度不可移动的，要重新装置或搬移的成本太高，使得拥有该资产的企业不得不尽量维持与某一特定企业的交易关系，一旦合约终止或是交易中断时，厂商将因资产的特殊性蒙受巨大损失，如用于燃烧特定类型煤炭的锅炉、专用铁路线、电网等。通过建设坑口电厂可发挥电厂靠近煤炭燃料地，不受运输条件的限制，能大幅度地减轻铁路运输远距离的压力，并且就地消费不宜长途运送的低热量劣质煤（褐煤）或洗中煤。由于煤矿与电厂为同一投资主体（利益共同体），降低了资产专用性风险，从根本上解决了煤电之间的利益均分难题。具体而言，在产业链延伸模式主要采用煤炭企业主导型煤电一体化模式与发电企业主导型煤电一体化模式。

1. 煤炭企业主导型煤电一体化模式

煤炭企业主导型模式既可以是现有煤炭企业投资经营发电厂也可以是在新的煤炭企业投资开发煤矿时，同步建设经营坑口发电厂。如山西尽管煤炭资源丰富，但存在运力紧张的突出问题。从公路煤炭市场看，山西中部的出省道路不能满足出省煤炭车辆的要求，道路发展与煤炭外运的矛盾突出，导致省外用户买不到煤，省内的煤炭又拉不出去。2007

年除大秦线运力同比增长25.4%以外，其他运煤线路运力没有明显增长，铁路运输仍然是制约晋煤外运的“瓶颈”。另外，2006年4月，国务院批准在山西开展煤炭工业可持续发展的试点工作，主要是要建立煤炭开采综合补偿和生态环境恢复补偿机制，完善煤矿安排生产长效的机制等。2007年，山西省政府对省内所有煤炭生产企业征收煤炭可持续发展基金、矿山环境治理恢复保证金和煤矿转产发展基金，此三项基金的征收，煤炭企业将增加成本40~50元，考虑到目前已经出台的煤炭资源税、安排生产专项费用以及全面实施煤炭资源有偿使用等一系列政策，2007年煤炭企业的政策性成本增加70元左右，推动山西煤价的刚性上涨，在价格的竞争中处于劣势。为此，山西大力倡导变输煤为输电，积极发展坑口电厂，如山西西山煤电股份公司与山西电力公司合作建设的全国最大的燃用洗中煤坑口电厂——山西古交发电厂、同煤集团塔山工业园区2×60万千瓦坑口电厂、轩岗2×60万千瓦坑口电厂利用低值煤就地发电等项目，计划直接耗煤2000万吨，改变山西输煤与输电比重，使山西煤炭资源优势转化为电力优势，把煤炭转化为二次能源，是提高煤这种初级产品提高其附加值的重要途径。但目前，由于电网公司与发电企业固有的利益联系，导致煤炭企业自办的电厂在竞价上网方面难度较大，而就近并购发电厂成为一种现实的选择。

2. 发电企业主导型煤电一体化模式

电力企业并购煤炭企业或投资经营新煤矿，实施前向一体化经营，有助于解决资产专用性问题。根据国资委批准的央企主业目录，在五大发电集团中，中国华能集团、中国华电集团、中国国电集团公司拥有与电力相关的煤炭等一次能源开发的主业设置。发电企业投资经营坑口煤矿自产煤炭自用，煤炭作为中间产品而不是商品，减少电煤购买成本，可以有效提高市场竞争。华能伊敏煤电有限责任公司是国家批准的全国第一家煤电联营的大型能源企业，2002年年末伊敏华能东电煤电有限责任公司全资划归中国华能集团公司管理，它改变了传统的行业分割，实行煤电合一、统一经营、电力集团集中控股的管理模式。作为全国首个发电企业与煤炭企业“一体化设计、一体化开发”的煤电联营试点项目，华能集团伊敏煤电项目经过多年运行已取得成熟经验。这种模式对于克服煤电行业面临的体制矛盾、运输困难、浪费严重等问题有较强的针对性。实践证明，伊敏模式是成功的，可以化解当前我国煤、电行业发展中遇到的一些矛盾与难题。尽管，此种模式的坑口电厂在竞价上网上具有明显的优势，但拥有资源的企业在目前煤炭需求旺盛，供不应求的情况下，积极性不高，推行的阻力较大①。而淮南矿业集团与上海电力公司合资组建的淮沪煤电公司系全国首家一矿一厂煤电一体化企业集团，过去是从淮南买煤运到沪、浙去发电，现在煤、电企业共同投资，由运煤变成输电，减少了中间的交易，双方优势互补的合作方式逐渐体现出来，对于发电企业而言煤炭供应数量、质量不仅可以得到保证，价格也相对便宜，而煤炭企业则分享了煤电公司合作的投资利润，得到自己的利益，实现产权连接，产业融合，实现了双赢，是有较大发展前景的产业链延伸模式。

（二）煤、电、港一体化模式

由于不同发电机组的设计适用煤种不同，所以评价煤炭质量的标准也不相同，可分为入市标准和最佳工况标准。入市标准是煤炭资源转化为商品的基本标准，包括用以保证电厂安全运行的质量标准包括挥发分、灰熔点、最低发热量，环保质量标准主要是含硫量。最佳工况标准是电厂追求最佳燃烧效果和经济效果的质量标准包括发热量、水分和灰分。对于北煤南运各腹地而言，只要煤炭生产企业注重质量管理，满足入市标准都没有问题，但对最佳工况标准，却存在差异。目前，按晋、陕、蒙煤质特性设计的燃煤电厂居多。而且上述产区的煤炭，在集港装船过程中，利用多种煤炭汇集同一港的机会，相互掺配以达到优势互补的目的。天津、秦皇岛

① 艾青：《纵向一体化动因理论以及对投资决策的影响研究》，《管理世界》，2004 年第 10 期。

等港口表现为大量煤炭供应商，分布于一个相当大的地理范围内，煤炭供应充足，若发电企业有较大灵活性以接受各种质量的煤炭，能够最经济地获得煤炭的供应，可以推行煤、电、港纵向一体化模式。在今后较长的时间内，山西、陕西和内蒙古主要通过京唐港、天津港、秦皇岛港、黄骅港下水，煤炭企业、发电企业与港口合作选择在天津港周边建设港口电厂，将有力地提升企业的利润空间与竞争能力①。

（三）煤、电、冶（建）一体化模式

20世纪80年代中期，电力供需缺口大，为缓解电力紧张和投资不足，国家出台集资办电的政策，导致各类主体投资于发电企业，特别是电网公司投资发电企业，导致部分煤炭企业所发电无法顺利竞价上网，将产业链由煤—电延伸到煤—电—冶（建）成为必然选择。另外，在利用煤炭热能同时，回收大量化工副产品则是一种最有前途的煤炭综合利用形式。如在美国、德国和俄罗斯等国把煤炭先进行气化、脱硫，产生低热值煤气，供燃气、蒸汽联合循环电厂发电，可以大大提高煤炭热能利用效率，降低成本，在气化工程中还能回收苯、酚、焦油、乙烯等化工产品，起到减轻污染的作用。在采煤、发电的基础上，进一步对选出的煤矸石和发电厂的粉煤灰进行加工利用，加工成水泥、耐火材料、砖、陶瓷等建筑材料，可以有效实现资源的综合利用，减少环境污染。采用此模式较为典型的代表是中电霍林河煤电集团公司。中电霍林河煤电集团公司，是中国电力投资集团公司与通辽市霍煤控股公司在原霍林河煤业集团公司基础上分立重组后组建的煤电铝一体化大型能源企业集团，公司发展战略是依托霍林河和白音华两大煤田基础上实现资源转换，主要产品有煤炭、电力、电解铝、铝用阳极、腐殖酸。有色金属行业是用电大户之一，尤其是电解铝类生产企业其用电成本占总成本的35%～47%，采取煤电铝合作相关多元就是拉长

① 于立宏：《中国煤电产业链纵向安排与经济规制研究》，复旦大学出版社，2007年版。

产业链条，以电拉煤，以电产铝，以电养铝，以铝拉电，实现煤炭就地转化升值。中电霍林河煤电集团公司通过把煤炭优势转化为电价优势，把煤炭的部分利润转移到铝厂，既消耗大量的煤炭，保证了集团煤炭生产的稳定，也使铝厂获得电价优势，产品成本可降低 36%，而吨铝人工费用仅为国外平均的 10%，形成煤电铝产业链。另外，在霍林河建坑口电厂，发展铝产品，可以屏蔽长距离运输所带来的产品运输成本比重过大问题，解决了通霍铁路唯一运输途径的制约性问题，为公司的发展提供了广阔的前景。

（四）煤、电、运、化综合开发模式

煤电企业集团不仅投资于煤、电、运一体化的发展，而且是投资发展煤液化和煤化工项目，扩大产业链，实施多元经营以规避风险，煤、电、运、化一体化的发展模式在打破行业分割所引发的制约与有效降低经营成本等方面具有优越性，著名的德国鲁尔煤炭工业公司就是采用该模式的成功范例。在国内采用此模式较为典型的代表是神华集团，神华集团有限责任公司以能源为主业，集煤矿、电厂、铁路、港口、航运为一体，实施跨地区、跨行业，多元化经营，是我国最大的煤炭企业，负责统一规划和开发经营神府东胜煤田的煤炭资源和与之配套的铁路、电厂、港口、航运船队等项目，2007 年原煤生产 15. 80 亿万吨，公司的煤炭产量约占全国煤炭总产量的 6%，利润占到规模以上煤炭企业利润的 40%。铁路和港口运输网络已经成为一种不可替代的稀缺资源，为神华公司运营和发展创造了重要竞争优势①。2007 年，公司自有铁路运输周转量达到 1167 亿吨公里，同比增长 17. 9%。自有港口下水煤量达到 130. 3 百万吨，同比增长 10. 7%。神华集团已经运营的全资及控股电厂分布在北京、天津、河北、内蒙古、陕西、辽宁、广东等地，发电资产主要分布在坑口及沿海地区，2007 年总

---

① 陈立斌、王楠等：《煤电基地集约化开发建设相关政策研究》，《中国电力》，2008 年第 2 期。

装机容量达到15091兆瓦，发电量797.4万千瓦，同比增长37.8%，售电煤耗达到332克/千瓦时，继续保持行业领先水平。另外，神华集煤电油化于一体，大力发展洁净煤发电、煤矸石发电、可再生能源发电，利用煤气、粉渣等废弃物和废旧资源建设发电厂，形成煤路港一体化、煤电一体化、港电一体化的模式，产生了强大的协同效应，2004～2007年中国神华的营业收入从398.20亿元增加到821.07亿元，年均增长率达到27.3%。但由于该发展模式涵盖了煤炭、电力、运输、化工等诸多的产业领域，在综合技术、人才、资金投入方面要求较高，一般企业无法满足，实施的难度极大。2007年国家发改委对外发布的《煤炭产业政策》提出，将建设神东、晋北、陕北、黄陇（华亭）、鲁西、两淮、河南、蒙东（东北）、宁东等13个大型煤炭基地，“十一五”期间重点建设10个千万吨级的现代化露天煤矿，形成6～8个亿吨级和8～10个5000万吨级的大型煤炭企业集团，产量占全国50%以上的发展战略，将有利于煤、电、运、化综合开发模式的实施。

参考文献

[1] 陆刚、孙宁博等：《煤炭产业链模式构建及应用研究》，《煤炭经济研究》，2005年第7期。

[2] 马君：《试论纵向一体化的解构与企业合作网络的构建》，《外国经济与管理》，2007年第2期。

[3] 戚聿东：《中国经济运行中的垄断与竞争》，人民出版社，2004年版。

[4] 于立、刘劲松：《中国煤、电关系的架构取向》，《改革》，2005年第2期。

[5] 周勤：《企业纵向关系论——纵向关系的产业组织分析》，经济科学出版社，2004年版。

（本章作者：黄启安，男，福建龙岩人，首都经济贸易大学工商管理学院博士研究生）

第二十四章　我国商业银行事业部制改革研究

为了应对日趋激烈的市场竞争和迅速变化的市场环境，我国商业银行为提高核心竞争力和风险防范水平，不断对组织结构进行调整和完善。在传统的直线职能制的基础上，许多商业银行积极尝试事业部制改革，并取得良好效果。2006 年 4 月实施的《国有商业银行公司治理及相关监管指引》中，要求国有商业银行应根据自身实际和客户需求，“逐步实行以产品单元、业务线为流程的事业部管理制度”，对商业银行的事业部制改革给予积极的支持和引导。设计实施合理有效的事业部制改革，创建有利于变革和激励的分权模式，必须对采用事业部制的前提条件、可行路径进行认真分析，并与商业银行自身的发展战略、科技水平等因素有机结合起来。

一、对事业部组织结构的研究

（一）事业部的产生与发展

现代企业的组织结构，主要包括三种基本模式，即集权的直线职能制（Unitary Structure，U 形结构）、分权的控股公司制（Holding Structure，H 形结构）以及集权与分权相结合的事业部制（Multidivisional Structure，M

形结构)。事业部制组织形式起源于20世纪20年代，是由通用电气公司时任副总经理斯隆在公司多元化经营背景下，为解决内部管理矛盾而建立起来的，它是指企业按照所经营的事业，包括按产品、地区和顾客（市场）等要素来划分部门，设立若干事业部，各事业部之间独立核算，并在内部的经营管理上拥有自主性的一种组织形式。各事业部既是受总公司控制的利润中心，又是产品责任单位和市场责任单位，每一个事业部就是一个利润点。事业部制具有集中决策、分散经营的特点，集团最高层（或总部）只掌握重大问题决策权，使其从日常生产经营活动中解放出来。

事业部本质上是一种企业界定其二级经营单位的模式。在企业组织的具体运作中，事业部制又可以根据企业组织在构造事业部时所依据标准的不同分为地区事业部制、产品事业部制和 SBU（Strategic Business Unit）等类型，通过这种组织结构可以针对某个单一产品、服务、产品组合、主要工程或项目、地理分布、商务或利润中心来组织事业部（宋旭琴，2006）。

（二）对事业部的研究

钱德勒（Chandler）在《战略与结构》一书中追溯了事业部的起源，阐述了事业部的产生原因及其发展过程，并认为它是最重要的组织形式创新之一。威廉姆森（Williamson，1975，1980）从交易成本的角度对公司组织结构的演变进行了分析，提出“M 形结构是20世纪最重要的企业组织形式创新”，认为事业部制之所以大量存在，是因为其为企业引入了内部资本市场机制，以替代“失灵”的外部资本市场，从而能够有效地降低交易费用并使交易费用最小化。因此，事业部制是有效率的组织结构形式。

威廉姆森认为事业部结构的基本特征是战略决策和经营决策的分离。与直线职能制和控股公司制相比，事业部具有如下优势：①有利于总公司领导摆脱日常事务，集中精力考虑全局问题和战略决策。当经营活动变得极为复杂，协调、评估和决策变得极其烦琐时，事业部结构下直接控制各单位经营决策的高级管理人员就会因行政负担过重而不能高效工作。②有利于提高信息处理能力和经营效率。事业部结构中经营决策权被下放到事业部，让处在较低层次、直接掌握有关信息的人来负责局部性决策，有利于提高处理大量信息和经营决策的质量和效率。③有利于改善激励机制。事业部实行独立核算，事业部经理拥有经营决策权，其报酬也应根据其工作绩效来确定，有利于发挥经营管理的积极性。④有利于加强协调和控制。事业部结构中总部减少了日常经营决策，主要负责战略决策和整体协调。在控股公司结构中，总公司与各子公司之间在资源分配等方面存在大量博弈行为，容易导致各子公司之间的竞争和公司整体管理成本大幅度攀升。⑤有利于培养企业的全面管理人才。

事业部制的缺点主要是：①机构重置。公司与事业部的部分职能机构重叠，容易造成管理人员和其他资源的浪费。②资源竞争。各事业部独立核算，容易出现只考虑自身利益，过多考虑经济关系，影响事业部之间的协作，各事业部之间的竞争也会导致人员流动和先进管理方法及生产技术交流困难的缺点。③管理成本上升。事业部的过度增加同样会导致协调困难，管理成本上升。

（三）超事业部的出现

20 世纪 70 年代中期，随着大企业的迅速扩张，大企业内部事业部越来越多。以通用电气公司为例，自 50 年代初期的 20 个事业部发展到 1967 年的 50 多个，组织内协调成本不断增加。从 1971 年开始，通用电气在最高领导和事业部之间设立了 5 个“超事业部”（执行部），统辖协调所属事业部活动，由副总经理负责。事业部日常事务决策，向执行部报告，以提高协调能力。一些大企业也相继采用类似结构，它反映了 70 年代大企业的集权倾向。超事业部制又叫做“执行部制”，是在事业部制结构的基础上，在组织最高管理层和各事业部之间增加了一级管理机构，负责管辖和协调所属各事业部的活动，使领导方式在分权的基础上又适当地集中。超事业部制可以更好地协调各事业部之间的关系，从而能够增强组织活动的灵活性，减轻了公司总部的工作负荷；可以集中几个事业部的力量共同研究和开发新产品；强化了对各事业部的统一领导和有效管理。缺点是增加了需要配备的人员和支付的各项费用。

从事业部的出现和发展可以看出，事业部在改善大企业内决策能力、信息传递、经营效率、考核激励方面有明显效果，但企业经营范围的过度分散化和事业部的过度发展也容易导致经营效率的下降和管理成本的上升。充分认识采用事业部制的前提条件，在合理范围内采用事业部制才能更加有效地提升企业的竞争力。

二、商业银行实施事业部改革实践

（一）国外商业银行事业部实践

自20世纪80年代以来，世界主要商业银行呈现出综合化和专业化、标准化和个性化齐头并进的发展趋势，在向综合化经营的方向发展的同时，又通过各种事业部运作模式强化专业化经营和专业化管理，在努力打造标准化运作平台的同时，又通过各种事业部运作模式强化个性化经营和个性化管理。大型国际商业银行的管理模式普遍经历了从区域型事业部制向条线型事业部制演进，又逐渐向区域型结构和条线型结构相结合的矩阵化管理方向演变。例如，花旗银行设置了全球消费者集团、公司及投资银行集团、全球财富管理集团和另类投资四大事业单位；汇丰银行设置了个人金融服务、投资银行及金融市场、商业银行、私人银行四大事业单位；德意志银行设置了公司及投资银行集团、公司银行及证券、全球交易银行、私人客户及资产管理集团、资产及财富管理集团、私人及企业客户六大事业单位。事业部有助于解决银行规模过大、市场跨度过广、经营范围过宽等原因所引发的管理效率低下、市场响应较慢、风险控制僵硬等管理问题。由于客户需求的多样性和易变性，事业部在现代商业银行管理当中发挥着重要的作用。

（二）我国商业银行事业部改革进程

目前，我国大型商业银行如工、农、中、建“四大”商业银行，实行的是传统的总分行制即部门银行模式组织架构。总行系一级法人拥有全行系统的经营权、管理权和决策权，下级机构则按行政区划和级别依次设置省级（一级）分行、二级分行、支行及网点各分支行。分行作为独立的利润中心在上级行授权范围内开展经营管理，行长为各级机构负责人，各级行根据业务需要设置相应职能部门，承担经营及业务指导职责。从组织类型看，这种总分行制管理模式基本属于直线职能制组织架构，同时也兼有了地区事业部制的一些特点。各级分支行对上级机构负责并报告工作，同时直接对下级机构进行管理和考核。按照行政区域划分的各级分支行根据上级行的授权或转授权经营管理，在权限范围内拥有较大的自主权，并承担着一定的实现利润和绩效考核压力。总分行制组织结构的最显著的特色在于集权和区域分割，有利于加强总行对各分行的经营管理和风险控制，促进分行在所辖区域经营决策和参与竞争。在当前激烈竞争的市场环境下，这种结构逐渐显现出一些问题，一是在分权与集权的关系上，总分行制管理决策权高度集中，当组织规模庞大、产品种类繁多、业务处理复杂时，造成决策迟缓、效率不高，业务人员创造与革新的积极性不强。分支机构负责人权力相对集中，自成体系，造成上级机构的管控和监督困难。二是具有明显的多级管理特征，管理和协调成本过高。三是信息传递效率低下，各级分支机构分块负责信息纵向传递不足、渠道不畅造成交流迟滞，难以在全行范围内交流知识和积累经验。四是以区块为主的责任中心设置方式，不利于对专业条线按部门、岗位和人员设计激励约束机制和进行明细核算与考核，不利于新产品、新业务的推广和促销。

针对这一现状，我国商业银行积极推进组织结构改革，探索事业部制管理模式，呈现出从区域战略经营单位向区域战略经营单位与业务战略经营单位相结合的矩阵式管理架构过渡的发展趋势，进一步寻求地域与业务条线之间的平衡（谢玲玲，2009）。在推进方式上主要有两种模式：

（1）以大型银行为代表的局部突破路径，率先对新兴市场业务（如投资银行、私人银行业务等）进行事业部制改革，实现局部突破。工商银行在2000年组建了专门经营票据业务的票据营业部，对内实行独立核算；2002年组建专门经营信用卡业务的牡丹卡中心，按照一级分行的基本模式和公司化运作的要求进行管理；2008年成立了专门从事高端个人客户金融服务的私人银行部。工商银行的几次改革均独立设置自己的下属经营单位，与区域分行无直接隶属关系，在产品研发、市场营销、考核分配等方面均保持相对独立。招商、中信等银行也组建了独立于传统架构之外的信用卡中心，即“信用卡事业部”。2004年上海浦东发展银行开始将个人银行业务成建制地进行单独核算。2006年兴业银行零售银行管理总部在上海成立，目标是建立起零售业务事业部制体制；建设银行在宁夏区分行进行了个人银行事业部管理体制改革试点。2009年6月银监会发布《中国农业银行三农金融事业部制改革与监管指引》，为稳步推进三农金融部改革，实施“三农”和县域蓝海市场发展战略，从体制机制上更好地服务“三农”和县域经济，中国农业银行建立三农金融部，对“三农”和县域业务实行事业部制管理模式。

（2）以民生银行为代表的整体突破路径，采取自上而下地推动整体改革，以期通过区域和业务战略经营单位的有效结合，提高决策效率和对市场的反应速度。2005年民生银行成立贸易金融部，采用“专业化销售+专业化管理”的商业模式。在两年时间内，其贸易金融业务实现快速发展，复合增长率达到70%，对全行中间业务收入贡献超过30%。在此基础上，2007年民生银行启动全面事业部改革，在总行成立四大事业部，包括贸易金融部、金融市场部、投行部和工商企业部，同时成立与四大事业部相并行的六大行业部，包括机构金融部、能源金融部、房地产金融部、交通金融部、冶金金融部和电子电信金融部，原分行和支行系统的相应六大行业的公司业务大客户资源集中到总行，将公司业务全面实行事业部制度。民生银行实行事业部改革的最大特点是：实现人、财、物独立，真正独立核算；在体制上实行垂直管理。在民生总行层面成立公司银行营销委员会，四大事业部六大行业部属于平行关系，如果涉及内部交叉销售，则靠营销委员会来协调。民生风险管理委员会向每个事业部派驻风险管理总监（或称风险专员），负责事业部的风险控制。

（三）我国商业银行实施事业部改革的主要难点

1. 对事业部认识较片面

一是将事业部改革简单等同于业务条线改革，即把分支行的公司及机构金融业务、个人金融业务等由总部相关部门进行垂直统一管理。将总行相关部门进行垂直统一管理，核算出成本收益，是建立产品事业部的前提条件之一，它削弱了分支行的权利，其实质是通过高度集权的方式，以职能制管理模式打破目前的以分支行为利益主体的区域型事业部。二是认为事业部制改革就是产品事业部。产品事业部和区域事业部相比，主要区别在于企业最高层领导下的第一级组织是按照产品分设还是按照地域分设。作为组织结构的两种存在形式，两者各有利弊，需要根据银行情况选择采用。

2. 与银行整体战略的协调

事业部发展战略必须根据全行整体战略进行调整，以确保事业部发展不偏离全行整体发展目标。事业部之间的利益分配、内部转移价格确定等管理事项都取决于全行整体战略发展需要，不同的战略思路将导致不同的利益分配格局和转移价格。在银行整体战略的实施过程中，事业部经营决策的相对独立性必须符合总行的战略决策，特别是在事业部利益与整体战略发生冲突，需要减少事业部资源占用、提高资本回报等条件下，总行必须对事业部的内部定价、考核激励作出相应调整，减少内部矛盾和阻力。

3．现有组织结构的突破

大型商业银行的组织结构、产品体系庞杂，既有利益格局和权利制衡结构难以打破。各分行作为商业银行内部利润中心，对辖内所有银行业务的经营绩效负责，费用和工资等与经营业绩指标挂钩；二级分行和支行也与省分行基本相同，是辖内所有银行业务的利益主体。如果全面推行事业部改革，实行专业垂直化管理，将在产品、客户、区域划分等方面产生诸多矛盾，也意味着各分行相关业务机构、人员、客户等的划转，还涉及经营业绩归属、费用工资挂钩等利益分配问题。因此大型商业银行在推进事业部改革时往往倾向于选择部分区域、部分产品进行局部突破，而规模相对较小的商业银行组织结构相对简单，人员、机构较少，面临的阻力相对较小，倾向于整体改革的路径，如民生银行的改革。

4．新旧组织模式融合

在采取局部突破模式的银行中，新设的事业部与原有组织架构之间的融合面临困难。近年来，我国商业银行普遍加强了对分支机构的风险控制和集中管理，特别是金融危机之后，对于信贷等核心产品进一步加强了集中管理的力度。这种整体上增强集权的趋势，与事业部的相对自主经营存在一定的矛盾。（王霄勇，2005）从改革实践看，银行经常陷于患得患失的境地，既想享受到事业部制灵活高效的好处，又想继续保持旧的集中化权力控制模式。如果坚持高度集权的模式，就遏制了事业部经营的灵活性，使得名义上的事业部往往徒有其表，其实质仍是职能制。（吴晓辉，2008）银行整体与部分的冲突主要集中于如何对产品的体系进行合理分割，信息系统、核算体系等方面中后台的支持。商业银行必须协调好走向集权的管理趋势与走向分权的事业部制之间的关系，实现紧密配合、分工明确，避免内部恶性竞争的出现。

5. 建立内部转移定价

事业部作为公司的内部机构，其业务活动无法直接按照独立法人的市场价格进行简单考评，对其业绩的考核需要对事业部和公司其他部门之间发生的产品、服务或资源转移价格做出精确计算，合理确定各事业部的各项成本、盈利能力和资本回报等。商业银行新业务的发展，往往也需要既有客户资源的支持，资源使用价格不易量化。如果反映事业部业绩的客观数据，如成本、费用等很难获得，将难以对事业部进行客观的业绩评价和激励，可能给决策者传递错误的经营状况信号，误导公司的资源分配政策，甚至导致公司战略决策失误（王霄勇，2005）。

6. 事业部规模是否适度

事业部制改革的根本用意之一是解决银行规模和市场跨度过大、经营范围过宽等原因所引发的管理问题。如果一个事业部的规模设置不当或规模过大，会使组织进一步缺少适应性和灵活性；如果某事业部在企业全部经营活动中占用资源比率偏高，可能导致该事业部在企业中的地位过于强势，影响决策的制定和内部市场的有序运转；如果规模过小，可能出现因规模不经济而难以覆盖生产经营所必要的流程环节的问题，制约事业部管理层的决策权和执行力，影响工作积极性和主动性。威廉姆森认为，各事业部的规模必须适中，便于管理，而且应该彼此独立。

7. 对银行核心能力的影响

从企业核心能力管理的角度出发，传统的事业部制存在如下缺陷：导致企业在发展核心能力和核心产品上投资不足；使创新资源的合理使用受到限制，知识共享遇到困难；使创新活动本身受到束缚。德鲁克就曾经指出，“今日的组织者面对的挑战是越来越需要组织创业和创新精神。但为要完成这种任务，通用汽车公司的模型没有提供任何指导”。全面采用事业部管理容易导致商业银行的金融产品研发资源被分割，知识、信息和经验交流容易受到阻碍，银行研发新产品和开拓新业务领域的能力容易被削弱，特别是如果IT部门被各产品事业部分割将更加不利于银行经营管理效率的提高。

此外，在实践中也存在准备不足贸然上马，银行相关制度建设滞后，管理人员素质仍有待提高，管理技术和管理手段相对落后等问题。

（四）对我国商业银行实施事业部改革的思考

综合我国商业银行事业部改革取得的成果和国外银行经验，可以看出，事业部制可以较好地解决我国商业银行现有组织结构存在的不足，但不能简单地认为当前可以全面推进事业部改革，应充分考虑推行事业部应具备的条件和改革实施过程中的难点问题，审慎决策，逐步实施。对我国企业采用事业部的条件研究表明，采用事业部组织形式应考虑业务多元化程度和相互替代性、人员素质和规模、管理跨度与层级、机构分散度、市场环境等因素（姜琳，2007；尚煜，2005）。基于国内外商业银行采用事业部的实践经验，商业银行应具备四项条件，即清晰的发展战略、独立的业务流程、有效的管理控制体系和高素质的管理团队（王霄勇，2005；刘明彦等，2008）。吴晓辉认为商业银行事业部制改革的核心问题有两个：一是如何确定事业部的组织形式，是按区域为主，还是按业务性质为主划分事业部，并从市场发展、业务性质、监管体制三个方面对划分思路进行了探讨；二是如何授予事业部与其职责相匹配的授权，包括资源类授权和风险类授权（吴晓辉，2008）。

三、对我国商业银行继续推进事业部制改革的探讨

我国商业银行在实施事业部改革方面已经积累了一定的经验，并且取

得了一定的成果，但是否全面采用事业部制仍需要各商业银行根据自身情况慎重考虑，从战略、规模、技术、环境等多种因素考虑组织结构调整的可行模式。

（一）从商业银行整体战略角度思考改革路径

钱德勒和威廉姆森都认为“战略先于结构”，组织结构只是战略的表达形式。商业银行采用事业部制需要首先确定其发展目标和战略，不同的发展战略要求不同的事业部模式。从总体战略上，我国大型商业银行均制定了向综合化、国际化发展的转型发展战略，但转型期内，商业银行既面临着众多新业务、新市场的发展机遇，又要应对市场风险、操作风险和经营风险的巨大挑战，这一特征要求商业银行必须在保持其主体业务稳定发展的前提下逐步推动组织结构调整，不能一蹴而就。在改革路径的选择上，优先选择部分独立性强、集中度高的新业务、新区域采用事业部管理具有更高的可行性，我国商业银行在前期试点中以新业务为主也证明了这一点。今后可以继续扩大采用事业部的业务领域和范围，同时在新开辟的国外市场中强化区域事业部管理，减少总行对日常经营管理的干预，给予充分的经营管理授权。

在竞争战略上，商业银行如采用差异化战略，就要求加强商业银行特色业务的发展，针对某类产品设置专项事业部，如民生银行优先设置的贸易金融部。如采用聚焦战略，就必须选定目标市场或客户范围定向设置事业部，如民生银行设置的六大行业事业部。如采用全球化战略，就应考虑在海外重点区域设置事业部加强区域市场的经营管理。如采用成本优先战略，商业银行更要高度重视事业部的数量和规模，减少事业部内部设置的重复和事业部之间的协调成本。

（二）从权变角度考虑事业部类型划分

从权变角度来看，我国商业银行的外部环境随着我国经济转型也发生了重大的变化，市场竞争范围逐步从国内市场转向了全球市场，金融产品和服务从简单的存贷款业务正在转型为综合化金融服务，并在特定业务领域和特定客户范围内提供了个性化和专业化的服务。来自竞争对手、客户需求等方面的变化要求使商业银行在组织结构上必须保持灵活性和适应性。从客户需求看，对于一般性、基础性的金融服务，由于需求数量大，地域范围广，所以需要区域网点提供便利服务，需要以区域为主来划分事业部，如个人、公司及机构等金融业务，因此，短期内不宜改变分行的组织架构。对于某些特定客户群对特定业务的需求，如金融市场、资产管理、资产托管、私人银行等新型业务，对区域网点依赖程度较低，需要以业务性质为主来划分事业部。从竞争对手看，当银行业内主要竞争对手针对某项业务采用了事业部模式时，将对未采用事业部管理的银行形成压力，如继续保持竞争能力就有必要考虑采用同样的竞争策略，如国内各商业银行先后建立了信用卡事业部。从监管要求看，如果监管机构按照区域板块组织金融监管，那么就需要以区域为主来划分事业部，如果监管机构按照业务性质组织金融监管，那么就需要以业务性质为主来划分事业部。创新型金融业务，往往采用专业监管，如我国银监会也成立了非银部对创新型金融产品进行专业化集中监管，有利于商业银行建立专业化新产品事业部。从市场发展角度来看，在市场不发达、存在地方保护主义和市场分割的情况下，需要以区域为主来划分事业部；在市场发达、一体化经营程度较高的情况下，则应以业务性质为主来划分事业部。

（三）从增强核心能力角度考虑事业部关系

超事业部制的出现表明，事业部设置过多将导致事业部之间协调困难，组织灵活性降低。超事业部虽然可以缓解这一问题，但增加了额外的成本和管理环节。在多个事业部的结构下，必须在银行整体战略框架内，从增强银行核心能力的角度处理好各事业部的关系。首先，单个事业部在决策过程中不仅从其自身的产品、市场的角度考虑短期的财务收益，而且要从银行整体核心能力培育、发展的角度来考虑银行的长远利益，促进相互之间的技术交流和创新合作，拓展新的业务领域和综合化金融产品。其次，改进总行对事业部的绩效评价，在定量财务指标上增加对业务协同的考量，发展鼓励事业部之间合作的激励机制与组织文化，在事业部之间建立良性的合作与竞争关系。

（四）从流程角度考虑组织融合

按照流程再造理论，银行流程再造的根本目的是更好地服务客户，成功的再造要求通过实施以客户为中心的经营管理，达到提高反应灵敏度、降低管理成本、提升客户满意度和银行价值的作用。事业部改革也是再造的一种形式，设立的事业部仍然属于银行业务体系的有机组成部分，与原有的组织架构之间必然存在各种业务联系，不可能完全割裂，并应当符合流程银行以客户为中心、前中后台分离、营运集中化等特征要求。流程银行在设置前台营销部门，中台业务控制部门和后台支持部门时，应充分考虑收益和成本的平衡。从降低企业内部交易成本的角度考虑，事业部制改革应将前台业务部门作为利润中心加以管理，设置事业部，并同时适当给予事业部与其职责相匹配的资源授权和风险授权。所有共性的不可分摊的中后台机构应设立在事业部之外，例如，涉及全行范围的战略层面风险控制、财务规划、人力资源管理、审计等由总部直接控制，负责制定统一的政策标准和技术标准。个性化、单独服务各事业部的中后台机构应内化到事业部。例如，业务层面的风险控制、财务管理、人力资源管理、行政事务等尽量设置在事业部内部，对这些个性化的中后台职能要分级授权。

参考文献

［1］王霄勇：《集权、分权与国有商业银行事业部改革》，《农村金融研究》，2005年第9期。

［2］张屾、刘凤军：《国内大型商业银行在推行事业部制改革时应注意的问题》，

《中国金融》，2006 年第 24 期。

［3］吴晓辉：《商业银行如何正确推进事业部制改革》，《西部金融》，2008 年第 5 期。

［4］刘明彦、刘漪、华猛：《银行事业部制——国外实践与国内问题》，《银行家》，2008 年第 2 期。

［5］谢玲玲：《国内商业银行事业部改革的理论动因与实践难点》，《上海金融》，2009 年第 7 期。

［6］《中国农业银行三农金融事业部制改革试点实施方案》，《中国金融家》，2009 年第 6 期。

［7］李振明：《关于事业部制的三个理论问题》，《航天工业管理》，2003 年第 4 期。

［8］宋旭琴：《事业部制结构的起源与发展研究》，《商业研究》，2006 年第 21 期。

［9］费方域：《大公司的 M 型组织结构——威廉姆森交易成本经济学述评之五》，《现代企业制度》。

［10］姜琳：《事业部制组织结构产生的多视角探讨》，《商业时代》，2007 年第 2 期。

［11］尚煜：《事业部制理论及对中国商业银行的借鉴》，《前沿》，2005 年第 6 期。

（本章作者：于辉，男，山东淄博人，中国人民大学商学院博士研究生）

2010年1月企业组织理论研讨会参会嘉宾与代表名单

参会嘉宾

姓名	性别	工作单位	职称/职务
郑海航	男	首都经济贸易大学工商管理学院	教授
戚聿东	男	首都经济贸易大学工商管理学院	教授、院长
吴冬梅	女	首都经济贸易大学工商管理学院	教授、OTA主任
宋克勤	男	首都经济贸易大学工商管理学院	教授
张梦霞	女	首都经济贸易大学工商管理学院	教授、副院长
赵慧军	女	首都经济贸易大学教务处	教授、副处长
王西麟	男	首都经济贸易大学工商管理学院	副教授

参会代表

姓名	性别	工作单位	职务/职称	毕业学校(入学时间)
戚聿东	男	首都经济贸易大学工商管理学院	教授、院长	中国社会科学院研究生院　1995年

姓名	性别	工作单位	职务/职称	毕业学校(入学时间)
吴冬梅	女	首都经济贸易大学工商管理学院	教授、OTA主任	中国社会科学院研究生院 1996年
付　彦	女	中国人民大学商学院	副教授	中国人民大学商学院 1998年
高静波	男	正信嘉和咨询公司	总经理	中国人民大学商学院 2000年
徐　炜	男	首都经济贸易大学工商管理学院	副教授、系主任	中国社会科学院研究生院 2000年
陈　郡	女	首都经济贸易大学会计学院	副教授、院工会主席	中国人民大学商学院 2001年
张多中	男	深圳大学管理学院	副教授	中国社会科学院研究生院 2002年
冯苏京	男	国家开发投资公司	人力资源部副主任	中国人民大学商学院 2002年
曾少军	男	中国国际经济交流中心	研究处长、高级研究员	首都经济贸易大学 2002年
时永顺	男	天津银监局	处长	首都经济贸易大学 2002年
熊小彤	女	国务院国资委企业改革局	干部	中国人民大学商学院 2003年
崔佳颖	女	首都经济贸易大学工商管理学院	副教授	首都经济贸易大学 2003年
魏秀丽	女	北方工业大学	副教授	首都经济贸易大学 2003年
林　峰	男	首都体育学院	财务处处长	首都经济贸易大学 2003年
王　磊	男	北京市投资促进局	科长	中国社会科学院研究院 2004年
王亚梅	女	郑州商品交易所	财务部高级总监	中国人民大学商学院 2004年
邓小克	男	北京服装学院	副教授	中国人民大学商学院 2004年
张　磊	男	中国土木工程集团公司	高级经济师、分部经理	首都经济贸易大学 2004年

姓名	性别	工作单位	职务/职称	毕业学校(入学时间)
刘　炜	女	中国民航管理干部学院	讲师	首都经济贸易大学 2004年
贲恩正	男	中国检验认证集团	干部	首都经济贸易大学 2004年
孟　领	男	中国联合网络通信集团公司市场部	干部	中国人民大学商学院 2005年
刘　刚	男	中国企业联合会	副处长	中国人民大学商学院 2005年
朴学东	男	北京市东城区政府	副区长	首都经济贸易大学 2005年
齐　涛	男	北京市石景山区国有资产经营公司	财务总监	首都经济贸易大学 2005年
薛　贵	男	中国福马公司	总会计师	首都经济贸易大学 2005年
于　辉	男	中国工商银行总行	秘书	中国人民大学商学院 2006年
付　磊	男	首都经济贸易大学会计学院	教授、院长	首都经济贸易大学 2006年
杨一平	男	首都经济贸易大学信息学院	教授、院长	首都经济贸易大学 2006年
魏文培	男	煤炭工业规划设计研究院	管理咨询项目经理	首都经济贸易大学 2006年
牛志伟	男	首都经济贸易大学研究生部	副主任	首都经济贸易大学 2007年
马　跃	男	北京市财政局外事处	处长	首都经济贸易大学 2007年
刘红梅	女	首都经济贸易大学审计处	干部	首都经济贸易大学 2007年
姜　昭	男	中国人民大学商学院	博士生	中国人民大学商学院 2008年
李东升	男	山东工商学院	副教授	首都经济贸易大学 2008年
黄启安	男	连城北京商会	会长、博士生	首都经济贸易大学 2008年

姓名	性别	工作单位	职务/职称	毕业学校(入学时间)
卢志明	男	首都经济贸易大学工商管理学院	副教授	首都经济贸易大学 2008 年
蔡立新	男	首都经济贸易大学会计学院	副教授	首都经济贸易大学 2009
陈立君	男	首都经济贸易大学	企业管理专业博士生	首都经济贸易大学 2009 年
张　伟	男	普天电信公司	党委书记、博士生	首都经济贸易大学 2009 年
孟　和	男	首都经济贸易大学留学生	企业管理专业博士生	首都经济贸易大学企业管理　2009 年
邓艳芳	女	中联资产评估有限公司	合伙人、博士生	首都经济贸易大学 2010 年
李　飏	男	华电集团	党委书记、博士生	首都经济贸易大学 2010 年